职业教育中小企业创业与经营专业国家级教学资源库配套教材
中小企业人才培养系列教材

中小企业财务管理

主　编　　熊　霞
副主编　　林瑾丹

中国青年出版社

图书在版编目（CIP）数据

中小企业财务管理 / 熊霞主编 ; 林瑾丹副主编 . —北京 : 中国青年出版社 , 2023.6

ISBN 978-7-5153-6866-5

Ⅰ . ①中… Ⅱ . ①熊… ②林… Ⅲ . ①中小企业–企业管理–财务管理 Ⅳ . ① F276.3

中国版本图书馆 CIP 数据核字（2022）第 251458 号

责任编辑：彭岩
出版发行：中国青年出版社
社　　址：北京市东城区东四十二条 21 号
网　　址：www.cyp.com.cn
编辑中心：010－57350407
营销中心：010－57350370
经　　销：新华书店
印　　刷：中煤（北京）印务有限公司
规　　格：787mm×1092mm　1/16
印　　张：23.25
字　　数：396 千字
版　　次：2023 年 8 月北京第 1 版
印　　次：2023 年 8 月北京第 1 次印刷
定　　价：48.00 元

目　录

前　言

中小企业财务管理课程是中小企业创业与经营专业学生的必修课程。本教材是结合中小企业创业与经营国家级专业教学资源库《中小企业财务管理》课程资源，参考中小企业经营管理实际，融入微课、动画、音频等媒体资源而编写的新形态立体化教材，可供职业院校中小企业创业与经营、财务管理、会计与审计、其他管理类专业学生使用，也可供公司经营者和相关自学人士学习使用。

本教材在编写过程中，考虑到教材使用者不一定具有财务基础知识，开篇设置了财务基础知识章节，以增强学习者的财务基础知识，再根据中小企业创业与经营岗位任务特点，设置认识中小企业财务基础知识、树立中小企业财务管理价值观念、中小企业预算管理、中小企业筹资管理、中小企业项目投资管理、中小企业营运资金管理、中小企业利润分配管理、中小企业财务控制、做好中小企业财务分析 9 个项目。每个项目以中小企业财务过程为导向，分成不同任务，包括熟悉财务管理基本内容，认识会计要素，了解会计恒等式，读懂财务报表，计算资金时间价值，衡量风险收益，认识预算管理，编制业务预算，编制财务预算，资金需要量预测，权益性筹资，债务筹资，资本成本与资本结构，估算项目投资现金流量，计算项目投资决策指标，运用项目投资决策方法，认识营运资金，管理现金，管理应收账款，管理存货，认识利润分配管理，制定股利政策，识别股票股利、股票分割与股票回购，了解财务控制基本知识，理解责任控制方法，掌握标准成本控制方法，认识财务分析，掌握财务分析的方法，完成财务分析实例共 29 个任务。

本教材每个项目配套相应的“技能提升训练”和“思考与练习”，以提高学生的技能水平。教材中穿插的知识加油站、案例分享、故事分享等小模块，既增长了知识，又提高了学习的趣味性和互动性。

本教材由长期从事一线教学的教师合作编写而成。编写团队包括福建信息职业技术学院熊霞、林瑾丹、程江艳、李瑞萍、刘小芳、林清香。熊霞任主编，林瑾丹任副主编。具体编写分工如下：项目一任务一、项目二、项目三、项目五、项目六由熊霞编写；项目一任务二、三、四由李瑞萍编写；项目四由林瑾丹编写；项目七由刘小芳编写；项目八由林清香编写；项目九由程江艳编写。

本教材在编写过程中，参考了多位专家的研究成果和文献资料，在此深表谢意。因受限于编者水平和教材篇幅，本书难免有疏漏之处，敬请各位读者批评指正，以便不断完善。

编者

2023 年 2 月

项目一
认识中小企业财务基础知识

▶ 学习目标

（一）知识目标

1. 了解中小企业财务管理的工作内容；
2. 熟悉中小企业财务管理活动；
3. 识别中小企业财务目标；
4. 了解会计要素及会计恒等式；
5. 了解财务报表基本结构。

（二）能力目标

1. 能看懂财务报表；
2. 能处理中小企业财务关系。

▶ 学习任务

任务一　熟悉财务管理基本内容；

任务二　认识会计要素；

任务三　了解会计恒等式；

任务四　读懂财务报表。

任务一　熟悉财务管理基本内容

▶ 任务导入

为何重奖财务工作人员

A公司是一家服装生产企业，2017年总产值3.8亿元，利润比上年增长了66%，企业上升势头迅猛。在年终总结大会上，总经理马斯特先生动情地说："公司能有今天的成就，是公司380位员工齐心协力、精诚合作的结果。尤其是财务工作人员，是他们的合理运筹和精心策划，确保了企业在银根紧缩的大背景下资金的合理使用，保证了企业的增产增收。所以，要给财务经理张先生和全体财务工作人员记大功，发重奖。"

请思考：总经理为什么要重奖财务工作人员？财务工作人员日常的工作对象及主要工作任务都有哪些？中小企业财务管理工作是否可以外包？

资料来源：李文静，张宁，于洋，等．财务管理实务［M］．北京：人民邮电出版社，2018.

▶ 任务分析

在企业中人人都难免和财务管理人员打交道，但很多人都认为财务管理的内容离自己很远。那么到底什么是财务管理？财务管理的内容是哪些？作为未来中小企业创业与经营者一定要掌握财务管理的内容和要处理的财务关系，认识财务管理的目标和工作环节，认识当前中小企业面临的财务环境，为企业将来健康运转打下基础。

▶ 知识准备

一、中小企业财务管理的基本概念

财务，顾名思义，"财"者钱财，"务"者事务，中小企业财务管理是指组织中小企业财务活动、处理中小企业财务关系的一项财务综合性管理工作。要理解中小企业财务管理，必须理解以下两个概念。

（一）中小企业财务活动

中小企业财务活动是指中小企业资金的筹集、投放、使用、收回及分配等一系列行为，包括以下四个方面：

1. 筹资活动。是指中小企业为了满足投资和用资的需要，筹措和集中所需资金的过程。

2. 投资活动。投资可以分为两类：广义投资和狭义投资。前者包括中小企业内部使用资金的过程和对外投放资金的过程，后者仅指对外投资。

3. 资金营运活动。是指中小企业在日常生产经营过程所发生的资金收付活动。

4. 分配活动。广义分配是指中小企业对各种收入进行分割和分派的过程；狭义分配仅指对净利润的分配。

上述四个方面的财务活动并不是孤立的，而是相互联系、相互依存又相互区别。筹资活动是起点和基础，投资活动和营运活动是主体，分配活动是资金循环的终点和新的起点。这四个方面共同构成了中小企业财务活动的完整过程，同时也是中小企业财务管理的基本内容。

（二）中小企业财务关系

中小企业财务关系就是中小企业组织财务活动过程中与有关各方所发生的经济利益关系，包括以下七个方面：

1. 中小企业与投资者之间的财务关系

主要是指中小企业的投资者向中小企业投入资金，中小企业向投资者支付报酬所形成的经济关系。中小企业的投资者要按照投资合同、协议、章程的约定履行出资义务，形成中小企业的资本，同时，享有参与或监督企业经营、参与企业剩余权益分配的权利，并承担一定的风险；经营者利用资本开展经营活动，对出资者承担资本保值、增值的责任；企业实现利润后，按照出资比例或合同、章程的规定，向其投资者支付报酬。因此，中小企业与投资者之间的关系是共担风险和以资本保值、增值为核心的剩余权益分配关系，体现着一种经营权与所有权关系。

2. 中小企业与债权人之间的财务关系

主要是指中小企业向债权人借入资金，并按借款合同的规定按时支付利息和归还本金所形成的经济关系。中小企业除利用自有资本进行经营活动外，还会借入一定数量资金，以便降低企业资金成本，扩大企业经营规模。中小企业利用债权人的资金，要按约定的利息率，及时向债权人支付利息；债务到期时，要合理调度资金，按时向债权人归还本金。中小企业与债权人之间的关系是建立在契约之上的债务与债权关系。

3. 中小企业与受资者之间的财务关系

主要是指中小企业以购买股票或直接投资的形式向其他中小企业投资所形成的经济关系。中小企业向其他单位投资，依其出资额，形成独资、控股或参股关系，并根据其出资份额参与受资方的重大决策和利润分配。中小企业与受资方的财务关系体现为所有权性质的投资与受资的关系。

4. 中小企业与债务人之间的财务关系

主要是指中小企业将其资金以购买债券、提供借款或商业信用等形式出借给其他单位所形成的经济关系。中小企业将资金借出后，有权要求其债务人按约定条件支付利息和归还本金。中小企业在提供信用过程中，一方面会产生直接信用收入，另一方面也会产生相应的机会成本和面临坏账损失的风险。中小企业与债务人的关系体现为债权与债务关系。

5. 中小企业与政府之间的财务关系

主要是指政府作为社会管理者，强制和无偿参与中小企业利润分配所形成的经济关系。政府作为社会管理者，担负着维护正常的社会秩序、保卫国家安全、组织和管理社会活动等任务。政府为了完成这一任务，依法无偿参与中小企业的利润分配。中小企业则必须按照国家税法规定缴纳各种税款，这种关系体现为一种强制和无偿的分配关系。

6. 中小企业内部各部门之间的财务关系

主要是指中小企业内部各部门之间在生产经营各环节中相互提供产品或劳务所形成的经济关系。在中小企业内部实行责任预算及责任考核与评价的情况下，中小企业内部各部门之间相互提供产品与劳务，应以内部转移价格进行核算。这种在中小企业内部形成的资金结算关系，体现了中小企业内部各部门之间的利益均衡关系。

你听我说：
财务管理的特点

7. 中小企业与职工之间的财务关系

主要是指中小企业向职工支付劳动报酬过程中所形成的经济关系。职工是中小企业的劳动者，他们以提供的劳动作为参加中小企业利润分配的依据。中小企业根据职工的劳动情况，向职工支付工资、津贴和奖金，体现职工个人和集体在劳动成果上的分配关系。

二、中小企业财务管理的内容

中小企业财务管理是基于中小企业再生产过程中客观存在的财务活动和财务关系而产生的，是中小企业组织财务活动、处理与各方面财务关系的一项综合性管理活动。中小企业筹资、投资、营运管理和利润分配构成了完整的中小企业财务活动，相应地，中小企业筹资管理、投资管理、营运资金管理和利润分配管理便成为中小企业财务管理的基本内容。

（一）中小企业筹资管理

中小企业筹资管理是中小企业财务管理的首要环节，是中小企业投资活动的基础。筹资管理对中小企业来讲，就是要分析研究如何用较少的代价筹集到足够的资金，以满足中小企业生产经营的需要。

（二）中小企业投资管理

投资是中小企业财务管理的重要环节，是为了获得收益或避免风险而进行的资金投放活动。在投资过程中，中小企业必须考虑投资规模的大小，同时，中小企业还必须通过投资方向和投资方式的选择，确定合理的投资结构，以提高投资效益、降低投资风险。

（三）中小企业营运资金管理

中小企业营运资金是指流动资产和流动负债的差额。在一定时期内，营运资金周转速度越快，资金的利用效率也就越高，中小企业就能获取更多的利润。中小企业需要确定营运资金的持有政策、合理的营运资金融资政策以及合理的营运资金管理策略，包括：现金和交易性金融资产持有计划的确定，应收账款信用标准、信用条件和收账政策确定，存货数量、订货计划的确定，短期借款计划、商业信用等筹资计划的确定等。

（四）中小企业利润分配管理

中小企业利润分配管理就是中小企业分配政策的选择，即中小企业是否分配利润、分配多少利润。如果支付过高的股利，会影响中小企业再投资的能力，使未来收益减少，不利于中小企业长期发展;而支付过低的股利,又可能引起股东的不满,股价也会下跌。因此,中小企业财务管理当局在进行股利分配决策时,关键是确定合理利润(股利)的支付率,既要维护投资者的利益,又要考虑企业的长远发展。

三、中小企业财务管理的目标

中小企业财务管理的目标是指中小企业财务管理工作所要达到的最终目的。关于中小企业财务管理的目标表述,理论界有多种观点,根据财务管理理论和实践,最具有代表性的财务管理目标主要有以下几种:

(一)利润最大化

这种观点认为:利润代表了中小企业新创造的财富,利润越多,则中小企业财富增加越多;市场经济中每个企业都力争最大限度地获得利润,那么整个社会的财富将实现最大化;在自由竞争的资本市场中,资本的使用权最终属于利润最大的企业;中小企业追求利润最大化,就必须合理配置资源,提高整体经济效益;另外,在市场经济中,中小企业获取利润的多少表明了中小企业竞争能力的大小,决定了中小企业的生存和发展。

这种观点最容易被财务人员接受,也通俗易懂。但是,以利润最大化作为理财目标存在以下缺点:

1. 没有考虑资金的时间价值

数量相等货币资金在不同时间点的实际价值是不一样的,流入企业的时间越早,其价值越大。比如,当前200万元的利润和10年后200万元的利润其实际价值是不一样的,当前200万元的利润在10年间会获得时间价值,而且其数值会随着利率的不同而变化。

2. 没有考虑风险因素

不同行业具有不同的风险,数值相同的利润在不同行业中的意义也不相同。例如,同样投入1 000万元,本年获利100万元,其中,一个中小企业利润已全部转化为现金,而另一个中小企业的利润则全部表现为应收账款。显然,两家企业利润的风险水平不一样。

微课视频:中小企业财务管理认知

3. 没有考虑投入与产出之间的关系

利润额是一个绝对数,无法在不同时期、不同规模的中小企业之间以利润额大小来比较、评价中小企业的经济效益。比如,同样获得 100 万元的利润,一个中小企业投入资本 1 000 万元,另一个中小企业投入资本 1 500 万元,哪一个更符合财务的目标?

4. 可能导致中小企业短期行为倾向,影响其未来发展

利润是按照会计准则计算出的短期阶段性指标。追求利润最大化会导致中小企业财务决策者的短期行为,只顾实现中小企业当前的最大利润,而忽视了中小企业长远的战略发展。例如忽视产品开发、人才开发、生产安全、设备更新、生活福利设施和履行社会责任等,这种急功近利的做法最终会使中小企业在市场竞争中处于劣势。

（二）资本利润率最大化（或每股收益最大化）

这种观点把中小企业实现的利润额同投入的资本或股本联系起来,以提高中小企业资本利润率或每股收益作为中小企业财务管理的目标。这种观点解决了利润最大化观点没有考虑投入与产出关系的不足,它既反映了中小企业的盈利能力和发展前景,又便于投资者评价中小企业经营状况的好坏,还可以在不同资本规模的中小企业或同一中小企业不同时期之间进行比较,揭示其盈利水平的差异。但该指标仍然存在以下三个缺点:

1. 没有考虑资金的时间价值。

2. 没有考虑风险因素。

3. 不能避免中小企业的短期行为。

（三）中小企业价值最大化

中小企业价值最大化是指通过中小企业财务上的合理经营,采用最优的财务政策,充分考虑资金的时间价值和风险与报酬的关系,在保证中小企业长期稳定发展的基础上,使中小企业总价值达到最大。所谓企业价值就是企业总资产的市场价值,也是企业负债价值与所有者权益价值(股东财富)之和。或者是企业创造的预计未来现金流量的现值。中小企业价值最大化的观点,体现了对经济效益的深层次认识,是现代财务管理理论普遍公认的财务管理目标。

以中小企业价值最大化作为财务管理的目标具有以下优点:

1. 考虑了资金的时间价值。在计算中小企业价值时,需运用时间价值原理对未来收益进行贴现。

2. 考虑了风险与报酬的关系。强调风险与报酬的均衡,将风险限制在中小企业可以承担的范围之内,能有效地克服中小企业财务管理人员不顾风险大小,片面追求利润的错误倾向。

3. 克服中小企业在追求利润上的短期行为。因为不仅目前的利润会影响中小企业的价值,预期未来的利润对中小企业价值的影响所起的作用更大。

4. 注重在中小企业发展中考虑各方利益关系。包括强调关心企业职工利益、加强与债权人的沟通、关心客户、讲求信誉、保护消费者权益、防止环境污染、积极参与和履行社会责任等。

当然,以中小企业价值最大化作为财务管理目标存在以下缺点:

1. 非上市企业的价值确定难度较大。虽然通过专门的评价(如资产评估)可以确定其价值,但评估过程受评估标准和评估方式的影响,使估价不易做到客观和标准化,从而影响中小企业价值的准确性与客观性。

2. 对于股票上市的中小企业虽可通过股票价格的变动揭示其价值,但股价是受宏观经济政策的变化、投资者的心理预期、投机行为等多种因素影响的结果,并非中小企业所能控制的,特别是当前市场上的股价不一定能够直接揭示中小企业的获利能力,把不可控的因素引入财务管理目标不合理。

四、中小企业财务管理的工作环节

财务管理的环节是指财务管理的工作步骤与一般程序。一般来说,中小企业财务管理包括以下几个环节:

(一)财务预测

财务预测是根据中小企业财务活动的历史资料,考虑现实的要求和条件,对中小企业未来的财务活动和财务成果作出科学的预计和测算。本环节的主要任务在于:测算各项

趣味动画:太子奶破产的警示

生产经营方案的经济效益，为决策提供可靠的依据；预计财务收支的发展变化情况，以确定经营目标；测定各项定额和标准，为编制计划、分解计划指标提供服务。财务预测环节的工作主要包括以下四个步骤：

1. 明确财务预测的目标，使财务预测有目的地进行。

2. 收集和分析与财务预测相关的资料，并加以分类整理。

3. 选择合适的预测方法，有效地进行预测工作。

4. 确定财务预测结果。

（二）财务决策

财务决策是指财务人员按照财务目标的总体要求，利用专门方法对各种备选方案进行比较分析，并从中选出最佳方案的过程。在市场经济条件下，财务管理的核心是财务决策，决策成功与否直接关系到中小企业的兴衰成败。财务决策环节的工作主要包括以下四个步骤：

1. 根据财务预测的信息提出问题，确定决策目标。

2. 提出解决问题的备选方案。

3. 分析、评价、对比各种备选方案。

4. 拟定择优标准，选择最佳方案。

（三）财务预算

财务预算是指运用科学的技术手段和数量方法，对未来财务活动的内容及指标进行具体规划。财务预算是以财务决策确立的方案和财务预测提供的信息为基础进行编制的，是财务预测和财务决策的具体化，是控制财务活动的依据。财务预算的编制一般包括以下三个步骤：

1. 根据财务决策的要求，分析财务环境，确定预算指标。

2. 对需求与可能进行协调，组织综合平衡。

3. 选择预算方法，编制财务预算。

（四）财务控制

财务控制是指在中小企业财务管理中，以预算的各项定额为依据，利用有关信息和特定手段，对中小企业财务活动所施加的影响或进行的调节，以便实现预算所规定的财务目标。财务控制一般要经过以下三个步骤：

1. 制定控制标准，分解落实责任。

2. 实施追踪控制,及时调整误差。

3. 分析执行情况,搞好考核奖惩。

(五)财务分析

财务分析是根据有关信息资料,运用特定方法,对中小企业财务活动过程及其结果进行分析和评价的一项工作。通过财务分析,可以掌握各项财务计划的完成情况,评价财务状况,研究和掌握中小企业财务活动的规律性,改善财务预测、决策、预算和控制,改善中小企业管理水平,提高中小企业经济效益。财务分析包括以下四个步骤:

1. 占有资料,掌握信息。

2. 指标对比,揭露矛盾。

3. 分析原因,明确责任。

4. 提出措施,改进工作。

五、中小企业财务管理环境

中小企业财务管理环境是指对中小企业财务活动和财务管理产生影响作用的中小企业内外的各种条件或因素的统称。中小企业财务管理环境按其存在的空间不同可分为外部环境和内部环境。外部环境是指存在于中小企业外部,可对中小企业财务行为施加影响的客观因素的集合。如国家经济发展水平、产业政策、金融市场状况等,它对各类中小企业的财务管理都会产生影响。而内部理财环境是指存在于中小企业内部,对中小企业财务行为施加影响的客观因素的集合。如中小企业生产技术条件、经营管理水平、人力资源状况等,均存在于中小企业内部,因此它只对特定中小企业财务管理产生影响。相对而言,内部环境比较简单,中小企业容易把握,而外部环境中小企业则难以控制和改变,更多的是适应和因势利导。

拓展阅读:乐视网的财务危机

（一）中小企业财务管理外部环境

1. 法律环境

财务管理的法律环境是指中小企业和外部发生经济关系时所应遵守的各种法律、法规和规章。一方面，法律规定了中小企业从事一切经济业务所必须遵守的规范，对中小企业的经济行为进行约束；另一方面，法律也为中小企业合法从事各项经济活动提供了保护。中小企业财务管理中应遵循的法律法规主要包括证券交易法、票据法、银行法、公司法、税收法规、财务法规等。

2. 经济环境

经济环境是指影响中小企业进行财务活动的宏观经济环境因素，主要有经济周期、政府的经济政策、通货膨胀和市场竞争等。经济发展的周期性波动对中小企业的财务管理有着重大的影响。在繁荣阶段，市场需求旺盛，销售大幅度上升，中小企业为了满足市场需要，就要扩大生产经营，追加投资，这就要求财务人员迅速地筹集所需资金；在衰退阶段，整个宏观环境的不景气，很可能导致中小企业处于紧缩状态之中，出现销量下降，存货积压，投资锐减，现金流转不畅，资金紧缺或闲置的现象。政府具有调控宏观经济的职能。国民经济的发展规划、国家的产业政策、经济体制改革的措施、政府的行政法规等，对中小企业的财务活动有着重大影响。国家对某些地区、行业、某些经济行为的优惠、鼓励和有利倾斜构成了政府政策的主要内容。从反面来看，政府政策也是对另外一些地区、行业和经济行为的限制。中小企业在财务决策时，要认真研究政策，按照政策导向行事，才能兴利除弊。通货膨胀犹如一个影子，可能始终伴随着社会经济的发展进程，是困扰中小企业管理者的重要不确定因素。为了减轻通货膨胀对中小企业造成的不利影响，财务人员应当采取措施予以防范。在通货膨胀初期，货币面临着贬值的风险，这时中小企业进行投资可以避免风险，实现资本保值；与客户应签订长期购货合同，以减少物价上涨造成的损失；取得长期负债，保持资金成本的稳定。在通货膨胀持续期，中小企业可以采用比较严格的信用条件，减少中小企业债权；调整财务政策，防止和减少中小企业资本流失等。市场竞争对财务管理有多种表现。例如，投资项目盈利能力的大小在很大程度上取决于将来在市场上占有份额的大小；由于银行和投资者的谨慎，竞争能力强的中小企业总是能够相对轻易地筹集到资本。

3. 金融环境

金融环境是中小企业最为主要的环境因素。影响财务管理的主要金融环境因素有金融机构、金融市场和利率等。金融机构主要包括银行和非银行金融机构。银行是指经营存款、放款、汇兑、储蓄等金融业务，承担信用中介职能的金融机构。银行的主要职能是充当信用中介、充当中小企业之间的支付中介、提供信用工具、充当投资手段和充当国民经济的宏观调控手段。金融市场是指资金供应者和资金需求者双方通过信用工具融通资金的市场，即实现货币借贷和资金融通、办理各种票据和进行有价证券交易活动的市场。金融市场环境是中小企业最为主要的环境因素，中小企业提供了良好的投资和筹资场所。当中小企业需要资金时，可以从金融市场上选择合适的方式筹资，而当中小企业有闲置的资金时，又可以在市场上选择合适的投资方式，为其资金寻找出路。金融市场还为中小企业的长短期资金相互转化提供方便。金融市场行情为中小企业财务管理提供有意义的信息。金融市场的利率可以反映资金的供求关系，有价证券市场的行情反映了投资人对中小企业经营状况和盈利水平的评价。这些都是中小企业生产经营和财务管理的重要依据。

（二）中小企业财务管理内部环境

中小企业财务管理的内部环境指企业的内部条件，包括企业组织形式、组织结构、企业员工素质等方面。不同的企业组织形式，在筹资、利润分配等方面的做法也就不同，财务管理的方法也因此不同。不同的企业组织结构，对企业财务管理体制的建立具有影响。企业员工的素质，特别是财务管理人员的素质，对财务管理工作的质量和效率具有直接的影响。因此，需要研究安排能充分发挥财务管理作用的组织结构和人员分工，同时也要根据企业的组织结构和人员构成来组织财务管理。

▶ 任务实施

此次任务可以通过如下途径实现：

（1）阅读 A 公司奖励财务工作人员的案例，思考：总经理为什么要重奖财务工作人员？公司财务工作人员日常的工作对象及主要工作任务都有哪些？中小企业财务管理工作是否可以外包？

（2）通过文献查询、访谈法，了解财务管理的内容和要处理的财务关系，清晰认识财务管理的目标和工作环节，认识当前中小企业面临的财务环境。

（3）通过小组讨论分析中小企业财务管理外包的利弊，派出代表在课堂上进行汇报分析。

▶ 任务小结

中小企业财务管理是指组织中小企业财务活动、处理中小企业财务关系的一项财务综合性管理工作。中小企业筹资管理、投资管理、营运资金管理和利润分配管理是中小企业财务管理的基本内容。中小企业财务管理工作所要达到的最终目标是利润最大化、资本利润率最大化、中小企业价值最大化。中小企业财务管理工作包含财务预测、财务决策、财务预算、财务控制、财务分析五大模块。

任务二　认识会计要素

▶ 任务导入

从财务数据判断“标兵”产品与“拖油瓶”产品

A公司是本行业的标杆企业，但近两年公司的盈利情况却不大理想。为了找出原因，董事长决定让各部门经理建言献策。身为财务总监的王某，决定从财务角度来究查原因。在调查中，王某通过分析利润表与各项总分类账，查出了带动公司盈利的“标兵”产品以及造成公司亏损的“拖油瓶”产品；通过分析现金流量表，发现了现金使用的短板与不合理之处；通过将各类资产明细账与预算资料相结合进行分析。总结出了各类资产在使用中存在的问题。王某将上述信息进行整理后，对相关问题提出了相应的解决办法，然后连同问题与解决方案一同提交董事会。公司董事会经过研究讨论后，采用了王某的部分建议。经过一番整改后，公司的盈利情况大有好转，王某也因此得到了加薪奖励。王某成功地找出企业存在的问题并提出决策建议，就是对所掌握会计知识的运用，也是会计在企业经营管理中经济意义的体现。

请思考：什么是会计？什么是财务会计？财务会计包含哪些要素？

资料来源：曾勤. 新编会计业务从入门到精通[M]. 北京：人民邮电出版社，2017.

▶ 任务分析

财务管理是指组织企业财务活动、处理企业财务关系的一项经济管理工作。很多人不理解会计和出纳有什么区别，也不明白财务会计和财务管理是不是同一个概念。作为未来中小企业创业与经营者，有必要了解中小企业财务会计的基本要素及其特征，为将来企业健康运营打下基础。

▶ 知识准备

一、会计要素概念

会计要素，是指根据交易或者事项的经济特征所确定的财务会计对象和基本分类。即为了具体实施会计核算，需要对会计所反映和监督的内容进行分类而形成的若干要素。会计要素按照其性质分为资产、负债、所有者权益、收入、费用和利润六大要素，其中，资产、负债和所有权益要素侧重于反映企业的财务状况，收入、费用和利润要素侧重于反映企业的经营成果。会计要素既是会计确认和计量的依据，也是确定财务报表结构和内容的基础。

六大要素的核算是整个财务会计的基本内容，是单位经济业务核算的具体对象，也是财务管理所需财务数据的来源，此处我们只简要介绍这些要素的概念、特征和类别。

知识加油站

财务会计与财务管理

财务会计能够提供精准的会计信息，并将其转化为高质量的审计报告和会计信息；管理会计则能够根据企业的发展目标、以往资金状况、市场环境等对企业内部财务风险进行全面预测，同时了解企业所面临的风险和机会，从而对决策可能带来的结果进行合理预测。管理会计与财务会计融合能够提升企业财务管理的总体工作质量，使企业管理者对本企业内部财务状况的认识变得清晰全面，进而促进企业财务价值和市场价值提升。财务管理是现代企业日常管理中的一个重要组成部分，在财务风险的预防、控制资本利用和决策中起着不可忽视的作用。从实际情况来看，目前大部分企业仍存在会计观念因循守旧、会计工作人员综合素质较低、缺少完善的财务管理制度、会计信息难以共享、管理会计工作开展缓慢等一系列问题，急需通过具有针对性的优化措施提高企业财务管理水平。管理会计与财务会计虽然在工作内容、工作对象等方面差别显著，但二者有相同的历史渊源、工作资料及发展目标。因此，现代企业在开展财务管理工作的过程中，应将二者深度融合，为企业经济效益提升提供助力。

资料来源：刘烨梓. 企业财务管理中管理会计与财务会计融合方式探究[J]. 投资与创业，2023，34(2)：49-51.

微课视频：
会计要素介绍

二、反映企业财务状况的会计要素及其确认

财务状况是指企业一定日期的资产及权益情况，是资金运动相对静止状态时的表现。反映财务状况的会计要素包括资产、负债、所有者权益三项。

（一）资产

1. 定义

资产，是指企业过去的交易或者事项形成的、由企业拥有或者控制的、预期会给企业带来经济利益的资源。

2. 特征

(1)资产应为企业拥有或者控制的资源。由企业拥有或者控制，是指企业享有某项资源的所有权，或者虽然不享有某项资源的所有权，但该资源能被企业所控制。例如企业短期内经营租赁的资产不为企业拥有或控制，不属于企业的资产。

(2)资产预期会给企业带来经济利益。预期会给企业带来经济利益，是指直接或者间接导致现金和现金等价物流入企业的潜力。

预期会给企业带来经济利益是资产要素的核心，如果资产发生减值就意味着该资产不能给企业带来预期的经济利益，所以要计提减值准备。如果资产已不能给企业带来经济利益，例如已经腐烂变质的存货、已报废毁损的固定资产，则不再作为企业的资产核算。

(3)资产是由企业过去的交易或者事项形成的。所指的企业过去的交易或者事项包括购买、生产、建造行为或其他交易或者事项。预期在未来发生的交易或者事项不形成资产，例如某公司4月与销售方签订了一份采购原材料的合同，约定购销双方将于6月履行合同义务。则该公司不得依据合同将该批材料确认为资产，而应该在交易发生后才能确认为资产。

3. 确认

符合资产定义的资源，在同时满足以下条件时，确认为资产：

趣味动画：会计要素与会计对象的关系

(1)与该资源有关的经济利益很可能流入企业。

(2)该资源的成本或者价值能够可靠地计量。

4. 分类

资产按流动性进行分类,可以分为流动资产和非流动资产。

(1)流动资产是指预计在一个正常营业周期中变现、出售或耗用,或者主要为交易目的而持有,或者预计在资产负债表日起一年内(含一年)变现的资产,以及自资产负债表日起一年内交换其他资产或清偿负债的能力不受限制的现金或现金等价物,主要包括库存现金、银行存款、交易性金融资产、应收及预付款项、存货等。

一个正常营业周期是指企业从购买用于加工的资产起至实现现金或现金等价物的期间。正常营业周期通常短于一年,在一年内有几个营业周期。但是,也存在正常营业周期长于一年的情况,在这种情况下,与生产循环相关的产成品、应收账款、原材料尽管是超过一年才变现、出售或耗用,仍应作为流动资产。当正常营业周期不能确定时,应当以一年(12 个月)作为正常营业周期。

(2)非流动资产是指流动资产以外的资产,主要包括债权投资、长期股权投资、固定资产、无形资产、使用权资产、生产性生物资产等。

(二) 负债

1. 定义

负债是指企业过去的交易或者事项形成的、预期会导致经济利益流出企业的现时义务。现时义务是指企业在现行条件下已承担的义务。未来发生的交易或者事项形成的义务不属于现时义务,不应当确认为负债。

2. 特征

(1)负债是企业承担的现时义务;也就是说,导致负债的交易或事项必须已经发生。

(2)负债的清偿预期会导致经济利益流出企业;负债通常是在未来某一时日通过交付资产(包括现金和其他资产)或提供劳务来清偿。

(3)负债是由过去的交易或事项形成的。未来发生的交易或者事项形成的义务,不属于现时义务,不应当确认为负债。

3. 确认

符合负债定义的义务,在同时满足以下条件时,确认为负债:

(1)与该义务有关的经济利益很可能流出企业。

(2)未来流出的经济利益的金额能够可靠地计量。

4. 分类

按偿还期限的长短,一般将负债分为流动负债和非流动负债。

(1)流动负债是指预计在一个正常营业周期中(或一年中)清偿,或者主要为交易目的而持有,或者自资产负债表日起一年内(含一年)到期应予以清偿,或者企业无权自主地将清偿推迟至资产负债表日后一年以上的负债。流动负债主要包括短期借款、应付票据、应付账款、预收账款、应付职工薪酬、应交税费、应付利息、应付股利、其他应付款等。

(2)非流动负债是指流动负债以外的负债,主要包括长期借款、应付债券、长期应付款等。

(三) 所有者权益

1. 定义

所有者权益是指企业资产扣除负债后由所有者享有的剩余权益。公司的所有者权益又称为股东权益。

对于任何企业而言,其资产形成的资金来源有两个:一个是所有者,另一个是债权人。债权人对企业资产的要求权形成企业负债,所有者对企业资产的要求权形成企业的所有者权益。要求权即索取权,即对利润的索取。

债权人和所有者有所不同,向债权人借款,到期需要还本付息,所有者的投资没有还本的问题,只要企业在持续经营状态下,所有者不能临时撤资,除非企业终止经营,在这种情况下,本金不是都归还所有者,而是剩下多少归还多少(资产扣除负债之后的净资产都是属于所有者),剩下的多所有者得到的就多,剩下的少所有者得到的就少,如果资不抵债,所有者什么都得不到。所有者权益实际上是一种剩余的权益。

2. 特征

(1)除非发生减资、清算或分派现金股利,否则企业不需要偿还所有者权益。

(2)企业清算时,只有在清偿所有的负债后,所有者权益才返还给所有者。

(3)所有者凭借所有者权益能够参与企业利润的分配。

3. 确认

由于所有者权益体现的是所有者在企业中的剩余权益,因此,所有者权益的确认、计量主要取决于资产、负债、收入、费用等其他会计要素的确认和计量。所有者权益在数量上等于企业资产总额扣除债权人权益后的净额,即为企业的净资产,反映所有者(股东)

在企业资产中享有的经济利益。

4. 分类

所有者权益根据来源可分为：所有者投入的资本、直接计入所有者权益的利得和损失、留存收益等，具体表现为实收资本（或股本）、资本公积（含资本溢价或股本溢价、其他资本公积）、盈余公积和未分配利润。

三、反映企业经营成果的会计要素及其确认

经营成果是指企业实现的利润，是资金运动相对动态时的表现，反映经营成果的会计要素包括收入、费用、利润三项。

（一）收入

1. 定义

收入是指企业在日常活动中形成的、会导致所有者权益增加的、与所有者投入资本无关的经济利益的总流入。

2. 特征

（1）收入是企业在日常活动中形成的。

日常活动是指销售商品、提供劳务及让渡资产使用权等活动。而现金盘盈、接受捐赠等获得的经济利益流入，属于企业非日常活动所形成的经济利益流入，这些流入不能确认为收入，应当确认为营业外收入。

（2）收入会导致所有者权益的增加。

（3）收入是与所有者投入资本无关的经济利益的总流入。

3. 确认

（1）确认原则

企业应当在履行了合同中的履约义务，即在客户取得相关商品控制权时确认收入。取得相关商品控制权，是指客户能够主导该商品的使用并从中获得几乎全部经济利益，也包括有能力阻止其他方主导该商品的使用并从中获得经济利益。

取得商品控制权包括三个要素：

①客户有能力主导该商品的使用，即客户在其活动中有权使用该商品，或者能够允许或阻止其他方使用该商品。

②客户能够获得商品几乎全部的经济利益。

商品的经济利益是指商品的潜在现金流量,既包括现金流入的增加,也包括现金流出的减少。

③客户必须拥有现时权利,能够主导该商品的使用并从中获得几乎全部经济利益。

如果客户只能在未来的某一期间主导该商品的使用并从中获益,则表明其尚未取得该商品的控制权。

(2)确认条件

企业与客户之间的合同同时满足下列条件的,企业应当在客户取得相关商品控制权时确认收入:

①该合同明确了合同各方与所转让商品相关的权利和义务;

②该合同有明确的与所转让的商品相关的支付条款;

③合同各方已批准该合同并承诺将履行各自义务;

④该合同具有商业实质,即履行该合同将改变企业未来现金流量的风险、时间分布或金额;

⑤企业因向客户转让商品而有权取得的对价很可能收回。

(二) 费用

1. 定义

费用是指企业在日常活动中发生的、会导致所有者权益减少的、与向所有者分配利润无关的经济利益的总流出。

例如固定资产报废、遭受自然灾害发生的损失或者发生对外捐赠业务,虽然会导致所有者权益减少和经济利益的总流出,但不属于企业的日常活动,因此不应确认为企业的费用,而应确认为营业外支出。

2. 特征

(1)费用是企业在日常活动中发生的。

(2)费用会导致所有者权益的减少。

(3)费用是与向所有者分配利润无关的经济利益的总流出。

3. 确认

费用的确认除了应当符合定义外,至少应当符合以下条件:

(1)与费用相关的经济利益很可能流出企业;

(2)经济利益流出企业的结果会导致资产的减少或者负债增加;

(3)经济利益的流出额能够可靠计量。

4. 分类

费用包括生产费用与期间费用。

(1)生产费用是指与企业日常生产经营活动有关的费用,按其经济用途可分为直接材料、直接人工和制造费用。

(2)期间费用是指企业本期发生的、不能直接或间接归入产品生产成本,而应直接计入当期损益的各项费用,包括管理费用、销售费用和财务费用。

(三) 利润

1. 定义

利润是指企业在一定会计期间的经营成果,利润包括收入减去费用后的净额、直接计入当期利润的利得和损失等。

2. 确认条件

利润反映的是收入减去费用、利得减去损失后的净额。因此,利润的确认主要依赖于收入和费用以及利得和损失的确认。利润金额取决于收入和费用、直接计入当期利润的利得和损失金额的计量。

3. 分类

利润包括收入减去费用后的净额、直接计入当期损益的利得和损失等。

其中,收入减去费用后的净额反映企业日常活动的经营业绩;直接计入当期损益的利得和损失反映企业非日常活动的业绩。

利润按照其构成,分成营业利润、利润总额和净利润。

(1)营业利润是指营业收入减去营业成本、营业税金及附加、销售费用、管理费用、财务费用、资产减值损失,加上公允价值变动收益(减损失)和投资收益(减损失)后的金额。

(2)利润总额是指营业利润加上营业外收入,减去营业外支出后的金额。

(3)净利润是指利润总额减去所得税费用后的金额。

拓展阅读:
刘晏理财

▶ 任务实施

此次任务可以通过如下途径实现：

(1)阅读A公司从财务数据判断“标兵”产品与“拖油瓶”产品的案例，思考：什么是会计？什么是财务会计？财务会计包含哪些要素？

(2)通过访谈法，请教财务专家对会计要素的理解和辨析。

(3)通过小组讨论分析，结合案例内容，总结对会计要素的理解，派出代表在课堂上进行汇报分析。

▶ 任务小结

会计要素是指为了具体实施会计核算，需要对会计所反映和监督的内容进行分类而形成的若干要素。会计要素按照其性质分为资产、负债、所有者权益、收入、费用和利润六大要素。六大要素的核算是整个财务会计的基本内容，是单位经济业务核算的具体对象，也是财务管理所需财务数据的来源。

任务三 了解会计恒等式

▶ 任务导入

张先生公司的经济活动

张先生准备创办一家咨询公司，自有资金 100 000 元，向银行借款 50 000 元。租了一间办公室，花费 10 000 元交付一年的租金，支付各种办公费用 6 000 元，用银行存款购入 80 000 元商品，商品全部卖出收到货款 99 000 元，货款已经存入银行。

请思考：张先生的公司在经过这些经济活动以后是否还符合会计等式？

资料来源：杨幼珠，郭彦．初级会计学[M]．南京：南京大学出版社，2019.

▶ 任务分析

正确理解和运用会计要素之间的平衡关系，对于加强会计日常的核算和监督、充分发挥会计的作用，有着十分重要的意义。作为中小企业创业与经营者，无论是在管理岗位还是在财务岗位，都需要认识到，每一笔经济业务，都是资金运动的一个具体过程，都要我们认真对待，我们可以从认识会计等式开始，明确会计要素之间的关系。

▶ 知识准备

会计等式，又称会计恒等式、会计方程式或会计平衡公式，它是表明各会计要素之间基本关系的等式，是制定各项会计核算方法的理论基础。

微课视频：
会计恒等式

从实质上看，会计等式揭示了会计主体的产权关系、基本财务状况和经营成果。

一、会计等式的表现形式

（一）财务状况等式

企业资产最初表现为库存现金、银行存款、存货、固定资产、无形资产、长期股权投资等，这些资产有的属于投资者的投入资本（所有者权益），有的属于债权人的借入资金（负债），统称为权益。

因此，资产与权益实际上是企业所拥有的经济资源在同一时点上所表现的不同形式。资产表明的是资源在企业存在、分布的形态，而权益则表明了资源取得和形成的渠道。从数量上看，企业的资产总额与权益总额必定相等。

资产与权益在任何一个时点都必然保持恒等的关系，可以用公式表示为：

资产=权益

资产=负债+所有者权益

这一会计等式，即财务状况等式，亦称基本会计等式和静态会计等式，表明某一会计主体在某一特定时点所拥有的各种资产以及债权人和投资者对企业资产要求权的基本状况，表明资产、负债和所有者权益三者之间平衡关系，同时也构成资产负债表的三个基本要素。

由于该等式是会计等式中最通用和最一般的形式，所以通常也称为基本会计等式，是复式记账法的理论基础，也是企业编制资产负债表的依据。

知识加油站

会计要素与会计等式

为了更好地理解会计等式，需要同学们先思考一个问题，“大学生的财产和来源都有哪些?”大学生的财产主要有：现金、银行卡和网络账户的存款，以及手机、电脑、衣物等固定资产，当然也包括你花钱培训形成的知识能力，娱乐消费产生的精神财富等无形资产。这些财产肯定不是凭空出现的，财产是有来源的，学生的财产来源主要有以下渠道：父母或亲戚给的、向朋友借的、打工赚来的、奖学金等。财产和财产来源之间存在什么关系呢？当然是相等的关系，因为正是这些财产来源，形成了你现有的财产。这其实就是一种等式关系。同理，会计要素之间也存在着这种平衡关系，正是会计要素之间的这种平衡关系形成了会计等式，反之，会计等式的平衡原理又揭示了企业会计要素之间的规律性联系。

资料来源：原创。

（二）经营成果等式

企业经营目的是获取收入，实现盈利。企业在取得收入的同时，也必然要发生相应的费用。一定时期的收入和费用的配比结果为企业的经营成果。收入大于费用的差额为实现的利润，反之为发生的亏损。它们之间的关系通常可用公式表示为：

收入－费用＝利润

这一会计等式，即经营成果等式，亦称动态会计等式，是用以反映企业一定时期收入、费用和利润之间恒等关系的会计等式。

这一等式反映的是企业资金的绝对运动形式，即资金运动的三个动态要素之间的内在联系和企业在某一时期的经营成果，反映了企业利润的实现过程。

因此，收入、费用和利润是构成利润表的三个基本要素，收入、费用和利润之间的上述关系也是企业编制利润表的依据。

（三）会计等式之间的勾稽关系

企业在一定时期内取得的经营成果能够对资产和所有者权益产生影响：

收入可导致企业资产增加或负债减少，最终会导致所有者权益增加；

费用可导致企业资产减少或负债增加，最终会导致所有者权益减少。

所以，一定时期的经营成果必然影响一定时期的财务状况。把一定会计期间的六个会计要素联系起来，就可得到以下综合会计等式：

资产＝负债＋所有者权益＋利润

资产＝负债＋所有者权益＋（收入－费用）

资产＋费用＝负债＋所有者权益＋收入

拓展阅读：
傅山与“龙门账”

六大会计要素之间的等式关系全面、综合地反映了企业资金运动的内在规律。企业的资金总是采用动静结合的方法持续不断地运动。从某一具体时点上观察，可以看出资金的静态规律；从某一时期观察，又可以总结出资金的动态规律。

二、经济业务对会计等式的影响

企业经营过程中，发生的各种各样、错综复杂的经济业务，这些引起资产和权益发生增减变化的业务事项，称为会计事项或经济业务。

会计事项的发生必然会引起各个会计要素相应的增减变化。但不论发生何种经济业务，会计要素怎样变化，都不会破坏会计等式的平衡关系。因为每一项经济业务的发生都必然会引起两个或两个以上项目的等量的增减变动，因而会计等式的平衡关系是永恒的。

按照经济业务对会计等式的不同影响，可以将经济业务分为四种基本类型：

1. 资产与权益同时增加，即等式两边同时增加，总额增加。

2. 资产与权益同时减少，即等式两边同时减少，总额减少。

3. 资产内部有增有减，即等式左侧有增有减，总额不变。

4. 权益内部有增有减，即等式右侧有增有减，总额不变。

现举例说明四种经济业务对会计等式的影响：

假设 A 公司以 2021 年 12 月 31 日作为 2022 年经济业务的起点，表 1.3-1 是该公司在这一时点上的财务状况。

表 1.3-1　资产负债表（简表）

2021 年 12 月 31 日　　单位：元

资产	金额	权益	金额
银行存款	320 000	短期借款	200 000
应收账款	150 000	应付账款	100 000
存货	300 000	实收资本	700 000
固定资产	500 000	资本公积	270 000
合计	1 270 000	合计	1 270 000

该资产负债表数据说明，A 公司在 2022 年新的一年开始时，拥有四种资产，即银行存款 32 万元、应收账款 15 万元、存货 30 万元、固定资产 50 万元，资产总额 127 万元。这些

资产的来源(即权益)表现为三个方面:第一,向银行借入的短期借款 20 万元;第二,欠供应商货款 10 万元;第三,实际收到股东投入的资本 97 万元。则资产总额等于权益总额,为 127 万元。

(1)资产与权益同时等额增加

2022 年 1 月 5 日,A 公司从 B 企业购入原材料一批,共需支付 40 000 元,货款尚未支付。这笔经济业务使资产(存货)增加 40 000 元,同时使权益(应付账款)也增加 40 000 元。由于资产和权益等额增加,因此并没有改变等式的平衡关系。业务发生后的财务状况如表 1.3-2 所示。

表 1.3-2　资产负债表(简表)

2022 年 1 月 5 日　　单位:元

资产	金额	权益	金额
银行存款	320 000	短期借款	200 000
应收账款	150 000	应付账款	100 000+40 000=140 000
存货	300 000+40 000=340 000	实收资本	700 000
固定资产	500 000	资本公积	270 000
合计	1 270 000+40 000=1 310 000	合计	1 270 000+40 000=1 310 000

(2)资产与权益同时等额减少

2022 年 1 月 15 日,A 公司开出支票 60 000 元,以银行存款偿付应付账款。

这笔经济业务使公司资产(银行存款)减少了 60 000 元,同时使权益(应付账款)也减少了 60 000 元。由于资产和权益同时等额减少,因此并没有改变等式的平衡关系。业务发生后的财务状况如表 1.3-3 所示。

表 1.3-3　资产负债表(简表)

2022 年 1 月 15 日　　单位:元

资产	金额	权益	金额
银行存款	320 000-60 000=260 000	短期借款	200 000
应收账款	150 000	应付账款	140 000-60 000=80 000
存货	340 000	实收资本	700 000
固定资产	500 000	资本公积	270 000
合计	1 310 00-60 000=1 250 000	合计	1 310 00-60 000=1 250 000

(3)资产方等额有增有减,权益不变

2022 年 1 月 20 日,A 公司收到应收账款 40 000 元,存入公司开户银行。

这笔经济业务,使公司资产(银行存款)增加了 40 000 元,同时使资产 (应收账款)减少了 40 000 元。由于资产内部等额有增有减,因此并没有改变等式的平衡关系。业务发生后的财务状况如表 1.3-4 所示。

表 1.3-4　资产负债表(简表)

2022 年 1 月 20 日　　单位:元

资产	金额	权益	金额
银行存款	260 000+40 000=300 000	短期借款	200 000
应收账款	150 000-40 000=110 000	应付账款	80 000
存货	340 000	实收资本	700 000
固定资产	500 000	资本公积	270 000
合计	1 250 000+40 000-40 000=1 250 000	合计	1 250 000

(4)权益方等额有增有减,资产不变

2022 年 1 月 25 日,A 公司向银行借入短期借款 20 000 元,偿付应付账款。

这笔经济业务使公司权益(短期借款)增加了 20 000 元,同时使公司权益(应付账款)减少了 20 000 元。由于权益内部等额有增有减,因此并没有改变等式的平衡关系。业务发生后的财务状况如表 1.3-5 所示。

表 1.3-5　资产负债表(简表)

2022 年 1 月 25 日　　单位:元

资产	金额	权益	金额
银行存款	300 000	短期借款	200 000+20 000=220 000
应收账款	110 000	应付账款	80 000-20 000=60 000
存货	340 000	实收资本	700 000
固定资产	500 000	资本公积	270 000
合计	1 250 000	合计	1 250 000+20 000-20 000=1 250 000

从上述四项经济业务可以看出,无论哪一项经济业务的发生,均不会破坏资产总额与负债、所有者权益总额的平衡关系。如果不相等,说明记账存在错误。

如果把权益分为负债和所有者权益两个会计要素,则经济业务对会计等式“资产=负债+所有者权益”的影响，可具体分为九种情况：

(1)一项资产增加、一项负债等额增加的经济业务。

(2)一项资产减少、一项负债等额减少的经济业务。

(3)一项资产增加、一项所有者权益等额增加的经济业务。

(4)一项资产减少、一项所有者权益等额减少的经济业务。

(5)一项资产增加、另一项资产等额减少的经济业务。

(6)一项负债增加、另一项负债等额减少的经济业务。

(7)一项所有者权益增加、另一项所有者权益等额减少的经济业务。

(8)一项负债增加、一项所有者权益等额减少的经济业务。

(9)一项所有者权益增加、一项负债等额减少的经济业务。

综上，企业经济业务无论怎么纷繁复杂，能引起资产和权益发生增加变动的，归纳起来不外乎四大类型九种情况，而这些经济业务无论怎样变化都不会破坏上述会计等式的平衡关系。企业在任何时点所有的资产总额总是等于负债和所有者权益总额，因此会计等式也称为会计恒等式。

▶ 任务实施

此次任务可以通过如下途径实现：

(1)阅读张先生公司的经济活动的案例，思考：张先生的公司在经过这些经济活动以后是否还符合会计等式？会计等式的表现形式有哪些？经济业务对会计等式的影响有哪些？

(2)通过文献检索法查看专家、学者对中小企业会计等式的理解。

(3)通过小组讨论分析，张先生的公司在经过这些经济活动以后是否还符合会计等式？分析具体原因，派出代表在课堂上进行汇报分析。

你听我说：会计恒等式原则

任务小结

会计等式又称会计恒等式、会计方程式或会计平衡公式,它是表明各会计要素之间基本关系的等式,是制定各项会计核算方法的理论基础。从实质上看,会计等式揭示了会计主体的产权关系、基本财务状况和经营成果。会计等式的表现形式包括财务状况等式、经营成果等式、会计等式之间的勾稽关系。企业经济业务无论怎么纷繁复杂,能引起资产和权益发生增加变动的包含四大类型九种情况,而这些经济业务无论怎样变化都不会破坏上述会计等式的平衡关系。

任务四　读懂财务报表

▶ 任务导入

资产还是负债?

学生:我从银行借款1亿元,这是资产1亿元还是负债1亿元?

教师:这个业务既导致资产增加1亿元,又导致负债增加1亿元。

你在借到钱的时候得到1亿元的货币资金,这个货币资金就是资产。也就是说,资产增加1亿元。同时站在会计的立场还要问:这1亿元的货币资金(资产)是从哪里来的?由于是借来的,所以负债增加1亿元。这就是说,“从银行借款1亿元”是一项导致资产、负债发生变化的业务——资产增加1亿元,负债也增加1亿元。

请思考:资产与负债、股东权益是什么关系?资产负债表是不是财务报表?

资料来源:张新民. 中小企业财务报表分析[M]. 北京:中国人民大学出版社,2020.

▶ 任务分析

一旦开始创业,不管经营管理人员是要了解本单位各项任务指标的完成情况,还是要评价管理人员的经营业绩,都要看财务报表;投资人、债权人等要了解企业的盈利、偿债、投资受益和发展前景要看财务报表;国家经济管理部门了解各行业、各地区经济发展情况,要看财务报表;财政、税务、工商、审计等部门监督企业经营管理更要看财务报表。那么作为未来企业的经营管理人员就应该要掌握财务报表的分类、编制要素。

▶ 知识准备

一、财务报表

(一)概念

财务报表,是指企业对外提供的反映企业某一特定日期财务状况和某一会计期间某经营成果、现金流量等会计信息的文件。财务报表包括会计报表及其附注和其他应当在财务报表中披露的相关信息和资料。

（二）种类

1. 基本分类：企业财务报告的分类如表 1.4-1 所示。

表 1.4-1　财务报表分类表

财务报表	按反映的内容分类	静态报表	资产负债表
		动态报表	利润表
			现金流量表
			所有者权益变动表
	按编报时间分类	中期报表	月度报表、季度报表、半年度报表
		年度报表	年报
	按编制基础分类	个别财务报表	
		汇总报表	
		合并财务报表	

2. 复合分类

按财务报表反映的经济内容和编报期复合分类，财务报告的分类如表 1.4-2 所示。

表 1.4-2　财务报表复合分类表

报表编号	财务报告名称	编报期
会企 01 表	资产负债表	中期报表、年度报表
会企 02 表	利润表	中期报表、年度报表
会企 03 表	现金流量表	中期报表、年度报表
会企 04 表	所有者权益变动表	年度报表

（三）作用

财务报表主要提供企业的财务会计信息，满足企业外部的信息使用者进行投资决策、

信贷决策、证券上市许可和证券交易管理决策以及其他经济决策的需要，以及企业内部的信息使用者加强企业内部经营管理的需要。财务报表的作用，具体表现如表1.4-3：

表1.4-3 财务报表的作用

信息使用者		需要了解的信息	目标
外部信息使用者	投资者及潜在投资者	企业的盈利能力、资本结构和利润分配政策等	了解投资的内在风险和投资报酬，以便作出正确的投资决策
	债权人及潜在债权人	资本结构、资产状况和盈利能力等有关企业偿债能力的信息	做出正确的信贷决策
	政府	资源的分配和运用情况、盈利状况和纳税情况等	为国家宏观经济决策提供依据
内部信息使用者	企业管理者	企业某一特定日期财务状况以及某一特定期间经营业绩和现金流量	作出正确的生产经营决策，以加强经营管理
	员工及工会组织	盈利、职工福利等方面的信息	了解与其利益密切相关的事项如工资、福利费、各项劳动保险费、教育培训支出、工会经费、员工的持股比例等，并对其进行必要的监督

（四）财务报告的编报要求

为了确保企业财务报告的质量，企业编制财务报告，应当以持续经营为基础，考虑报表项目的重要性和不同会计期间的一致性，报表中的资产项目和负债项目的金额、收入项目和费用项目的金额不得相互抵销（但满足抵销条件的除外），当期财务报表的列报，至少应当提供所有列报项目上一个可比会计期间（即以前期间）的比较数据。除以上基本列报要求外，在编报技术上应当符合以下几点要求：

1. 数据真实。企业应当根据真实的交易、事项及会计账簿记录等资料填列报表项目，不得虚报或隐瞒。

2. 内容完整。企业应当按照完整的会计账簿记录等资料填列报表项目，不得漏报或任意取舍。

3. 计算准确。企业应当按照核对无误的会计账簿记录等资料准确分析、计算后填列报表项目，报表之间、报表各项目之间应保持一定的勾稽关系。

4. 说明清楚。报表附注和财务情况说明书应当按照会计法规的规定，对报表中需要说明的事项做出真实、完整、清楚的说明,便于报表使用者理解。

5. 编报及时。财务报告应当在规定的时间内编报。现行企业会计法规规定的具体报送时间如表 1.4-4 所示。

表 1.4-4　财务报告报送时间表

财务报告	报送时间
月度财务报告	月度终了后 6 天内(节假日顺延,下同)
季度财务报告	季度终了后 15 天内
半年度财务报告	年度中期结束后 60 天内(即两个连续的月份)
年度财务报告	年度终了后 4 个月内

二、资产负债表

(一) 资产负债表的概念和作用

1. 概念

资产负债表是反映企业某一特定日期(如月末、季末、年末等)财务状况的会计报表,是静态会计报表。它是根据“资产=负债+所有者权益”,按照一定的分类标准和一定的顺序,把企业一定日期的资产、负债和所有者权益各项目予以适当排列,并对日常工作中形成的大量数据进行高度浓缩整理后编制而成的。它表明企业在某一特定日期所拥有或控制的经济资源、所承担的现有义务和所有者对净资产的要求权。资产负债表是企业基本会计报表之一,是所有独立核算的企业单位都必须对外报送的会计报表。

2. 作用

通过编制资产负债表,可以反映企业资产的构成及其状况,分析企业在某一日期所拥有的经济资源及其分布情况;可以反映企业某一日期的负债总额及其结构,分析企业目前与未来的需要支付的债务数额;可以反映企业所有者权益的情况,了解企业现有的投资者在企业资产总额中所占的份额。通过对资产负债表项目金额及相关比率的分析,可以帮助报表使用者全面了解企业的资产状况、盈利能力,分析企业的债务偿还能力,从而为未来的经济决策提供信息。例如,通过资产负债表可以计算流动比率、速动比率,了解企业的短期偿债能力;通过资产负债表可以计算资产负债率,了解企业偿付到期长期债务的能力。

（二）资产负债表的格式

资产负债表由表头、表身和表尾等部分组成。表头部分应列明报表名称、编制单位名称、编制日期和金额计量单位；表身部分反映资产、负债和所有者权益的内容；表尾部分为补充说明。其中，表身部分是资产负债表的主体和核心。

资产负债表的格式主要有账户式和报告式两种。我国企业的资产负债表采用账户式结构。账户式资产负债表分左右两方，左方为资产项目，按资产的流动性大小排列。右方为负债和所有者权益项目，一般按求偿权先后顺序排列。账户式资产负债表中资产各项目的合计等于负债和所有者权益各项目的合计，即资产负债表的理论依据是：资产=负债+所有者权益。适用于已执行新金融准则或新收入准则的企业资产负债表基本格式如表1.4-5所示：

表1.4-5　资产负债表

会企01表

编制单位：　　　　年　　月　　日　　　　单位：元

资产	年末余额	年初余额	负债和所有者权益（或股东权益）	年末余额	年初余额
流动资产：			流动负债：		
货币资金			短期借款		
交易性金融资产			交易性金融负债		
应收票据			衍生金融负债		
应收账款			应付票据		
应收账款融资			应付账款		
预付款项			预收款项		
其他应收款			合同负债		
存货			应付职工薪酬		
合同资产			应交税费		
持有待售资产			其他应付款		
一年内到期的非流动资产			持有待售负债		
其他流动资产			一年内到期的非流动负债		
流动资产合计			其他流动负债		
非流动资产：			流动负债合计		
债权投资			非流动负债：		
其他债权投资			长期借款		

（续表）

资产	年末余额	年初余额	负债和所有者权益（或股东权益）	年末余额	年初余额
长期应收款			应付债券		
长期股权投资			其中：优先股		
其他权益工具投资			永续债		
其他非流动金融资产			租赁负债		
投资性房地产			长期应付款		
固定资产			预计负债		
在建工程			递延收益		
生产性生物资产			递延所得税负债		
油气资产			其他非流动负债		
使用权资产			非流动负债合计		
无形资产			负债合计		
开发支出			所有者权益（或股东权益）：		
商誉			实收资本（或股本）		
长期待摊费用			其他权益工具		
递延所得税资产			其中：优先股		
其他非流动资产			永续债		
非流动资产合计			资本公积		
			减：库存股		
			其他综合收益		
			专项储备		
			盈余公积		
			未分配利润		
			所有者权益（或股东权益）合计		
资产总计			负债和所有者权益（或股东权益）合计		

三、利润表

（一）概念和作用

1. 概念

利润表又称损益表，是反映企业一定期间经营成果的会计报表。利润表是根据“利润=

收入-费用”编制的,其数据说明某一期间的情况,因此,利润表属于动态报表。

利润表是会计报表中的一张基本报表,是企业经营业绩的综合体现,又是企业进行利润分配的主要依据。

2. 作用

(1)反映一定会计期间收入的实现情况;

(2)反映一定会计期间的费用耗费情况;

(3)反映企业经济活动成果的实现情况,据以判断资本保值增值等情况。

(4)利用利润表揭示的会计信息进行分析,会计信息使用者可以了解、评价和预测企业的经营成果、获利能力和偿债能力等,为其进行决策和制定政策发挥重要作用。

(二)格式

利润表同资产负债表一样,均由表头、表身和表尾三部分构成。表身主要由营业收入、营业利润、利润总额和净利润等各项目及金额构成。其中金额栏有本期金额和上期金额。由于不同企业对会计报表的信息要求不完全相同,利润表的结构也不完全一样。但目前比较普遍的利润表的结构有多步式和单步式两种。

多步式利润表中的利润是通过多步计算而来的。多步式利润表通常分为以下三步:

第一步,以营业收入(包括其他业务收入)为基础,减去营业成本(包括其他业务成本)、营业税金及附加、三项期间费用及资产减值损失,再加上公允价值变动收益、投资收益后,计算出营业利润。

第二步,利润的基础上再加减营业外收支,计算得出本期在营业实现的利润(或亏损)。

第三步,从利润总额中减去所得税费用后,计算出本期净利润(或净亏损)。

多步式利润表的优点是,便于对企业生产经营情况进行分析,有利于不同企业之间进行比较,更重要的是利用多步式利润表有利于预测企业今后的盈利能力。目前,我国企业利润表的编制就是采用多步式。

单步式利润表是将本期所有的收入加在一起,然后将所有的费用加在一起,通过一次计算求出本期利润。单步式利润表简单、直观,易于理解,但由于其提供的信息有限,故比较适合业务单一,规模较小的企业。

目前,我国企业利润表均采用多步式。具体包括五部分内容:营业收入、营业利润、利润总额、净利润、每股收益。利润表格式如表 1.4-6 所示。

表 1.4-6　利润表

会企 02 表

编制单位：　　　　　　　　　　年　　月　　　　　　　　　　单位：元

项目	本期金额	上期金额
一、营业收入		
减：营业成本		
税金及附加		
销售费用		
管理费用		
研发费用		
财务费用		
其中：利息费用		
利息收入		
加：其他收益		
投资收益（损失以"-"号填列）		
其中：对联营企业和合营企业的投资收益		
以摊余成本计量的金融资产终止确认收益（损失以"-"号填列）		
净敞口套期收益（损失以"-"号填列）		
公允价值变动收益（损失以"-"号填列）		
信用减值损失（损失以"-"号填列）		
资产减值损失（损失以"-"号填列）		
资产处置收益（损失以"-"号填列）		
二、营业利润（亏损以"-"号填列）		
加：营业外收入		
减：营业外支出		
三、利润总额（亏损以"-"号填列）		
减：所得税费用		
四、净利润（净亏损以"-"号填列）		
（一）持续经营利润（净亏损以"-"号填列）		
（二）终止经营利润（净亏损以"-"号填列）		
五、其他综合收益的税后净额		
六、综合收益总额		

（续表）

项目	本期金额	上期金额
七、每股收益		
（一）基本每股收益		
（二）稀释每股收益		

四、现金流量表

（一）概述

现金流量表是反映企业一定会计期间现金和现金等价物流入和流出情况的会计报表。现金流量表的作用体现在以下几个方面。

1. 能说明企业一定期间内现金流入和现金流出原因

现金流量表划分为经营活动、投资活动和筹资活动所产生的现金流量，并按照流入现金和流出现金项目分别反映，从而说明了现金从哪里来，又流到哪里去。

2. 能说明企业偿债能力和支付股利能力

企业利润表中反映的获利情况虽然在一定程度上表明企业具有一定的现金支付能力，但是由于会计核算采用的权责发生制、配比原则等方式中含有估计等因素，使得利润表中反映的经营成果不能真正反映企业的偿债或支付能力。现金流量表以现金的收支为基础，消除了由于会计估计所产生的获利能力和支付能力。通过现金流量表能够更清楚地了解现金流量的构成，分析企业偿债和支付股利的能力。

3. 能分析企业未来获取现金能力

现金流量表能够说明企业一定期间内现金流入和现金流出的整体情况，说明现金从哪里来，又运用到哪里去。表中的经营活动产生的现金流量，代表企业在日常经营活动中运用经济资源创造现金流量的能力，现金流量便于分析一定期间内产生的净利润与经营活动产生现金流量的差异；投资活动产生的现金流量，代表企业运用资金对内和对外投资产生现金流量的能力；筹资活动产生的现金流量，代表企业对外筹资获得现金流量的能力。因此，通过现金流量表及其他财务信息，可以分析企业未来获取或支付现金的能力。

4. 能分析企业投资和理财活动对经营成果和财务状况的影响

现金流量表提供一定时期现金流入和流出的动态财务信息，表明企业在报告期内由经营活动、投资和筹资活动获得多少现金，企业获得的这些现金是如何运用的，能够说明资产、负债、净资产的变动原因,对资产负债表和利润表起到补充说明的作用。

5. 能提供不涉及现金的投资和筹资活动信息

现金流量表除了反映企业与现金有关的投资和筹资活动方面的信息外,还通过附注方式提供不涉及现金的投资和筹资活动方面的信息,使财务报表使用者能够全面了解和分析企业的投资和筹资活动。

(二)现金流量表的编制基础

现金流量表是以现金及现金等价物为基础编制的,这里的现金是指企业库存现金、可以随时用于支付的存款,以及现金等价物。

1. 库存现金

库存现金是指企业持有可随时用于支付的现金限额,与会计核算中"库存现金"所包括的内容一致。

2. 银行存款

银行存款是指企业存在金融企业,随时可以用于支付的存款,与会计核算中"银行存款"科目所包含的内容基本一致,但是如果存在金融企业的款项中有不能随时用于支付的存款,如不能随时支取的定期存款,不作为现金流量表中的现金,但提前通知金融企业便可支取的定期存款,则包括在现金流量表中的现金范围。

3. 其他货币资金

其他货币资金是指企业存在金融企业有特定用途的资金,如外埠存款、银行汇票存款、银行本票存款、信用证保证金存款、信用卡存款等。

4. 现金等价物

现金等价物指企业持有的期限短、流动性强、易于转换为已知金额现金、价值变动风险很小的投资。通常三个月内到期的短期债券投资可以认为是现金等价物。而权益性投资变现的金额通常不确定,因而不属于现金等价物。由于现金等价物的变现能力很强,其支付能力与现金差别不大,现金流量表中将其视为现金处理。企业应当根据具体情况,确定现金等价物的范围,一经确定,不得随意变更。

现金流量表的编制应遵循收付实现制,而不是权责发生制。即现金流量表中现金流入和流出是以现金收入和付出作为标志来确认的,而与一般企业会计核算中按照应收、应付原则来确认收入和费用是不同的。

（三）现金流量表的结构

1. 正表

现金流量表正表采用报告式结构。包括六项：经营活动产生的现金流量、投资活动产生的现金流量、筹资活动产生的现金流量、汇率变动对现金及现金等价物的影响、现金及现金等价物净增加额和期末现金及现金等价物余额。其中，前三项是正表的核心内容，分别反映经营活动、投资活动和筹资活动的“现金流入”“现金流出”“现金流量净额”。

2. 附注

现金流量表附注一般包括三部分内容：补充资料、取得或处置子公司及其他营业单位情况、现金及现金等价物情况。

现金流量表正表与附注（补充资料）存在如下勾稽关系：

①正表中“经营活动产生的现金流量净额”=附注（补充资料）中“经营活动产生的现金流量净额”；

②正表中“现金及现金等价物净增加额”=附注（补充资料）中“现金及现金等价物净增加额”。

按照我国财务报表列报准则的规定，企业的年度报告中的现金流量表格式如表1.4-7所示。

表1.4-7 现金流量表

会企03表

编制单位：　　　　年度　　　　单位：元

项目	本期金额	上期金额
一、经营活动产生的现金流量：		
销售商品、提供劳务收到的现金		略
收到的税费返还		
收到其他与经营活动有关的现金		
经营活动现金流入小计		
购买商品、接受劳务支付的现金		
支付给职工以及为职工支付的现金		
支付的各项税费		
支付其他与经营活动有关的现金		
经营活动现金流出小计		

（续表）

项目	本期金额	上期金额
经营活动产生的现金流量净额		
二、投资活动产生的现金流量：		
收回投资收到的现金		
取得投资收益收到的现金		
处置固定资产、无形资产和其他长期资产收回的现金净额		
处置子公司及其他营业单位收到的现金净额		
收到其他与投资活动有关的现金		
投资活动现金流入小计		
购建固定资产、无形资产和其他长期资产支付的现金		
投资支付的现金		
取得子公司及其他营业单位支付的现金净额		
支付其他与投资活动有关的现金		
投资活动现金流出小计		
投资活动产生的现金流量净额		
三、筹资活动产生的现金流量：		
吸收投资收到的现金		
取得借款收到的现金		
收到其他与筹资活动有关的现金		
筹资活动现金流入小计		
偿还债务支付的现金		
分配股利、利润或偿付利息支付的现金		
支付其他与筹资活动有关的现金		
筹资活动现金流出小计		
筹资活动产生的现金流量净额		
四、汇率变动对现金及现金等价物的影响		
五、现金及现金等价物净增加额		
加：期初现金及现金等价物余额		
六、期末现金及现金等价物余额		

五、所有者权益变动表

（一）概念及作用

所有者权益变动表(或股东权益变动表),是反映构成企业所有者权益的各组成部分当期的增减变动情况的报表。所有者权益变动表反映各项交易和事项导致的所有者权益的增减变动,以及所有者权益各组成部分增减变动的结构性信息。该表体现了对所有者权益的界定,体现了企业综合收益。

（二）格式

所有者权益变动表由表首和正表两部分组成。其中,表首说明报表名称、编制单位、编制日期、编报编号、货币名称、计量单位等;正表是所有者权益变动表的主体,反映企业所有者权益的增减变动及年初、年末余额情况。一般企业所有者权益变动表的具体格式见表 1.4-8。

表 1.4-8　所有者权益变动表

会企 04 表

编制单位：　　　　年度　　　　单位:元

项目	本年金额						上年金额					
	实收资本(或股本)	资本公积	减:库存股	盈余公积	未分配利润	所有者权益合计	实收资本(或股本)	资本公积	减:库存股	盈余公积	未分配利润	所有者权益合计
一、上年年末余额												
加:会计政策变更												
前期差错更正												
二、本年年初余额												
三、本年增减变动金额(减少以“-”号填列)												
(一)净利润												
(二)直接计入所有者权益的利得和损失												
1. 可供出售金融资产公允价值变动净额												

（续表）

项目	本年金额						上年金额					
	实收资本（或股本）	资本公积	减：库存股	盈余公积	未分配利润	所有者权益合计	实收资本（或股本）	资本公积	减：库存股	盈余公积	未分配利润	所有者权益合计
2. 权益法下被投资单位其他所有者权益变动的影响												
3. 与计入所有者权益项目相关的所得税影响												
4. 其他												
上述（一）和（二）小计												
（三）所有者投入和减少资本												
1. 所有者投入资本												
2. 股份支付计入所有者权益的金额												
3. 其他												
（四）利润分配												
1. 提取盈余公积												
2. 对所有者（或股东）的分配												

▶ 任务实施

此次任务可以通过如下途径实现：

（1）阅读师生的对话，思考：资产与负债、股东权益是什么关系？资产负债表是不是财务报表？财务报表怎么看？

（2）阅读教材理解掌握财务报表的分类、编制要素。

（3）通过小组讨论分析，辨析资产与负债、股东权益的关系，明确资产负债表与财务报表的关系，总结读懂财务报表的要点。派出代表在课堂上进行分享。

▶ 任务小结

财务报表,是指企业对外提供的反映企业某一特定日期财务状况和某一会计期间某经营成果、现金流量等会计信息的文件。财务报表包括会计报表及其附注和其他应当在财务报表中披露的相关信息和资料。财务报表可以根据按反映的内容、编报时间、编制基础进行分类,也可以按财务报表反映的经济内容和编报期复合分类。财务报表对内部和外部使用者的作用和目标不同。财务报告的编报主要有以下几点要求:数据真实、内容完整、计算准确、说明清楚、编报及时。资产负债表、利润表、现金流量表、所有者权益变动表是作为经营者一定要掌握的几张表。

技能提升训练

训练目标

通过模拟案例，掌握财务管理内容，会处理财务关系，能看懂财务报表，会做好财务规划。

实施流程

1. 阅读案例材料，具体如下：

王月是刚毕业的体育专业大学生，她决定自主创业。她根据在大学中所学到的知识，以及利用假期参与各类实习所积累的一些工作经验，在反复进行可行性论证后，准备在钱江新城开设一家健身俱乐部，主营业务为瑜伽，兼营咖啡店。王月计划先搞单体式俱乐部，在未来5—8年实现连锁式俱乐部。王月曾考察过几家瑜伽健身俱乐部，并对其经营有一定的了解。但万事开头难。王月面对的问题千头万绪，如俱乐部选址和场地租凭、场地设计与装修、工商税务登记与银行开户、员工招聘与培训等。

2. 从财务管理角度，厘清王月最需要解决的财务管理事项，例如：

(1)俱乐部开业时有哪些资金支出项目？

(2)俱乐部财务目标是什么？需要处理的各种关系有哪些？

(3)资金从哪儿来？当本金不能满足投资所需时，该如何筹措？

(4)俱乐部该如何经营？

3. 在市场调研的基础上，是否需要制作周全的经营计划书，对经营策略、收入来源及其模式、成本控制等方面进行全面经营规划？

4. 登录课程平台，以小组为单位提交企业创建方案。

问卷：企业选址认知

思考与练习

一、单选题

1. 下列关于财务管理目标的说法中,(　　)反映了对企业资产保值增值的要求,并克服了管理上的片面性和短期行为。

A. 资本利润率最大化　　B. 每股利润最大化

C. 企业价值最大化　　D. 利润最大化

2. 财务管理的核心工作环节为(　　)。

A. 财务预测　　B. 财务决策

C. 财务预算　　D. 财务控制

3. 企业与政府之间的财务关系体现为(　　)。

A. 风险收益对等关系　　B. 债权与债务关系

C. 资金结算关系　　D. 强制和无偿的分配关系

4. 财务关系是企业在组织财务活动过程中与有关各方面所发生的(　　)。

A. 经济协作关系　　B. 经济利益关系

C. 经济往来关系　　D. 经济责任关系

5. 没有风险和通货膨胀情况下的均衡点利率是(　　)。

A. 企业债券利率　　B. 市场利率

C. 无风险报酬率　　D. 纯利率

6. 在下列各项中,能够反映上市公司价值最大化目标实现程度的最佳指标是(　　)。

A. 总资产报酬率　　B. 每股利润

C. 净资产收益率　　D. 每股市价

7. 甲乙两个企业均投入 1 000 万元的资本,本年获利均为 60 万元,但甲企业的获利已经全部转化为现金,而乙企业则全部是应收账款。如果在分析时得出两个企业收益水平相同的结论,得出此结论的原因是(　　)。

A. 没有考虑利润的取得时间

B. 没有考虑所获利润和投入资本的关系

C. 没有考虑利润获得所承担风险的大小

D. 没有考虑剩余产品的创造能力

8. 下列不属于侧重反映企业财务状况的会计要素是(　　)。

A. 资产　　B. 负债

C. 所有者权益　　D. 利润

9. 下列关于所有者权益的表述中,正确的是(　　)。

A. 所有者权益是指企业投资者投入的资本,即实收资本

B. 所有者权益通常划分为实收资本、资本公积和未分配利润

C. 所有者权益是指企业资产扣除负债后由所有者享有剩余权益

D. 所有者权益的形成来源包括所有者投入的资本和留存收益

10. 下列各项中,符合会计要素中收入定义的是(　　)。

A. 出售材料收入　　B. 现金盘盈收入

C. 接受捐赠收入　　D. 向购货方收回的销货代垫运费

二、多选题

1. 企业财务活动主要包括(　　)。

A. 筹资活动　　B. 投资活动

C. 人事管理活动　　D. 分配活动

2. 由于(　　),以企业价值最大化作为财务管理目标,通常被认为是一个较为合理的财务管理目标。

A. 更能揭示市场认可企业的价值　　B. 考虑了资金的时间价值

C. 考虑了投资风险价值　　D. 企业价值确定容易

3. 财务管理十分重视股价的高低,其原因是(　　)。

A. 股价代表了公众对企业价值的评价

B. 股价反映了资本与获利之间的关系

C. 股价反映了每股利润和风险的大小

D. 股价反映了财务管理目标的实现程度

4. 股东通过经营者伤害债权人利益的常用方式是(　　)。

A. 不顾工人的健康和利益

B. 不经债权人的同意,投资于比债权人预期风险要高的新项目

C. 不征得原有债权人同意而发行新债

D. 不是尽最大努力去实现企业财务管理目标

5. 下列各项中,可用来协调所有者与债权矛盾的方法有(　　)。

A. 规定借款用途　　B. 规定借款的信用条件

C. 收回借款或不再借款　　D. 规定担保条件

6. 以资本利润率最大化作为财务管理目标,存在的缺陷是(　　)。

A. 不能反映资本的获利能力

B. 不能用于不同资本规模的企业间比较

C. 没有考虑风险因素和时间价值

D. 不能避免企业的短期行为

7. 企业财务管理包括(　　)几个环节。

A. 财务预决策　B. 财务预算　C. 财务控制　D. 财务分析

8. 下列关于负债的表述中,正确的有(　　)。

A. 负债的清偿预期会导致经济利益流出企业

B. 负债是企业承担的过去的义务

C. 负债是企业过去的交易或事项形成的

D. 企业将在未来发生的承诺不形成负债

9. 下列属于所有者权益的来源有(　　)。

A. 所有者投入的资本　　B. 留存收益

C. 直接计入利润的利得和损失　　D. 其他综合收益

10. 下列各项中,影响利润金额计量的有(　　)。

A. 资产　B. 收入　C. 费用　D. 直接计入利润的利得或损失

三、判断题

1. 企业与政府之间的财务关系体现为投资与受资的关系。(　　)

2. 金融市场的纯利率是指没有风险和通货膨胀情况下的平均利率。(　　)

3. 企业价值最大化强调企业所有者的利益最大化,与企业经营者没有利益关系。(　　)

4. 以每股利润最大化作为财务管理的目标,考虑了资金的时间价值但没有考虑投资的风险价值。(　　)

5. 企业财务活动的内容,也是企业财务管理的基本内容。(　　)

6. 企业财务管理基于企业再生产过程中客观存在的资金运动而产生的,是企业组织资金运动的一项经济管理工作。(　　)

7. 企业组织财务活动中与有关各方所发生的经济利益关系称为财务关系，但不包括企业与职工之间的关系。（　　）

8. 金融市场状况是构成经济环境的最主要因素。（　　）

9. 某企业与银行达成了 5 个月后借入 1 000 万元的借款意向书，形成该企业的一项负债。（　　）

10. “资产=负债+所有者权益”等式反映了企业特定时点的财务状况，它是编制资产负债表的基础。（　　）

项目二
树立中小企业财务管理价值观念

学习目标

（一）知识目标

1. 理解资金时间价值的含义；
2. 掌握资金时间价值的基本计算及其运用；
3. 理解风险与报酬的关系；
4. 掌握风险的衡量方法。

（二）能力目标

1. 能计算资金时间价值；
2. 会衡量风险收益。

学习任务

任务一　计算资金时间价值；

任务二　衡量风险收益。

任务一　计算资金时间价值

▶ 任务导入

联星公司的付款方式选择

联星公司计划购买大型设备，该设备价款 100 万元，如果一次性付款，则可以享受 2% 的折扣；如果第一年年末付款，需要 105 万元；若从购买时开始分三次付款，则每年需要支付 35 万元。假设银行的年利率为 8%。

请思考：联星公司应该选择哪种方式付款更有利？

案例来源：原创。

▶ 任务分析

联星公司三种付款方式，在不同的时间点上所付价款不同。资金在不同的时间点上有不同的价值，联星公司在选择付款方式时，不能直接根据付出款项金额的大小来选择，需要将不同时间点上支付的金额放在同一个时间上来比较大小，也就是要考虑资金的时间价值。将三种不同方式下付出的金额都折算到起点，也就是计算各种方式下的付款现值，比较现值的大小，才能做出正确的选择。如何计算付款现值，需要学习以下知识。

▶ 知识准备

一、资金时间价值的含义

资金时间价值也叫货币时间价值，是指一定数量的资金经过一段时间的投资和再投资所增加的价值，即等量资金由于使用而在不同时点上形成的价值增加额。

微课视频：
资金时间价值认知

资金时间价值原理是“时间就是金钱”这一观念数量化的外化概括。在商业活动中，存在这样一种现象，即现在的 100 元和 1 年后的 100 元其经济价值不相等。如果将 100 元存入银行，假定 1 年期存款利率为 5%，则 1 年后这 100 元就变成了 105 元，增加了 5 元钱，这 5 元钱就是资金时间价值。这并不是说资金因为时间的延续创造了时间价值，如果资金所有者把钱锁入保险箱中闲置不用就不能增值。资金只有被使用，经过劳动者的创造才能增加价值。

二、资金时间价值的计算

资金的时间价值有绝对数和相对数(利息率)两种形式，通常用相对数表示。资金时间价值是在没有风险和通货膨胀条件下的社会平均资金利润率，是企业资金利润率的最低限度，也是使用资金的最低成本率。由于资金在不同的时点上具有不同的价值，所以不同时点上的资金就不能直接比较，必须换算到相同的时点上才能比较。因此，正确掌握资金时间价值的计算方法尤为重要。

(一) 单利终值与现值的计息

单利是指只对本金计息，利息部分不再计息。通常用 P 表示现值，F 表示终值，i 表示利率(贴现率，折现率)，n 表示计息利息的期数，I 表示利息。

1. 单利利息

$$I=P\times i\times n$$

2. 单利终值

$$F=P+I=P+P\times i\times n=P\times(1+i\times n)$$

3. 单利现值

$$P=F/(1+i\times n)$$

【业务实例 2-1】王明将资金 20 000 元存入银行，定期 2 年，假如银行 2 年期定期存款的利率为 5%。问：单利计息法下，2 年后，王明能从银行取出多少钱？

微课视频：资金时间价值的衡量

解析：单利只有本金计息，利息不再计入本金再生息。因此，2 年后，王明此笔资金的本利和为：

$F=20\ 000\times(1+5\%\times2)=22\ 000$（元）

第 1 年的利息为 $20\ 000\times5\%=1\ 000$ 元。第 2 年的利息仍为 $20\ 000\times5\%=1\ 000$ 元，共 2 000 元。

【业务实例 2-2】王明 2 年后有一个欧洲旅游计划，预估费用 60 000 元。为了实施该计划，王明现在准备资金，在银行利率为 5%的情况下，单利计息，为保证计划实施，王明现在至少应存入银行多少钱？

解析：$P=F/(1+i\times n)=60\ 000/(1+5\%\times2)=54\ 545.45$（元）

上面求现值的计息，也可称为贴现的计息，贴现使用利率称为贴现率。

知识加油站

我国银行存款和债券一般都按单利法计算利息。但是在财务管理决策中计算资金时间价值时一般按复利原理计息。

（二）复利终值和现值

复利是指不仅对本金要计息，而且对本金产生的利息在下一个计息期也要计入本金一起计息，即“利滚利”。

1. 复利终值：是指一定量的本金按复利计息若干年后的本利和。

第 1 年：$I_1=P\times i$　　　　$F_1=P+P\times i=P\times(1+i)$

第 2 年：$I_2=(P+P\times i)\times i$　　$F_2=F_1+I_2=P\times(1+i)+(P+P\times i)\times i$

$=P\times(1+i)\times(1+i)$

$=P\times(1+i)^2$

第 n 年：$F_n=P\times(1+i)^n$

趣味动画：复利是世界第八大奇迹

由此可见：一元复利终值的计算公式为：

$$F = P\times(1+i)^n$$

式中：$(1+i)^n$称为“一元复利终值系数”或“一元复利终值”，用符号$(F/P, i, n)$表示，其值可通过“一元复利终值系数表”查找。该表的第一行是利率 i，第一列是计息期数 n，行列交叉处即是相应的复利终值系数。

【业务实例 2-3】某人买了一份 2 年期理财产品，本金 20 000 元，利率 5%，复利计息。请问到期后本利和为多少？

解析：$F=20\ 000\times(1+5\%)^2$，查表得$(F/P, 5\%, 2)=1.1025$，因此：

$F=20\ 000\times1.1025=22\ 050$

与单利法下 2 年的本利和 22 000 元，多了 50 元。这多出的 50 元就是第一年利息 1 000 元带来的利息（$1\ 000\times5\%=50$）。

2. 复利现值：是指在将来某一特定时间取得一定数额的资金按复利折算到现在的价值。

$$P=F/(1+i)n=F\times(1+i)^{-n}$$

式中：$(1+i)^{-n}$ 称为“一元复利现值系数”或“一元复利现值”，用符号$(P/F, i, n)$表示，其值可查一元复利现值系数表。一元复利终值系数与一元复利现值系数互为逆运算。

【业务实例 2-4】某人买了一份理财产品，2 年后可取得 20 000 元，利率 5%，复利计息。请问现在应投入多少元？

解析：$P=20\ 000\times(1+5\%)^{-2}$，查表得$(P/F, 5\%, 2)=0.9070$，

因此：$P=20\ 000\times0.9070=18\ 140$

复利终值与现值除可以运用查表的方法计息外，还可以使用 EXCEL 的 FV 函数和 PV 函数来计息。函数格式为 FV 或 PV（利率，支付总期数，定期支付额，[现值]，[是否期初支付]）。当计息一次收付款的终值与现值时，参数中的定期支付额为空，只需要填写利率、

趣味动画：24 美元买下曼哈顿

支付总期数、现值或终值。例:FV(5%,2,-1)= 1.1025。式中-1 只表示资金的流向是投出资金,不表示数值大小。如果用 EXCEL 函数计息,则上述业务实例 FV(5%,2,-20 000)= 22 050,PV(5%,2,20 000)= -18 140.59。负数只表示资金流向,不代表数值大小。

(三) 年金终值与现值

所谓年金,是指在一定期限内等额、定期收付的款项。年金具有连续性和等额性特点。年金根据每次收付发生的时点不同,可以分为普通年金、预付年金、递延年金和永续年金。

普通年金又称后付年金,是指发生在每期的期末,间隔相等时间,收入或支出相等金额的系列款项。预付年金又称即付年金,是指发生在每期的期初,间隔相等时间,收入或支出相等金额的系列款项。递延年金是指不在第一期开始收付的普通年金。永续年金,是指无限期的收入或支出相等金额的年金。如图 2.1-1 所示。

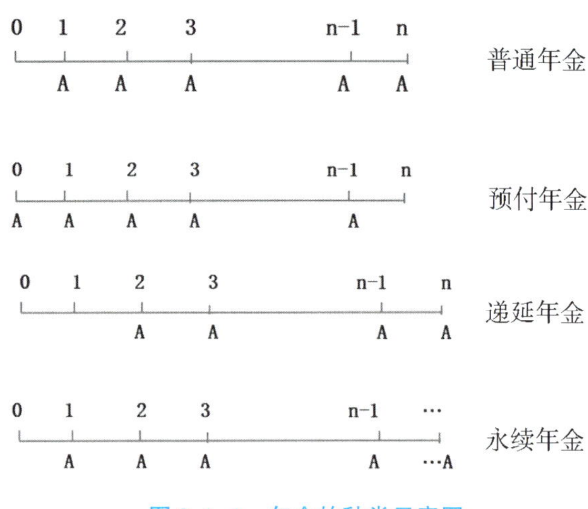

图 2.1-1　年金的种类示意图

1. 普通年金的终值与现值

(1)普通年金终值

普通年金的终值是指每期期末收入或支出的相等款项,按复利计算,在最后一期所得的本利和,如图 2.1-2。

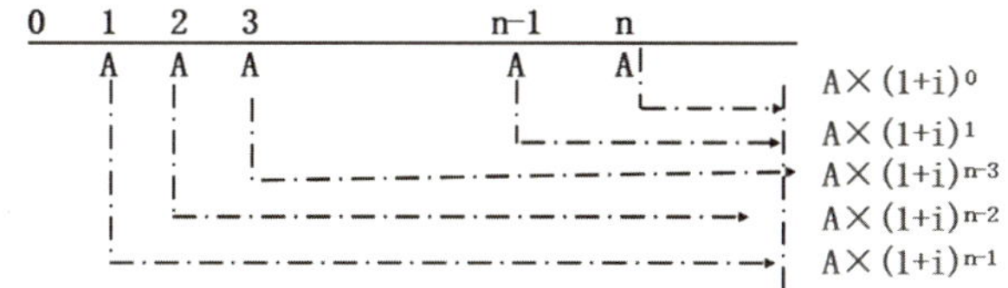

图 2.1-2　普通年金的终值

$F=A\times(1+i)^0+A\times(1+i)^1+\quad\cdots\quad+A\times(1+i)^{n-2}+A\times(1+i)^{n-1}$　①

$(1+i)\times F=A\times(1+i)^1+A\times(1+i)^2+\quad\cdots\quad+A\times(1+i)^{n-1}+A\times(1+i)^n$　②

②-①，

$i\times F=A\times(1+i)^n-A$

可得，普通年金终值计算公式为：

$$F_A=A\times\frac{(1+i)^n-1}{i}$$

式中，$\frac{(1+i)^n-1}{i}$被称为一元年金终值系数，用$(F/A,i,n)$表示。其值可查一元年金终值系数表。

【业务实例 2-5】王明今年毕业参加工作，计划 4 年后买一辆价值 15 万元的车。为实施计划他选择了一个 4 年期的理财项目，年利率 5%，每年年末存入 30 000 元，复利计息。4 年后，王明能买上车吗？如果钱不够，会差多少？

解析：4 年后理财项目的终值：

$$F=30\,000\times(F/A,5\%,4)$$

查表，得　$F=30\,000\times4.3101=129\,303$ 元。

因此，4 年后，王明仅凭这个理财项目，买不上 15 万元的车，还需要另外筹集 150 000-129 303=20 697 元。

趣味动画：舅舅的疑问——年金终值的计算

我们也可以使用EXCEL的FV函数来计算年金的终值，与一元复利终值一样，按要求正确填入参数，即可求得年金的终值。如图2.1-3。使用函数计息的值与查年金系数表计息的值有尾数差，是因为年金系数表四舍五入保存4位小数造成的。

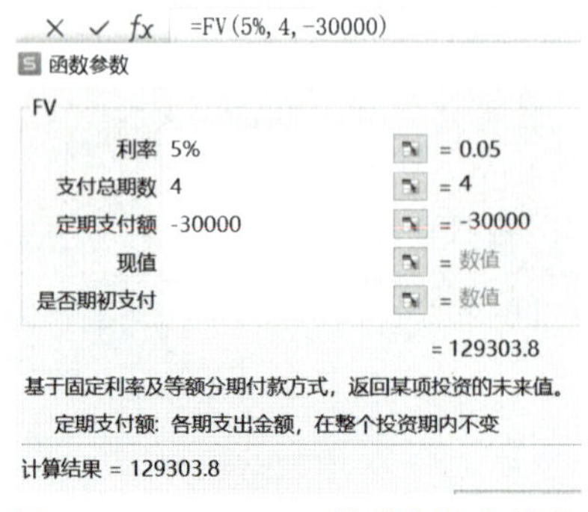

图2.1-3　EXCEL函数计息年金终值

【**业务实例2-6**】2022年，王明的公司向银行取得一笔贷款，贷款期限为4年。若到期一次还清，需到期还款500万元。若采用每年定额还款，4年还完，在银行利率是8%的行情下，该公司每年年末需要还款多少才合算？

解析：根据年金终值计算公式：F=A×(F/A,8%,4)，F是4年后到期要还的债务500万元，A就是每年要还的等额还款额。A=F/(F/A,8%,4)，因此，每年年末需要还款的金额为：

$$A=500/(F/A,8\%,4)=500/4.5061=110.96(\text{万元})$$

这种已知年金终值求每年等额收付款额的计算叫偿债基金的计算。偿债基金的计算是普通年金终值计算的逆运算。偿债基金的计算可以用EXCEL的PMT函数来计算，如图2.1-4。

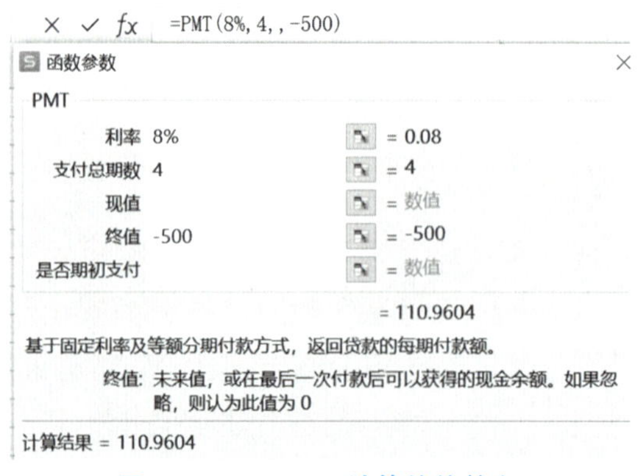

图2.1-4　EXCEL计算偿债基金

(2)普通年金现值

普通年金现值是指将在一定时期内按相同时间间隔,在每期期末收入或支付的相等金额折算到第一期期初的现值之和。如图 2. 1-5。

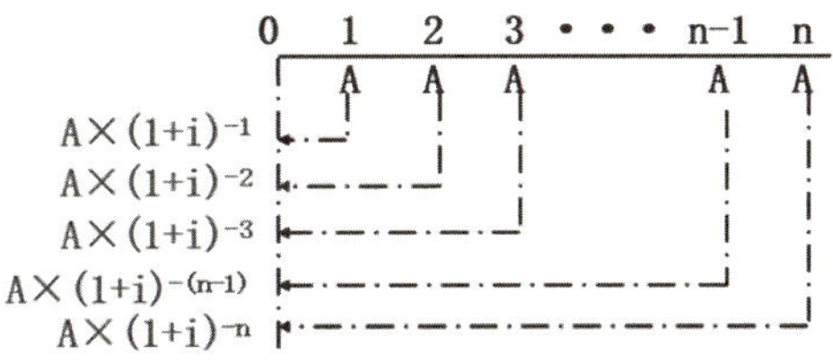

图 2. 1-5 普通年金现值

$$P=A\times(1+i)^{-1}+A\times(1+i)^{-2}+A\times(1+i)^{-3}+\cdots+A\times(1+i)^{-(n-1)}+A\times(1+i)^{-n} \quad ①$$

同理年金终值的计算,得到:

$$P\times(1+i)=A+A\times(1+i)^{-1}+A\times(1+i)^{-2}+A\times(1+i)^{-3}+\cdots+A\times(1+i)^{-(n-1)} \quad ②$$

②-①,可得普通年金现值计算公式:

$$P_A=A\times\frac{1-(1+i)^{-n}}{i}$$

式中:$\frac{1-(1+i)^{-n}}{i}$被称为一元年金现值系数,用(P/A,i,n)表示。其值可查一元年金现值系数表。

【业务实例 2-7】刚毕业的王明想购买一辆车。车行的业务员告诉他可以采取分期付款的方式支付购车款,每年年末支付 5 万元,4 年付清,假设利率为 5%,相当于现在一次性付给车行多少钱?

解析:根据年金现值计算原理,每年年末支付的 5 万元,折算到现在的金额相当于一次性支付给车行的款额。

$$P=A\times(P/A,5\%,4)=5\times(P/A,5\%,4)$$

查表,得

$$P=5\times3.5460=17.73(\text{万元})$$

与复利现值计算一样,我们可以用 EXCEL 的 PV 函数来计算年金的现值,只是参数在填写的时候,填写定期支付额,不填写终值。如图 2. 1-6。

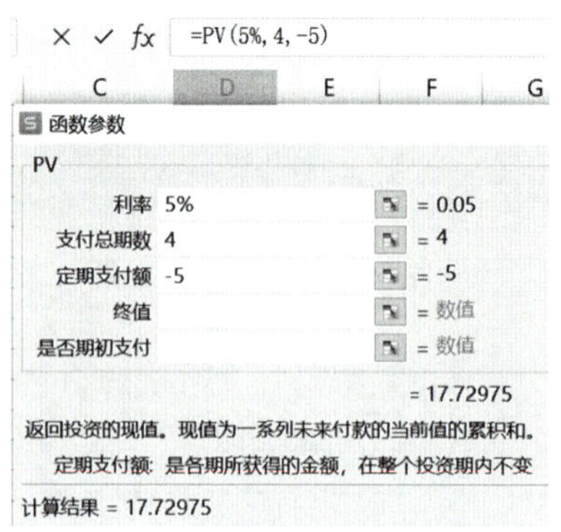
=PV(5%, 4, -5)
PV
利率 5% = 0.05
支付总期数 4 = 4
定期支付额 -5 = -5
终值 = 数值
是否期初支付 = 数值
= 17.72975
返回投资的现值。现值为一系列未来付款的当前值的累积和。
定期支付额：是各期所获得的金额，在整个投资期内不变
计算结果 = 17.72975

图 2.1-6　EXCEL 计算年金现值

【业务实例 2-8】王明的公司投资一个项目，投资额为 500 万元，预计回收期为 5 年，投资回报率为 8%，则公司每年年末回收多少现金才合算？

解析：根据年金现值计息公式：$P=A\times(P/A,8\%,5)$，P 是公司现在的投资额，就是未来 5 年公司每年回收额的现值，$A=P/(P/A,8\%,5)$，因此，每年年末回收的金额为：

$$A=500/(P/A,8\%,5)=500/3.9927=125.23(\text{万元})$$

这种已知年金现值求每年等额回收额的计算叫年投资回收额的计算。年投资回收额的计算是普通年金现值计算的逆运算。年投资回收额的计算可以用 EXCEL 的 PMT 函数来计算，如图 2.1-7.

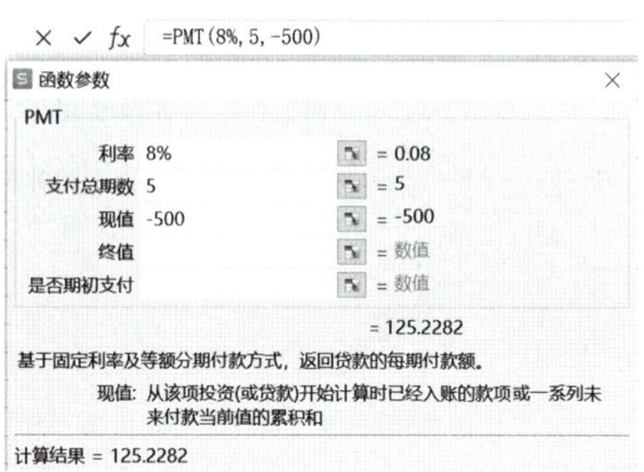
=PMT(8%, 5, -500)
PMT
利率 8% = 0.08
支付总期数 5 = 5
现值 -500 = -500
终值 = 数值
是否期初支付 = 数值
= 125.2282
基于固定利率及等额分期付款方式，返回贷款的每期付款额。
现值：从该项投资(或贷款)开始计算时已经入账的款项或一系列未来付款当前值的累积和
计算结果 = 125.2282

图 2.1-7　EXCEL 计算年投资回收额

2. 预付年金

(1)预付年金的终值

预付年金的每笔收付款都发生在每期期初。如果把预付年金每期的收付款都折算到当期的期末，则其金额为 A×(1+i)，就相当于款项为 A×(1+i)的普通年金，如图 2.1-8。

预付年金 0 1 2 3 … n−1 n
A A A A … A

普通年金 0 1 2 3 n−1 n
A×(1+i) A×(1+i) A×(1+i) … A×(1+i) A×(1+i)

图 2.1-8　预付年金与普通年金比较图

因此,预付年金的终值等于普通年金的终值再乘以(1+i),即预付年金的终值计算公式为:

$$F_A = A\times(F/A,i,n)\times(1+i)$$
$$= A\times\frac{(1+i)^n-1}{i}\times(1+i)$$
$$= A\times\left[\frac{(1+i)^{n+1}-1}{i}-1\right]$$

式中:$\left[\frac{(1+i)^{n+1}-1}{i}-1\right]$称为预付年金终值系数。与普通年金终值系数比,期数+1,系数-1。

【业务实例 2-9】王明计划 4 年后买一辆价值 15 万元的车。为实施计划,他每年年初存入银行 30 000 元,假设年利率为 5%,复利计息。4 年后,王明能买上车吗?如果钱不够,会差多少?

解析:根据预付年金终值计算公式:

$$F = A\times(F/A,i,n)\times(1+i) = 30\ 000\times(F/A,5\%,4)\times(1+5\%)$$
$$= 30\ 000\times[(P/A,5\%,5)-1]$$
$$= 30\ 000\times(5.5256-1)$$
$$= 135\ 768(元)$$

我们也可以用 EXCEL 的 FV 函数计算预付年金的终值。与普通年金终值的计算方法

微课视频:先付年金时间价值的计算

相比,在最后一个参数是否期初支付中填写 1。如图 2.1-9。尾数差是由于小数点的保留位次造成。

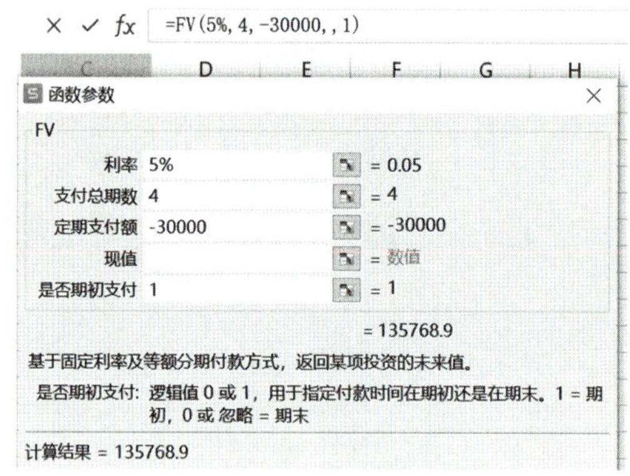

图 2.1-9　EXCEL 计算预付年金终值

(2)预付年金现值

同理,预付年金终值,预付年金的现值等于普通年金的现值乘以(1+i)。

$$P_A = A\times(P/A,i,n)\times(1+i) = A\times\frac{1-(1+i)^{-n}}{i}\times(1+i)$$

$$= A\times\left[\frac{1-(1+i)^{-(n-1)}}{i}+1\right]$$

式中:$\left[\frac{1-(1+i)^{-(n-1)}}{i}+1\right]$ 称为预付年金现值系数,与普通年金现值系数比,期数 -1,系数+1。

【业务实例 2-10】王明欲与朋友合开公司,打算租用一层写字楼当作经营场所,每年年初支付租金 10 万元,租期 5 年。假设年利率为 8%,请问,王明公司支付的租金相当于一次性付给房主多少钱?

解析:

方法一:$P = A\times(P/A,8\%,5)\times(1+8\%) = A\times[(P/A,i,n-1)+1]$

$= 10\times[(P/A,8\%,4)+1]$

$= 10\times(3.3121+1)$

$= 43.12$(万元)

我们也可以用 EXCEL 的 PV 函数计算预付年金现值。与普通年金现值比,只需要在参数是否年初支付中填写 1,如图 2.1-10。

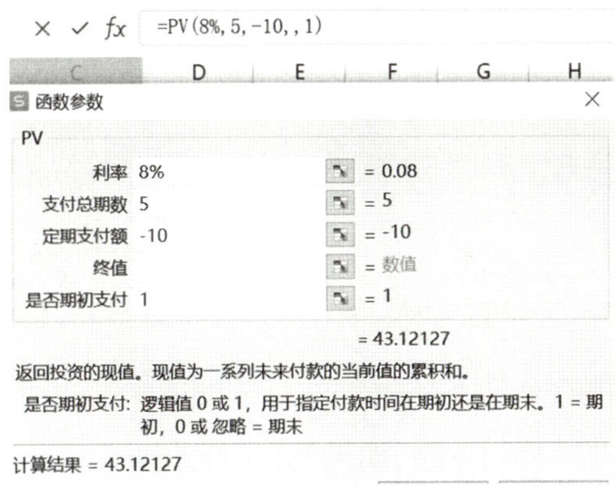

图 2.1-10　EXCEL 计算预付年金现值

3. 递延年金

普通年金和预付年金都是从第一期开始收付款，递延年金第一次收付款没有发生在第一期，而是从第二期或以后若干期开始，每期期末发生等额的收付款项，它是普通年金的特殊形式。如图 2.1-11 所示。

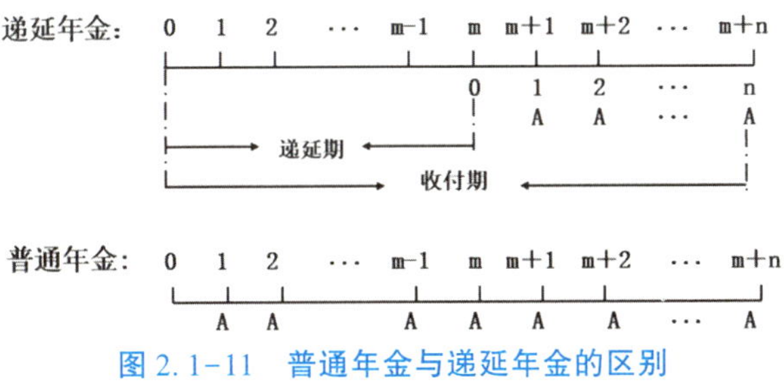

图 2.1-11　普通年金与递延年金的区别

从图中可知，递延年金前 m 期没有发生收付款，从第 m+1 期期末才有第一笔收付款，并且在以后的 n 期内，每期期末都有等额收付款，递延年金的递延期为 m。判断递延期多长，就看递延年金从哪期开始，每期期末开始出现等额收付款项，在此之前的时间为递延期。

(1)递延年金终值

递延年金的终值是把每期收付款折算到终点的本利和,如图 2.1-12。

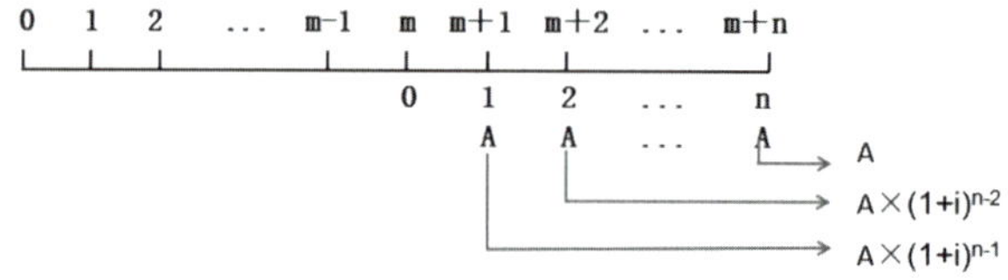

图 2.1-12　递延年金终值

由图可知,递延年金的终值与递延期无关,只与支付期 n 有关,计算方法与普通年金终值计算一样:

$$F_A=A\times(F/A,i,n)$$

【业务实例 2-11】某企业投资一项目,估计从第 5 年开始至第 10 年,每年年末可得收益 10 万元,假定年利率为 5%。计算投资项目年收益的终值。

解析:$F_A=A\times(F/A,i,n)=10\times(F/A,5\%,5)$

$=10\times6.8019=68.019$(万元)

(2)递延年金的现值

递延年金的现值可用三种方法计算:

第一种方法:把递延年金视为 n 期的普通年金,求出年金在递延期期末 m 点的现值,再将 m 点的现值调整到第一期期初,即:

$$P_A=A\times(P/A,i,n)\times(P/F,i,m)$$

第二种方法:先假设递延期也发生收支,则变成一个(m+n)期的普通年金,求出(m+n)期的年金现值,再扣除并未发生年金收支的 m 期递延期的年金现值,即可求得递延年金的现值,即:

$$P_A=A\times[(P/A,i,m+n)-(P/A,i,m)]$$

第三种方法:先算出递延年金的终值,再将终值折算到第一期期初,即可求得递延年金的现值,即:

$$P_A=A\times(F/A,i,n)\times(P/F,i,m+n)$$

【业务实例 2-12】某企业投资一项目,估计从第 5 年开始至第 10 年,每年年末可得收益 10 万元,假定年利率为 5%。计算该企业年初最多投资多少万元才有利?

解(1):$P_A=A\times(P/A,i,n)\times(P/F,i,m)$

$=10\times(P/A,5\%,6)\times(P/F,5\%,4)$

$=10\times5.0757\times0.8227$

$=41.76$(万元)

解(2):$P_A=A\times[(P/A,i,m+n)-(P/A,i,m)]$

$=10\times[(P/A,5\%,10)-(P/A,5\%,4)]$

$=10\times(7.7217-3.5460)$

$=41.76$(万元)

解(3):$P_A=A\times(F/A,i,n)\times(P/F,i,m+n)$

$=10\times(F/A,5\%,6)\times(P/F,5\%,10)$

$=10\times6.8019\times0.6139$

$=41.76$(万元)

4. 永续年金

永续年金是指无限期的收入或支出相等金额的年金,也称永久年金。它也是普通年金的一种特殊形式,由于永续年金的期限趋于无限,没有终止时间,因而也没有终值,只有现值。永续年金的现值计算公式如下:

$$P_A=A\times\frac{1-(1+i)^{-n}}{i}$$

当 $n\to+\infty$,$(1+i)^{-n}\to0$,则:

$$P_A=\frac{A}{i}$$

【业务实例 2-13】联星公司欲建立一项永久性帮困基金,预计每年拿出 50 000 元帮助儿童,假定年利率为 5%。联星公司现在应筹集多少资金才能满足需要?

解析:$P_A=A/i=5$ 万元/5%

$=100$(万元)

现在应筹集 100 万元才能满足需求。

三、几种特殊情况资金时间价值的计算

(一)名义利率和实际利率

在实务中,复利的计息期不一定是 1 年,可能为半年、一个季度、一个月或者是一天。

简单地讲,当利息在一年之内复利几次时,给出的年利率即为名义利率,而按具体计息期折算的利率即为实际利率。两者之间的关系如下:

$$i=(1+r/m)^m-1$$

上式中 i 为实际利率,r 为名义利率,m 为一年复利的次数。计息周期短于 1 年的情况下,名义利率小于实际利率,且计息期越短,实际利率越高,利息额越大。

【业务实例 2-14】王明购买了一项 2 年期理财产品,现在存入账户 10 000 元,年利率 5%,每季度复利一次。问 2 年后王明理财产品的本利和为多少?

解法 1:以年作为计息期,先根据名义利率与实际利率的关系,将名义利率转化为实际利率。

$$i=(1+r/m)^m-1=(1+5\%/4)^4-1=5.09\%$$

再按实际利率计算 2 年后的本利和。

$$F=P\times(1+i)^2=10\ 000\times(1+5.09\%)^2=11\ 043.91(\text{元})$$

解法 2:将季作为复利周期,季利率为 5%/4=1.25%。2 年共复利 8 次,2 年后的本利和为:

$$F=P\times(1+r/4)^{2\times4}=10\ 000\times(1+1.25\%)^8=11\ 044.86(\text{元})$$

两种方法计算结果的误差,是由于计算实际利率 5.09%时,保留小数位的影响造成的。

(二)已知现值或终值系数,计算对应利率

在复利计算法下,利率与现值和终值系数存在一定的数量关系,可根据已知现值或终值,倒推利率的大小。通常使用内插法计算对应利率的大小。

$$i=i_1+(B-B_1)\times(i_2-i_1)/(B_2-B_1)$$

式中:i 代表所求利率,B 为 i 所对应现值或终值系数,B_1、B_2 为现值或终值系数表中与 B 相邻的两个系数,i_1、i_2 为 B_1、B_2 对应的利率。

【业务实例 2-15】王明下岗获得一次性补贴 10 万元。决定购买一项复利计息的保险产品。他计算了一下,如果 20 年后,这笔款项连本带利能达到 30 万元的话,就可以基本解决自己的养老问题。请问:保险产品的复利年利率最低为多少时,王明的愿望才能实现?

解析:$100\ 000\times(F/P,i,20)=300\ 000$

$(F/P,i,20)=3$

查一元复利终值系数表,得$(F/P,5\%,20)=2.6533$,$(F/P,6\%,20)=3.2071$。

则 $i=5\%+(3-2.6533)/(3.2071-2.6533)\times(6\%-5\%)=5.625\%$。

我们也可以直接利用 EXCEL 的 RATE 函数计算利率的大小。如图 2.1-13。

图 2.1-13　用 EXCEL 计算利率

（三）复杂情况现金流量的资金时间价值计算

前面学习的货币资金时间价值计算都是一次性收付款,或若干期等额收付款的资金时间价值计算。在经济活动中,经常会遇到每次收付款额并不相等的现金流量,要计算这种收付款的资金时间价值,不能直接用年金的计算公式,要一期一期单独计算,然后加总合计。

【业务实例 2-16】某企业系列现金流如表 2.1-1 所示,贴现率为 5%。

表 2.1-1　某企业不等额现金流

年(t)	1	2	3	4	5
现金流量(万元)	110	120	130	140	150

要求:计算这些不等额现金流量的现值。

解析:$P=A_1\times(1+5\%)^{-1}+A_2\times(1+5\%)^{-2}+A_3\times(1+5\%)^{-3}+A_4\times(1+5\%)^{-4}+A_5\times(1+5\%)^{-5}$

$=110\times0.9624+120\times0.9070+130\times0.8638+140\times0.8277+150*0.7835$

$=104.76+108.84+112.30+115.18+117.53$

$=558.61$(万元)

知识加油站

“不积跬步无以至千里,不积小流无以成江海。”这是荀子《劝学》中的名句,人们也时常用它来激励自己进步。如果将古人的思想用数学量化,比如我们在生活中,每天进步一点点,不多，就 1%，坚持 365 天后，会是什么样呢？$(1+1\%)^{365}=37.78$，我们的能力值将变成原来的 37 倍多。相反，如果我们每天退步 1%，365 天之后又会如何呢？$(1-1\%)^{365}=0.025$，我们的能力值变成原来的 2.5%。任何事情，都是积少成多，聚沙成塔的。勿以善小而不为，勿以恶小而为之，也是同样的道理。没有人生来不凡，普通人不可能一夜脱胎换骨变成一个天才。从平凡到优秀，我们可以做到的是每天进步一点点。

▶ 任务实施

此次任务可以通过如下途径实现：

(1) 计算不同方式下的付款现值

第一种方式付款现值＝100×0.98＝98(万元)

第二种方式付款现值＝105×(P/F,8%,1)＝97.22(万元)

第三种方式付款现值＝35×(P/A,8%,3)×(1+8%)＝97.41(万元)

(2) 比较三种方式付款现值，第二种方式现值最小，应选择第二种方式付款。

▶ 任务小结

资金的时间价值是指一定量的资金在不同时间点上价值量的差额。计算资金时间价值需要计算资金的现值和终值。现值又称为本金，是指未来某一时点上的一定量资金折算到现在的价值。终值又称为本利和，是指现在一定量的资金在未来某一时点上的价值，分为复终值和现值、年金终值和现值。年金是指一定时期内，每隔相同的时间，收入或支出相同金额的系列款项，年金可分为普通年金、预付年金、递延年金和永续年金。年金时间价值是资金在周转使用中产生的，是资金的所有者让渡资金的使用权而参与社会财富分配的一种形式。在市场经济条件下，资金具有时间价值是一个客观存在的经济现象，是现代财务管理的一个重要基础，是在财务管理活动中必须考虑的重要因素。

任务二　衡量风险收益

▶ 任务导入

选甲还是选乙?

联星公司现阶段有两个投资项目:项目甲和项目乙。该公司对甲、乙项目报酬率的期望值分别为16%和24%,标准差分别为31%和35%。

请思考:对于联星公司来说,哪个项目是更好的投资对象?

案例来源:原创。

▶ 任务分析

如果企业的一项行为可能导致多种结果,其财务后果不确定,就称为有风险。在财务活动中,风险是客观存在的,财务活动经常是在有风险的情况下进行的。任何冒险行为都应该期望获得与所承担风险对等的额外收益,否则就不值得去冒风险。如果一个项目冒的风险大,得到的回报少,则这个项目就是个较差的项目,不值得做。在投资决策中,如果投资收益相等,应选择风险小的方案。风险是一个非常重要的财务概念,风险观念在理财中具有普遍意义。企业在投资决策时,必须研究风险、计量风险,并设法控制风险,以实现企业财富最大化目标。

▶ 知识准备

一、风险价值认知

(一)风险的含义

风险是指一定条件下和一定时期内,某一项行动具有多种可能但结果不确定。在风险存在的情况下,人们只能估计采取某种行动可能导致的结果,以及每种结果出现可能性的大小,而行动的真正结果如何,事先无法预知。风险是事件本身的不确定性,具有客观性。例如,无论企业还是个人,投资于国库券,其收益的不确定性较小;如果投资于股票,则收益的不确定性就大得多。

从财务管理角度分析,风险主要是指无法达到预期报酬的可能性,或由于各种难以预料和无法控制的因素作用,使企业的实际收益与预期收益发生背离,从而蒙受经济损失的可能性。风险可能带来超出预期损失,呈现不利的一面,也可能带来超出预期收益,呈现其有利一面。人们进行投资风险分析,目的就是要以最小的风险来获取最大的报酬。

案例分享

把铃铛挂在猫身上

某地的一群老鼠深为一只凶狠无比、善于捕鼠的猫所苦。于是老鼠们聚集一堂,讨论如何解决这个心腹大患。老鼠们颇有自知之明,知道无法猎杀猫儿,只不过想探知猫的行踪,早做防范。一只老鼠的提议引来满场的叫好声,它建议在猫的身上挂个铃铛。在一片叫好声中,有一只不识时务的老鼠突然问道:"谁来挂铃铛?"顿时全场一片肃静。

老鼠的期望是合理的,想法却是自作聪明,它的提议在巨大的风险面前就无路可行了。没有了行动,再好的创意始终只是胡思乱想,无法带来实际的价值和增量。企业的经营和财务管理要想取得预期的结果,也要切合实际进行风险衡量。不考虑风险的投资,再好的项目也只会成为空中楼阁。

案例来源:廖雪华.向执行力要增量[J].刊授党校,2009,306(12):25.

(二)风险的种类

企业面临的风险主要有两类:市场风险和企业特有风险。

1. 市场风险

市场风险是指影响所有企业的风险。它由企业的外部因素引起,企业无法控制、无法分散,涉及所有的投资对象,又称系统风险或不可分散风险,如战争、自然灾害、利率的变化、经济周期的变化等。

微课视频:如何衡量投资风险

趣味动画:风险应对策略

2. 企业特有风险

企业特有风险是指个别企业的特有事件造成的风险。它是随机发生的,只与个别企业和个别投资项目有关,不涉及所有企业和所有项目,又称非系统风险和可分散风险,如产品开发失败、销售份额减少、工人罢工等。它是特定企业或特定行业所特有的,可以通过多角化投资分散风险。非系统风险根据风险形成的原因不同,又可分为经营风险和财务风险。

(1)经营风险

经营风险是指由于企业生产经营条件的变化给企业收益带来的不确定性,又称商业风险。如顾客购买力变化、竞争对手增加、政策变化、产品生产方向不对路、生产组织不合理等。生产经营条件的变化有的是来自企业内部,有的是来自企业外部,这些内外因素,使企业的生产经营产生不确定性,最终引起收益变化。

(2)财务风险

财务风险是指由于企业举债而给财务成果带来的不确定性,又称筹资风险。在企业的经营资金中,除了投入资金外,往往还需借入资金,即所谓的负债经营。企业举债会改变企业的资本结构和自有资金的利润率。借入资金必须还本付息,一旦企业无力偿还到期的债务本息,便会陷入财务困境甚至破产。当借入资金所获得的利润大于支付的利息时,自有资金利润率会提高。但是,若借入资金所获得的利润小于支付的利息时,需要动用自有资金来支付利息,从而使自有资金利润率降低。用自有资金偿付利息,可能使企业发生亏损。因此,企业必须确定合理的资本结构,既要提高资金的盈利能力,又要防止财务风险加大。

(三)风险价值

所谓风险价值,就是投资者冒着风险进行投资而获得的超过货币时间价值的那部分额外收益,是对人们所遇到风险的一种价值补偿,也称风险报酬。风险报酬表现为风险报

你听我说:减少企业财务风险的措施

酬额和风险报酬率两种形式。在实务中一般以风险报酬率来表示。如果不考虑通货膨胀,投资者冒着风险进行投资所希望得到的投资报酬率是无风险报酬率与风险报酬率之和,即投资报酬率=无风险报酬率+风险报酬率。

二、风险程度计量

衡量风险的方法主要包括概率分布法、β 系数法、杠杆系数法等。在此主要介绍概率分布法与 β 系数法。

(一)概率分布法

所谓概率分布法,是利用统计学中的概率分布、期望值、标准差等来计算与衡量风险大小的一种方法,也是最为常见的一种方法。

概率分布法分析的具体步骤如下:

第一步:确定概率分布,并计算各方案的期望值。

概率是指用来表示随机事件发生可能性大小的数值,介于 0 到 1 之间。预期收益是指某一投资方案未来收益的所有可能结果以其概率为权数进行加权平均的计算值。预期收益又可称为收益期望值,其计算公式如下:

$$E=\sum_{i=1}^{n}P_i x_i$$

式中:E 表示期望值;

P_i 为第 i 种可能出现结果的概率;

x_i 为第 i 种可能出现结果的报酬额;

n 为可能出现的结果的个数。

第二步:计算各个方案的标准差。

标准差是各种可能的收益(或收益率)偏离期望收益(或收益率)的综合差异,它是反映随机变量离散程度的常用量度。σ 表示期望报酬额的标准差,其计算公式如下:

$$\sigma=\sqrt{\sum_{i=1}^{n}P_i(x_i-E)^2}$$

第三步:计算各个方案的标准离差率。

标准差作为绝对数,只适用于相同期望值决策方案风险程度的比较,对于期望值不同的决策方案,评价和比较其各自的风险程度只能借助于标准差率这一相对数值,标准离差率是标准差同期望值之比,q 表示标准离差率,则计算公式如下:

$$q=\frac{\sigma}{E}\times 100\%$$

【业务实例 2-17】联星公司拟投资 10 000 元，有甲、乙两个方案，其收益的概率分布如下表所示，要求根据有关资料计算比较哪个投资方案的风险更小？

表 2.2-1　收益率及其概率分布

市场情况	甲方案		乙方案	
	收益额(x_i)	概率(P_i)	收益额(x_i)	概率(P_i)
繁荣	20 000	0.3	30 000	0.3
一般	12 000	0.5	7 000	0.5
萧条	500	0.2	−2 000	0.2

第一步，计算甲、乙方案收益的期望值。

根据公式：$E=\sum_{i=1}^{n}P_i x_i$

可计算甲、乙方案收益的期望值：

$E_{甲}=20\ 000\times 0.3+12\ 000\times 0.5+500\times 0.2=12\ 100$（元）

$E_{乙}=30\ 000\times 0.3+7\ 000\times 0.5+(-2\ 000)\times 0.2=12\ 100$（元）

可见，甲、乙方案两者的预期收益相同，但其概率分布不同。甲方案报酬的分散程度较小，变动范围在 500—20 000 元；而乙方案报酬的分散程度较大，变动范围在−2 000—30 000 元。这说明两个方案的报酬虽然相同，但风险不同，为了定量地衡量风险大小，需要计算标准差和标准离差率。

第二步，计算标准差。

根据公式：$\sigma=\sqrt{\sum_{i=1}^{n}P_i\ (x_i-E)^2}$

可计算甲、乙方案的标准差：

$$\sigma_{甲}=\sqrt{(20\ 000-12\ 100)^2\times 0.3+(12\ 000-12\ 100)^2\times 0.5+(500-12\ 100)^2\times 0.2}$$
$$=6\ 755.74$$

$$\sigma_{乙}=\sqrt{(30\ 000-12\ 100)^2\times 0.3+(7\ 000-12\ 100)^2\times 0.5+(-2\ 000-12\ 100)^2\times 0.2}$$
$$=12\ 202.05$$

标准差以绝对数衡量决策方案的风险，在期望值相同的情况下，标准差越大，风险越大;反之,标准差越小,则风险越小。

第三步,计算两个方案的标准离差率。

根据公式:$q=\frac{\sigma}{E}\times100\%$

可计算两个方案的标准离差率:

$q_{甲}=6\ 755.74/12\ 100\times100\%=55.83\%$

$q_{乙}=12\ 202.05/12\ 100\times100\%=100.84\%$

计算结果显示,方案乙的标准离差率大于方案甲的标准离差率,所以方案乙的风险比方案甲的风险大。企业可以根据自身的投资风险偏好,选择合适的投资方案。

(二) β 系数法

β 系数也称为贝塔系数,是一种风险指数,用来衡量个别股票或股票基金相对于整个市场的价格波动情况。β 系数体现了特定资产的价格对整体经济波动的敏感性,即市场组合价值变动 1 个百分点,该资产的价值变动了几个百分点。或者用更通俗的说法,大盘上涨 1 个百分点,该股票的价格变动了几个百分点。例如,如果一项资产的 β=0.5,表明它的系统风险是市场组合系统风险的 0.5 倍,其收益率的变动性只有市场平均风险的一半,当大盘上涨 1 个百分点,该项资产只上涨 0.5 个百分点;如果一项资产的 β=2.0,表明它的系统风险是市场组合系统风险的 2.0 倍,其收益率的变动是市场平均变动的 2.0 倍,当大盘上涨 1 个百分点,该资产上涨 2 个百分点。实际中,一般用单个股票资产的历史收益率对同期指数(大盘)收益率进行回归,回归系数就是 β 系数。单一证券的 β 系数通常会由一些投资服务机构定期计算并公布。

三、风险与收益的关系

标准离差率虽然能正确评价投资风险程度的大小,但是还无法将风险与报酬结合起来进行分析。风险报酬率是评价风险转化为报酬率的指标,即将风险与报酬率联系起来。风险报酬率、风险报酬系数和标准离差率之间的关系可用公式表示如下:

$$R_r=b\times q$$

式中:R_r——风险报酬率;b——风险报酬系数;q——标准离差率。

在不考虑通货膨胀因素的影响时,投资的总报酬率为:

$$R=R_f+R_r=R_f+b\times q$$

式中：R——投资总报酬率；R_f——无风险报酬率。

其中，无风险报酬率在财务管理实务中一般指短期政府债券（短期国债）的报酬率，风险报酬系数 b 是指风险投资报酬率与标准离差率的比率，反映单位风险所要求的平均报酬。风险报酬系数则可以专门研究机构通过对历史资料的分析统计回归，专家评议获得，或者由政府部门公布。

【业务实例 2-18】投资报酬率的计算。

沿用业务实例 2-17 的数据，假设无风险报酬率为 10%，风险报酬系数为 0.1，请计算两个项目的风险报酬率和投资总报酬率。

解析：

项目甲的风险报酬率为 $R_{r甲}=b\times q=0.1\times55.83\%=5.58\%$

项目甲的投资总报酬率为 $R_{甲}=R_f+b\times q=10\%+0.1\times55.83\%=15.58\%$

项目乙的风险报酬率为 $R_{r乙}=b\times q=0.1\times100.84\%=10.08\%$

项目乙的投资总报酬率为 $R_{乙}=R_f+b\times q=10\%+0.1\times100.84\%=20.08\%$

由结果可知，因为乙项目承担风险大，其要求投资报酬率也更大。

计算资产的 β 系数后，也可以根据资本资产模型来计算资产的投资报酬率。资本资产模型的计算公式为：

$$R=R_f+\beta\times(k_m-R_f)$$

式中：R——投资报酬率；R_f——无风险报酬率；k_m——市场平均投资报酬率。

此公式也可以表述为投资报酬率＝无风险报酬率＋系统风险价值系数 β×市场风险溢价报酬。而市场平均投资报酬率＝无风险报酬率＋市场风险溢价报酬，调整便为投资报酬率＝无风险报酬率＋系统风险价值系数 β×（市场平均投资报酬率－无风险报酬率）。

知识加油站

资产组合的风险报酬率计量

相较于单项资产的投资，在对于风险的把握上，多数投资者倾向于组合投资，例如证券投资时，一般采取证券组合投资。以证券组合投资为例，一般对各证券的风险系数进行加权平均，确定投资组合平均风险系数，具体公式如下：

$$\beta_p=\sum_{i=1}^{n}W_i\beta_i$$

式中：β_p——证券组织的 β 系数

W_i——证券组合中第 i 种股票所占的比重

β_i——第 i 种股票的 β 系数

n——证券组合中股票的数量

【业务实例 2-19】某年江西铜矿的 β 系数是 1.2,短期国库券利率为 4%,沪深 300 指数平均收益率为 12%,联星公司若准备购买该公司的股票,对于该投资如何进行评价?即计算江西铜矿该年股票的投资报酬率。

解析:市场风险溢价报酬率为:12%-4%=8%

江西铜矿该年股票的风险报酬率为:1.2×(12%-4%)=9.6%

江西铜矿该年股票的投资报酬率为:4%+9.6%=13.6%

▶ 任务实施

此次任务可以通过如下途径实现:

(1)分别计算项目甲和项目乙的标准离差率

$q_{甲}=31\%/16\%=193.75\%$

$q_{乙}=35\%/24\%=145.83\%$

(2)因为 $q_{甲}$ 大于 $q_{乙}$,甲方案的风险大于乙方案,收益却小于乙方案,因而,应该选择乙方案。

▶ 任务小结

风险是某一项行为具有多种可能但结果不确定。企业面临的风险有市场风险和企业特有风险。衡量风险的方法,主要有概率分布法和 β 系数法。风险和收益的关系是冒的风险越大,要求的收益就越高。投资收益率=无风险收益率+风险收益率。风险广泛存在于企业的财务活动中,人们在财务管理活动中不可忽视风险。冒风险就要求得到额外的报酬。所以,树立风险价值观念,并运用风险价值计量方法衡量风险报酬,是现代财务管理又一个不可忽视的重要基础。

技能提升训练

▶ 训练目标

通过案例还贷方式的选择,提高学生资金时间价值的计算能力。

▶ 实施流程

流程1:阅读训练背景资料,了解任务要求。

王明是毕业不久的大学生,他打算购入一套商品,须向银行按揭贷款100万元,贷款利率为5%,准备20年内偿还,有两种还贷方式可供选择:等额本金和等额本息还贷方式。

任务:请帮王明做出还贷方式选择的建议。

流程2:使用EXCEL的PMT函数计算。

流程3:计算两种还贷方式还款额。

流程4:结合王明的情况提出还贷方式选择建议。

思考与练习

一、单选题

1. 下列说法中错误的是(　　)。

A. 资金的时间价值相当于没有风险条件下的社会平均资金利润率

B. 利率=时间价值+通货膨胀补偿率+风险收益率

C. 在通货膨胀率很低的情况下,可以用政府债券利率来表示时间价值

D. 如果银行存款利率为 10%,则今天存入银行的 1 元钱,一年以后的价值是 1.10 元

2. 资金的时间价值相当于没有风险和没有通货膨胀下的(　　)。

A. 社会平均资金利润率　　B. 企业利润率

C. 复利下的利息率　　D. 单利下的利息率

3. 某人希望在 5 年末取得本利和 20 000 元,则在年利率为 2%,单利计息的方式下,此人现在应当存入银行(　　)元。

A. 18 114　　B. 18 181. 82

C. 18 004　　D. 18 000

4. 已知利率为 10% 的一期、两期、三期的复利现值系数分别是 0. 9091、0. 8264、0. 7513,则可以判断利率为 10%,3 年期的年金现值系数为(　　)。

A. 2. 5436　　B. 2. 4868

C. 2. 8550　　D. 2. 331

5. 下列各项中,代表即付年金现值系数的是(　　)。

A. [(P/A,i,n+1)+1]　　B. [(P/A,i,n+1)-1]

C. [(P/A,i,n-1)-1]　　D. [(P/A,i,n-1)+1]

6. 假设以 10%的年利率借款 30 000 元,投资于某个寿命期为 10 年的项目,为使该投资项目可行,每年至少应收回的投资额为(　　)。

A. 6 000　　B. 3 000　　C. 5 374　　D. 4 882

7. 利用标准差比较不同投资项目风险大小的前提条件是(　　)。

A. 项目所属行业相同　　B. 项目的预期报酬相同

C. 项目的年收益相同　　D. 项目的各种可能收益发生的概率相同

8. 已知甲方案投资收益率的期望值为15%,乙方案投资收益率的期望值为12%,两个方案都有投资风险,比较甲、乙两个方案风险大小应采用的指标是(　　)。

A. 方差　　B. 净现值　　C. 标准差　　D. 标准离差率

9. 复利现值系数为$(1+i)^{-n}$,记作(P/F,i,n)。对于复利现值系数的数值而言,当i越高,则复利现值系数数值(　　)。

A. 越大　　B. 越小　　C. 没有关系　　D. 无法确定

10. 某股票的期望收益率为10%,其标准差为0.04,风险报酬系数为30%,则该股票的风险收益率为(　　)。

A. 40%　　B. 12%　　C. 6%　　D. 3%

二、多选题

1. 关于风险的衡量下列说法正确的是(　　)。

A. 可以采用资产的预期收益率衡量风险

B. 如果两个方案进行比较,则标准离差大的方案风险一定大

C. 如果两个方案进行比较,则标准离差率大的方案风险一定大

D. 预期收益率不同的方案之间的风险比较只能使用标准离差率指标

2. 下列公式正确的是(　　)。

A. 风险收益率=风险价值系数×标准离差率

B. 风险收益率=风险价值系数×标准离差

C. 必要收益率=无风险收益率+风险收益率

D. 必要收益率=无风险收益率+风险价值系数×标准离差率

3. 下列说法正确的是(　　)。

A. 普通年金终值系数和偿债基金系数互为倒数

B. 复利终值系数和复利现值系数互为倒数

C. 普通年金终值系数和普通年金现值系数互为倒数

D. 普通年金现值系数和资本回收系数互为倒数

4. 下列递延年金的计算式中正确的是(　　)。

A. P=A×(P/A,i,n)×(P/F,i,m)

B. P=A×(F/A,i,n)×(P/F,i,m)

C. P=A×[(P/A,i,m+n)-(P/A,i,m)]

D. P=A×(F/A,i,n)×(P/F,i,n+m)

5. 属于在期末发生的年金形式有(　　)。

A. 即付年金　B. 永续年金　C. 普通年金　D. 递延年金

6. 由影响所有企业的外部因素引起的风险,可以称为(　　)。

A. 可分散风险　B. 不可分散风险　C. 系统风险　D. 市场风险

7. 下列关于年金的表述中,正确的有(　　)。

A. 年金既有终值又有现值

B. 递延年金是第一次收付款项发生的时间在第二期或第二期以后的年金

C. 永续年金是特殊形式的普通年金

D. 永续年金是特殊形式的即付年金

8. 按照资本资产定价模型,影响特定股票必要收益率的因素有(　　)。

A. 无风险收益率　B. 平均风险股票的必要收益率

C. 特定股票的 β 系数　D. 股票的财务风险

9. 下列表述正确的有(　　)。

A. 当利率大于零,计息期一定的情况下,年金现值系数一定都大于 1

B. 当利率大于零,计息期一定的情况下,年金终值系数一定都大于 1

C. 当利率大于零,计息期一定的情况下,复利终值系数一定都大于 1

D. 当利率大于零,计息期一定的情况下,复利现值系数一定都小于 1

10. 导致保利点下降的因素有(　　)。

A. 单价上升　B. 边际贡献增加

C. 单位变动成本上升　D. 目标利润下降

三、判断题

1. 在利率和计息期数相同的条件下,复利现值系数与复利终值系数互为倒数。(　　)

2. 在本金和利率相同的情况下,若只有一个计息期,单利终值与复利终值是相同的。(　　)

3. 企业每月初支付的等额工资叫作预付年金。(　　)

4. 普通年金现值系数加 1 等于同期、同利率的预付年金现值系数。(　　)

5. 在两个方案对比时,标准离差越小,说明风险越大。(　　)

6. 若 A 投资方案的标准离差率为 5.67%,B 投资方案的标准离差率为 3.46%,则可以

判断 B 投资方案的风险一定比 A 投资方案的风险小。(　　)

7. 在终值和计息期一定的情况下,折现率越低,则复利现值越高。(　　)

8. 资金时间价值是资金在周转使用中产生的,是资金所有者让渡资金使用权而参与社会财富分配的一种形式。(　　)

9. 名义利率指一年内多次复利时给出的年利率,它等于每个计息周期的利率与年内复利次数的乘积。(　　)

10. 在现值和利率一定的情况下,计息期数越少,则复利终值越大。(　　)

四、业务分析题

1. 王明拟于年初借款 50 000 元,每年年末还本付息均为 6 000 元,连续 10 年还清。假设预期最低借款利率为 7%,王明能否按其计划借到款项?若使本金经过 4 年后增长 1 倍,且每半年复利一次,则年利率为多少?

2. 某公司准备购买一套设备,有两种付款方案可控选择:

(1) A 方案,从现在起每年年初付款 200 万元,连续支付 5 年共计 1 000 万元。

(2) B 方案,从第 6 年起,每年年初付款 300 万元,连续支付 5 年,共计 1 500 万元。

假定利率为 10%,该公司应选择哪种付款方式?

项目三
中小企业预算管理

▶ 学习目标

（一）知识目标

1. 理解预算管理在中小企业经营管理中的意义和作用；
2. 理解中小企业全面预算；
3. 掌握中小企业业务预算的编制；
4. 掌握中小企业预计财务报表的编制。

（二）能力目标

1. 能编制业务预算；
2. 能编制现金预算；
3. 能编制财务预算。

▶ 学习任务

任务一　认识预算管理

任务二　编制业务预算

任务三　编制财务预算

任务一 认识预算管理

▶ 任务导入

新增产品线与财务预算管理

A 公司成立于 2021 年,主营业务为职业培训、课程研发等,下设办公室、人力资源、财务部、审计部、课程设计部、研发中心和营销中心。2022 年该公司计划新增一个产品线。为了实现预期目标,公司要求财务部门要做好财务预算管理。请思考以下问题。

(1)何为预算管理?预算管理包含哪些内容?

(2)A 公司的财务预算管理的重点应体现在哪些方面?

资料来源:李文静,张宁,于洋,等. 财务管理实务[M]. 北京:人民邮电出版社.

▶ 任务分析

预算管理作为 A 公司的财务管理的重要环节,将为 A 公司整体及各个方面确立明确的目标和任务,以监督和控制公司的经营活动,能助力分析和考核 A 公司内部各部门的工作业绩,保证 A 公司经营目标的实现。想要做好 A 公司的财务预算管理,需要先掌握预算管理的内涵、分类。

▶ 知识准备

一、预算管理的含义

中小企业生产经营是一个复杂的动态系统,需要中小企业内部各部门协调与控制,统筹安排各种资源,以实现各项经营活动的有序进行。预算是指中小企业在预测和决策的基础上,以数量和金额的形式反映中小企业未来一定时期内经营、投资、财务等活动的具体计划,是为实现中小企业目标而对各种资源和企业活动的详细安排。

中小企业预算管理是以货币为主要形式反映中小企业的经营、投资、财务等活动,是对计划期中小企业各种活动的资金来源和运用、资金消耗和收入分配的规划。

二、预算的分类

预算可以按照不同的标准分为不同的种类：

（一）按预算的内容分类

根据预算内容不同，可以分为业务预算、专门决策预算和财务预算，这个分类标准也是全面预算体系中所使用的。

1. 业务预算

业务预算是指与企业日常经济活动直接相关的经营业务的各种预算，又称经营预算或日常业务预算。它主要包括销售预算、生产预算、直接材料预算、直接人工预算、制造费用预算、单位产品成本和期末存货成本预算、销售费用和管理费用预算等。这类预算通常与企业利润的计算有关，大多以实物量指标和价值量指标分别反映企业收入与费用的构成情况。

2. 专门决策预算

专门决策预算是指企业不经常发生的，需要根据特定决策专门编制的，是企业的非常规预算，又称特种决策预算。如资本支出预算、资金筹措、股利发放等一次性专门业务预算。

3. 财务预算

包括现金收支预算、预计利润表、预计资产负债表。财务预算作为预算体系的最后环节，从价值方面反映企业业务预算与专门决策预算的结果，故亦称为总预算。中小企业全面预算是以企业的经营目标为出发点，以研究和预测市场需求为基础，以销售预算为主导，进而包括生产、成本和现金收支等各个方面，并特别重视生产经营活动对企业财务状况和经营成果的影响，因此，整个预算体系是以预计的财务报表作为终点。

趣味动画：财务预算的作用

微课视频：财务预算概述

（二）按预算期的长短分类

根据预算期覆盖的时间长短,可以分为长期预算和短期预算。长期预算是指预算期超过一年的预算,例如资本预算和长期销售预算等。短期预算指预算期在一年以内的预算,如业务预算和财务预算等。企业长期预算对短期预算具有重要的影响,在预算编制过程中,通常将长期预算与短期预算结合使用。

（三）按预算的编制方法分类

预算的构成内容比较复杂,编制预算需要采用适当的方法。常见的预算方法主要包括增量预算与零基预算、固定预算与弹性预算、定期预算与滚动预算。

1. 增量预算与零基预算

根据编制成本费用预算的出发点的特征不同,可将预算方法分为增量预算与零基预算。

增量预算又称调整预算法,是指以基期成本费用水平为基础,分析预算期业务量水平及有关影响成本因素的未来变动情况,通过分析这些变动因素的影响,来调整有关原有费用项目及数额的一种预算编制方法。增量预算法的假定前提是基期的各项经济活动是企业所必需的,基期的各项业务收支都是合理的,增加费用预算是值得的。因此增量预算法适用于经营活动比较稳定的企业。

零基预算方法则是在编制费用预算时,不考虑以往会计期间所发生的费用项目或费用数额,而是将所有的预算支出均以零为出发点,根据实际需要逐项审议预算期内各项费用的内容及开支标准是否合理,在综合平衡的基础上编制费用预算的一种方法。零基预算方法打破了传统的编制预算观念,不再以历史资料为基础进行调整,而是一切以零为基础。编制预算时,要按照预算期内经营目标和工作内容,合理地测算收入支出,对所有预算项目重新进行详尽的审查、分析和测算,从实际需要出发,逐一审议各项收支内容及合理性,然后按项目的轻重缓急,安排企业的费用预算。

2. 固定预算与弹性预算

根据编制预算的方法按其业务量基础的数量特征不同,可将预算方法分为固定预算与弹性预算。固定预算又称静态预算,是以预算期内正常的、可实现的某一既定业务量水平为基础来编制预算的方法。它只对一个业务量进行预算,过于呆板,可比性差。一般适用于业务量水平较为稳定的企业或非营利组织编制预算。

【业务实例 3-1】星源公司采用完全成本法核算,其预算期生产的甲产品的预计产量为 100 件,按固定预算方法编制的 2021 年度该产品成本预算见表 3.1-1。

表 3.1-1　2021 年度星源公司甲产品成本预算(固定预算)

预计产量:100 件　单位:元

成本项目	总成本	单位成本
直接材料	500	5
直接人工	100	1
制造费用	200	2
合计	800	8

该产品预算期的实际产量为 140 件,实际发生总成本为 1 100 元,其中:直接材料 750 元,直接人工 120 元,制造费用 230 元,单位成本为 7.86 元。

该企业根据实际成本资料和预算成本资料编制的成本业绩报告见表 3.1-2。

表 3.1-2　2021 年度成本业绩报告

单位:元

成本项目	实际成本	预算成本		差异	
		未按产量调整	按产量调整	未按产量调整	按产量调整
直接材料	750	500	700	+250	+50
直接人工	120	100	140	+20	-20
制造费用	230	200	280	+30	-50
合计	1 100	800	1 120	+300	-20

从表 3.1-2 中可以看出:实际成本与未按产量调整的预算成本相比,超支较多;实际成本与按产量调整后的预算成本相比,又出现了节约的情况。

在产量从 100 件增加到 140 件的情况下,如果未按产量调整预算成本,就会因业务量不一致而导致所计算的差异缺乏可比性;但如果所有的成本项目都按实际产量进行调整,也不够科学。因为制造费用中包含一部分固定生产成本,它们是不随产量变动的,即使按产量调整了固定预算,也不能准确说明企业预算的执行情况。

弹性预算则刚好弥补固定预算的不足,它是在成本性态分析的基础上,根据业务量、成本、利润之间的依存关系,按照预算期内可能的一系列业务量(如生产量、销售量、工时等)水平编制系列预算的方法。成本性态分析是指对某类成本是否在一定范围内随业务量变化而变化的分析。弹性预算的优点在于,一方面,能够适应不同经营活动情况的变化,扩大了预算的范围,更好地发挥预算的控制作用;另一方面能够使预算对实际执行情况的评价与考核,建立在更加客观比较的基础之上,可比性更强。但其缺点就是使得预算编制的工作量较大。在实际工作中,弹性预算主要用于编制弹性成本费用预算和弹性利润预算等。

【业务实例 3-2】假定星源公司采用变动成本法核算,接上例,则弹性预算成本与实际成本的情况表 3.1-3 所示。

表 3.1-3　弹性预算成本与实际成本的比较

单位:元

成本项目	单位成本	实际成本	弹性预算成本			差异
		140 件	100 件	120 件	140 件	
直接材料	5	750	500	600	700	+50
直接人工	1	120	100	120	140	-20
变动制造费用	1.4	200	140	168	196	+6
小计	7.4	1 070	740	888	1 036	+34
固定制造费用	0.6	30	60	60	60	-30
合计	8	1 100	800	948	1 096	+4

从表 3.1-3 可以看出,将实际成本与弹性预算成本进行比较,所得差异较小。就个别成本项目来看,有节约的,也有超支的,但总成本是比较接近实际成本的,可见,弹性预算比固定预算更能清楚地表明企业实际工作成绩的好坏。

3. 定期预算与滚动预算

根据预算期的时间特征不同,可将预算方法分为定期预算与滚动预算。

定期预算是指在编制预算时以不变的会计期间(如日历年度)作为预算期的一种编制预算的方法。实际工作中编制的各种预算,凡是预算期固定不变的预算都可以成为定期预算。它能够使预算期与会计年度相配合,便于考核和评价预算的执行结果。由于定期预算通常是在年初甚至提前两三个月编制的,对于整个预算年度的生产经营活动很难作出准确的预算,缺乏远期指导性;也不能随情况的变化及时做出调整,比较机械;又受预算期间的限制,管理者的决策视野局限于剩余的预算期间的活动,通常不考虑下期,不利于企业的长远发展。

滚动预算则在编制预算时，将预算期与会计期间脱离开来，随着预算的执行不断地补充预算，逐期向后滚动，使预算期始终保持为一个固定的长度（一般为 12 个月）的一种预算方法。如图 3.1-1，一季度的预算执行后，通过差异分析，修正调整第二季度预算，同时增加下一年第一季度的预算，预算期间始终是一年时间。它的优点是：有利于结合企业近期目标和长期目标，考虑未来业务活动，使预算随时间的推进不断加以调整和修订，有利于充分发挥预算的指导和控制作用，从而保证企业的经营管理工作连续而有序地进行。但其缺点是预算的编制比较频繁，工作量较大。

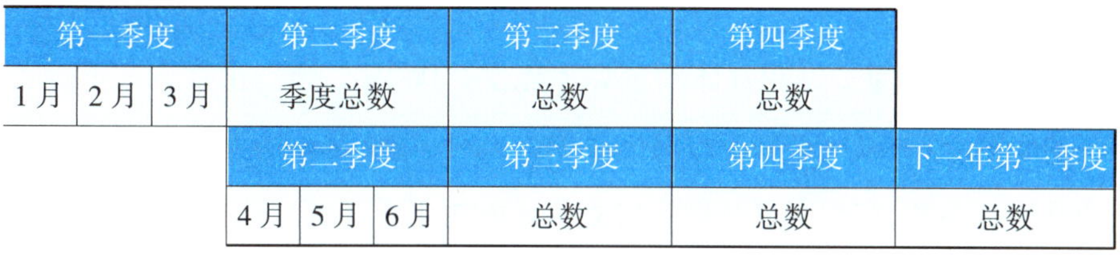

<table>
<tr><td colspan="3">第一季度</td><td colspan="3">第二季度</td><td>第三季度</td><td>第四季度</td><td></td></tr>
<tr><td>1 月</td><td>2 月</td><td>3 月</td><td colspan="3">季度总数</td><td>总数</td><td>总数</td><td></td></tr>
<tr><td colspan="3"></td><td colspan="3">第二季度</td><td>第三季度</td><td>第四季度</td><td>下一年第一季度</td></tr>
<tr><td colspan="3"></td><td>4 月</td><td>5 月</td><td>6 月</td><td>总数</td><td>总数</td><td>总数</td></tr>
</table>

图 3.1-1　滚动预算图

【业务实例 3-3】经预测，某公司 2021 年计划销售产品 1000 吨，四个季度的销售量分别是 200 吨、240 吨、300 吨和 260 吨。其中，第一季度各月份的销售数量分别是 60 吨、70 吨和 70 吨，销售单价（不含税金）为 1 万元/吨。

2021 年 3 月末，在编制 2021 年第二季度至 2022 年第一季度产品销售滚动预算时，计划第二季度各月份产品的销售量分别为 70 吨、90 吨、80 吨。同时，根据市场供求关系，计划自第三季度开始，A 产品的销售单价提高到 1.2 万元/吨。

根据上述资料，采用混合滚动预算法编制第一期产品销售预算表和第二期产品销售预算表，如表 3.1-4 和表 3.1-5 所示。

表 3.1-4　产品销售滚动预算表（第一期）

<table>
<tr><td rowspan="3">项目</td><td colspan="6">2021 年</td></tr>
<tr><td colspan="3">第一季度</td><td rowspan="2">第二季度</td><td rowspan="2">第三季度</td><td rowspan="2">第四季度</td></tr>
<tr><td>1 月</td><td>2 月</td><td>3 月</td></tr>
<tr><td>销售数量（吨）</td><td>60</td><td>70</td><td>70</td><td>240</td><td>300</td><td>260</td></tr>
<tr><td>销售单价（万元/吨）</td><td>1</td><td>1</td><td>1</td><td>1</td><td>1</td><td>1</td></tr>
<tr><td>销售收入（万元）</td><td>60</td><td>70</td><td>70</td><td>240</td><td>300</td><td>260</td></tr>
</table>

表 3.1-5 产品销售滚动预算表(第二期)

项目	2021 年					2022 年
	第二季度			第三季度	第四季度	第一季度
	1 月	2 月	3 月			
销售数量(吨)	70	90	80	300	260	240
销售单价(万元/吨)	1	1	1	1.2	1.2	1.2
销售收入(万元)	70	90	80	360	312	288

4. 预算方法与各种预算的联系

任何一种预算方法只有通过编制具体的预算才能发挥作用,如弹性预算方法不仅可以用于成本预算的编制,也可以用于利润预算的编制。此外,即使是不同类型的预算方法之间也并非完全互斥的关系,在编制某一特定内容预算的过程中,完全有可能既采用弹性预算方法,同时又采用滚动预算方法。

任务二　编制业务预算

▶ 任务导入

业务预算与财务预算

2021 年 10 月,A 公司财务部开始着手编制 2022 年的财务预算。他们收集了大量资料,并进行了认真整理、分析与计算,终于在 2021 年 12 月 10 日完成了 2022 年财务预算的编制工作。公司总经理问财务总监 2022 年的人力成本、销售管理成本大约是多少? 请思考以下问题。

总经理问的是业务预算还是财务预算? A 公司如何编制业务预算?

资料来源:李文静,张宁,于洋,等. 财务管理实务[M]. 北京:人民邮电出版社.

▶ 任务分析

财务与业务作为 A 公司生产经营的基础与保障,两者之间的关系直接影响着企业运营水平的高低。A 公司总经理作为公司一把手要清晰认识这层关系。为确保 A 公司的高效运转,供、产、销等业务活动需要做好预算。那么 A 公司总经理需要知道业务预算具体包含哪些内容。

▶ 知识准备

业务预算是中小企业日常经营业务的预算,它涉及企业经营过程中供、产、销业务活动和各个方面,是中小企业全面预算的基本组成部分。具体内容包括:销售预算、生产预算、直接材料预算、直接人工预算、制造费用预算、单位产品成本和期末存货成本预算、销售及管理费用预算等。

一、销售预算

销售预算是整个预算的编制起点,是其他预算编制的基础,而销售预算是在销售预测的基础上,根据企业年度目标利润确定的预计销售量、销售单价和销售收入等参数编制的,用于规划预算期内销售活动的一种日常业务预算。

销售预算的主要内容包括:销售量、销售单价、销售收入和销货款的回收情况。销售预算通常要分品种、分月份、分销售区域、分推销员来编制。其中销售预测通常由营销部门负责。由于销售预算需经过预算委员会核定,因此,作为销售预算基础的销售预测报告应提交预算委员会充分讨论并加以修订。例如,预算委员会认为预测的结果低于企业发展战略要求的销售水平,它可能会建议采取行动以提高预计的销售量,如加强促销活动、雇佣更多的销售人员等。

在实际工作中,产品销售往往不是现购现销的,会产生一定数额的应收账款,所以,销售预算中通常还包括预计现金收入的计算,其目的是为编制现金预算提供必要的资料。预算期现金收入的计算公式为:

某预算期现金收入=该期现销收入+该期收回以前期的应收账款

【业务实例3-4】假定星源公司生产和销售甲产品,销售单价为100元,每季度收入在本季收回60%,其余部分在下季收讫。基期(2020年)末的应收账款余额为56 000元,根据2021年的销售预测的有关资料编制“销售预算表”,见表3.2-1。

表3.2-1　星源公司销售预算表

2021年度　　　　单位:元

季度	一	二	三	四	全年
销售数量(件)	1 000	1 500	2 000	1 500	6 000
销售单价	100	100	100	100	
预计销售金额	100 000	150 000	200 000	150 000	600 000

微课视频:主要业务预测的编制

（续表）

季度		一	二	三	四	全年
预计现金收入计算表	期初应收账款(一季度初)	56 000				56 000
	第一季度销售收入	60 000	40 000			100 000
	第二季度销售收入		90 000	60 000		150 000
	第三季度销售收入			120 000	80 000	200 000
	第四季度销售收入				90 000	90 000
	现金收入合计	116 000	130 000	180 000	170 000	596 000

二、生产预算

生产预算是指为规划一定预算期内预计生产量水平而编制的一种业务预算。生产预算是所有业务预算中唯一使用实物量计量单位的预算，能够为有关成本和费用预算提供实物量数据，主要内容有销售量、期初和期末产成品存货量、生产量。

在编制生产预算时，需考虑预计期初存货和期末存货等因素，同时应注意保持生产量、销售量、存货量之间合理的比例关系，以避免储备不足、产销脱节或超储备积压等。预计生产量可用下列公式计算：

某种产品预计生产量＝预计销售量＋预计期末存货量－预计期初存货量

公式中的预计销售量为销售预算的数据，预计期初存货量等于上季期末存货量；预计期末存货量应根据长期销售趋势来确定，在实际工作中，通常是根据事先估计的期末存货量占下期销售量的比例进行估算。

【业务实例 3-5】假设例 3-4 中，星源公司各季度的期末存货量为下季度销售量的 10%，各季期初存货与上季期末存货相等，假设第一季度的期初存货量为 120 件，第四季度的期末存货量为 180 件。现根据销售预算中的资料，结合期初、期末的存货水平，编制计划年度的分季生产预算，见表 3.2-2。

表 3.2-2　星源公司生产预算表

2021 年度　　　　单位：件

季度	一	二	三	四	全年
预计销售量	1 000	1 500	2 000	1 500	6 000
加：预计期末存货量	150	200	150	180	180
预计需求量合计	1 150	1 700	2 150	1 680	6 180

（续表）

季度	一	二	三	四	全年
减:期初存货量	120	150	200	150	120
预计生产量	1 030	1 550	1 950	1 530	6 060

三、直接材料预算

直接材料预算是指为规划一定预算期内因组织生产活动和材料采购活动预计发生的直接材料需用量、采购数量和采购成本而编制的一种经营预算。

直接材料预算应按材料类别分别编制,包括需用量预算和采购预算两部分。预计材料采购量可用下列公式计算:

预计采购量=生产需要量+预计期末存货量-预计期初存料量

期末存货量一般按照下期生产需要量的一定百分比来计算,生产需要量的计算公式为:

生产需要量=预计生产量×单位产品材料耗用量

材料采购过程中,必然要发生现金支出,因此在编制直接材料采购预算的同时,还需编制现金支出预算表,为现金预算提供依据。某预算期采购现金支出的计算公式为:

某预算期采购现金支出=该期现购材料现金支出+该期支付以前期的应付账款

其中现购材料现金支出和支付以前期的应付账款的计算公式为:

某期现购材料现金支出=某期预计采购金额×该期预计付现率

某期支付以前期的应付账款=本期期初应付账款×该期的预计应付账款支付率

其中上式的付现率是指一定期间现购材料现金支出占该期采购金额的百分比;应付账款支付率为以前期应付账款在本期支付的现金额占相关的应付账款的百分比指标。在预算编制中,付现率和支付率通常为已知的经验数据。

【业务实例 3-6】根据例 3-5 的资料,假设甲产品只耗用一种材料,单位产品材料耗用量为 3 千克/件,计划单价为 5 元/千克,第一季度的期初存货量即上年末的存货数量,也即全年的期初存货数量为 760 千克,预计期末存货数量为下季度生产需求量的 20%,第四季度的期末存货数量为 950 千克。另根据星源公司与供应商的付款协议,假设当期支付购料款 70%,下期支付 30%,年初的应付账款余额为 5 500 元。现根据以上资料,为星源公司编制 2021 年度直接材料预算表,见表 3.2-3。

表 3.2-3　星源公司直接材料预算表

2021 年度

季度		一	二	三	四	全年
预计生产量(件)		1 030	1 550	1 950	1 530	6 060
单位产品材料耗用量(千克/件)		3	3	3	3	3
预计生产需求量(千克)		3 090	4 650	5 850	4 590	18 180
加:期末存货数量		930	1 170	918	950	950
减:期初存货数量		760	930	1 170	918	760
预计采购量		3 260	4 890	5 598	4 622	18 370
材料计划单价(元/千克)		5	5	5	5	5
预计采购材料金额(元)		16 300	24 450	27 990	23 110	91 850
预计现金支出计算表	期初应付账款(元)	5 500				5 500
	第一季度购料(元)	11 410	4 890			16 300
	第二季度购料(元)		17 115	7 335		24 450
	第三季度购料(元)			19 593	8 397	27 990
	第四季度购料(元)				16 177	16 177
	现金支出合计(元)	16 910	22 005	26 928	24 574	90 417

从上表的数据中还可以很方便地计算出星源公司年末应付账款的余额:

年末应付账款余额 = 23 110 − 16 177

或　　　　　　　 = 23 110×30% = 6 933(元)

四、直接人工预算

直接人工预算是指为规划一定预算期内人工工时的消耗水平和人工成本水平而编制的一种业务预算。直接人工预算也是以生产预算为基础编制的。直接人工预算的主要内容:预计产量、单位产品工时、人工总工时、每小时人工成本和人工总成本。

直接人工预算编制的主要依据:生产预算中的每季预计生产量、单位产品的工时定额、单位工时的工资率(包括基本工资、各种津贴及社会保险等)。预计生产量从生产预算中获取;单位产品工时定额与产品的生产流程相关,在实践中需要由企业根据经验数据事先分析确定;单位工时工资率又称标准小时工资率,通常由企业根据一定时期不同工种直接工资总额和同期该工种直接人工工时总数确定。各种产品在编制直接人工预算时,

应按不同工种分别计算,然后予以合计。计算公式如下:

$$直接人工预算=预计生产量\times\sum(单位工时工资率\times单位产品工时定额)$$

由于各期直接人工成本中的直接工资一般均由现金开支,因此在西方,通常不单独编制列示与此相关的预计现金支出预算。在我国企业中,由其他直接费用形成的应付福利费则不一定在提取的当期用现金开支,应当进行适当的调整,以反映预计的福利费开支情况。

【业务实例 3-7】仍用例 3-5 的资料,假设单位产品的生产工时为 10 小时,单位产品小时工资率为 2 元/小时,编制直接人工预算,见表 3.2-4。

表 3.2-4　星源公司直接人工预算表

2021 年度

季度	一	二	三	四	合计
预计生产量(件)	1 030	1 550	1 950	1 530	6 060
单位产品工时定额(小时)	10	10	10	10	10
直接人工总工时(小时)	10 300	15 500	19 500	15 300	60 600
单位工时工资率(元/小时)	2	2	2	2	2
直接人工成本总额(元)	20 600	31 000	39 000	30 600	121 200

五、制造费用预算

制造费用预算是指除了直接材料和直接人工预算以外的其他一切生产成本的预算。当以变动成本法为基础编制制造费用预算时,可按其成本性态分为变动制造费用和固定制造费用分别编制。

变动制造费用以生产预算为基础来编制,即根据预计生产量和预计的变动制造费用分配率来计算,其关键在于确认可变的具体项目(如间接材料、间接人工成本、维修费、水电费等项目),并选择成本分配的基础(如机器小时、人工工时、产量、作业量等),然后计算变动制造费用分配率。

固定制造费用是期间成本直接列入损益作为当期利润的一个扣减项目,与本期的生产量无关,常见的固定制造费用项目有车间管理人员工资、折旧费、办公费、保险费、租赁费等,固定制造费用预算的编制一般可根据企业管理的需要采用零基预算法、固定预算法和滚动预算法。为了简化,对变动制造费用、固定制造费用均采用固定预算方式编制。

制造费用预算的编制通常包括费用方面预计的现金支出的计算,以便为编制现金预算提供必要的资料。制造费用项目大部分是需要现金支付的,但有的项目如固定资产折旧等非付现成本无须用现金支付,因此,在编制现金预算时,应将非付现成本从中扣除。

预计制造费用=预计变动制造费用+预计固定制造费用

=预计生产量×变动制造费用分配率+预计固定制造费用

【**业务实例** 3-8】沿用例 3-7 的资料,星源公司按直接人工小时计算变动制造费用预计分配率,直接人工每小时应分配变动制造费用 2.5 元。每季的固定制造费用为 20 000 元,其中非付现成本(折旧费)为 7 500 元。编制星源公司计划期制造费用预算,见表 3.2-5。

其中:固定制造费用分配率=80 000/60 600=1.3201(元/工时)

表 3.2-5　星源公司制造费用预算表

2021 年度

季度	一	二	三	四	合计
直接人工小时预算(小时)	10 300	15 500	19 500	15 300	60 600
变动制造费用分配率(元)	2.5	2.5	2.5	2.5	2.5
变动制造费用(元)	25 750	38 750	48 750	38 250	151 500
固定制造费用(元)	20 000	20 000	20 000	20 000	80 000
小计(元)	45 750	58 750	68 750	58 250	231 500
减:非付现成本(元)	7 500	7 500	7 500	7 500	30 000
制造费用现金支出(元)	38 250	51 250	61 250	50 750	201 500

六、单位产品生产成本和期末存货成本预算

为了计算产品的销售成本,必须先确定产品的生产总成本和单位成本。产品生产成本预算是生产预算、直接材料预算、直接人工预算、制造费用预算的汇总。期末存货成本预算是依据单位产品生产成本预算和预算期期末存货量编制的,同时也为编制预计利润表和预计资产负债表提供数据。通常期末存货预算也只编制年末预算,不编制分季度预算。

若采用变动成本法核算,单位产品成本只包括变动成本,即直接材料、直接人工和制造费用的变动部分,至于固定费用部分则当作"期间成本"列入损益表,从当期的产品销售收入中扣除。

【**业务实例** 3-9】仍用例 3-5 的资料,星源公司计算单位生产成本采用变动成本计算法。根据前面预算中的资料,编制单位产品生产成本及期末存货成本预算,见表 3.2-6。

表 3.2-6 星源公司单位产品生产成本和期末存货成本预算表

2021 年度　　　　单位:元

成本项目	价格标准	用量标准	合计
直接材料	5 元/千克	3 千克	15
直接人工	2 元/工时	10 工时	20
变动制造费用	2.5 元/工时	10 工时	25
单位产品成本	—	—	60
期末存货预算	期末存货量(件)		180
	单位产品成本		60
	期末存货金额		10 800

七、销售及管理费用预算

销售及管理费用预算是为预算期产品销售活动和行政管理中发生的各项费用所编制的预算。通常应由负责销售及管理的成本控制人员分别编制。类似于制造费用预算的编制方法,销售及管理费用的具体项目也应按照成本性态分为变动费用和固定费用两部分列示。

销售及管理费用预算同样也要编制相应的现金支出预算。像制造费用预算的编制一样,在编制现金支出预算时需要剔除折旧等非付现成本。

【业务实例 3-10】仍用前述例题资料,星源公司销售及管理部门预计预算期的销售与管理费用的预算情况:变动费用为 36 000 元,包括销售佣金 12 000 元,运杂费 24 000;固定费用为 60 000 元,包括广告费 10 000 元,管理人员薪金 36 000 元,办公费 9 000 元,折旧费 3 000 元,保险费 2 000 元。除折旧外的各项费用均以现金于当季付讫,编制该公司 2021 年度销售及管理费用预算表,见表 3.2-7。

表 3.2-7 星源公司销售及管理费用预算表

2021 年度　　　　单位:元

费用项目		第一季度	第二季度	第三季度	第四季度	全年
变动费用	销售量(件)	1 000	1 500	2 000	1 500	6 000
	销售佣金(2 元/件)	2 000	3 000	4 000	3 000	12 000
	运杂费(4 元/件)	4 000	6 000	8 000	6 000	24 000
	小计	6 000	9 000	12 000	9 000	36 000

（续表）

费用项目		第一季度	第二季度	第三季度	第四季度	全年
固定费用	广告费	10 000				
	管理人员薪金	36 000				
	办公费	9 000				
	折旧费	3 000				
	保险费	2 000				
	小计	60 000				
预计现金支出计算表	固定销售及管理费用：	14 250	14 250	14 250	14 250	57 000
	现金支出合计	20 250	23 250	26 250	23 250	93 000

▶ 任务实施

此次任务可以通过如下途径实现：

1. 编制销售预算。

表 1　A 公司销售预算表

2022 年度　　单位：元

季度		一	二	三	四	全年
销售数量(件)						
销售单价						
预计销售金额						
预计现金收入计算表	期初应收账款(一季度初)					
	第一季度销售收入					
	第二季度销售收入					
	第三季度销售收入					
	第四季度销售收入					
	现金收入合计					

2. 编制生产预算。

表 2　A 公司生产预算表

2022 年度　　　　单位:件

季度	一	二	三	四	全年
预计销售量					
加:预计期末存货量					
预计需求量合计					
减:期初存货量					
预计生产量					

3. 编制直接材料预算。

表 3　A 公司直接材料预算表

2022 年度

<table>
<tr><th colspan="2">季度</th><th>一</th><th>二</th><th>三</th><th>四</th><th>全年</th></tr>
<tr><td colspan="2">预计生产量(件)</td><td></td><td></td><td></td><td></td><td></td></tr>
<tr><td colspan="2">单位产品材料耗用量(千克/件)</td><td></td><td></td><td></td><td></td><td></td></tr>
<tr><td colspan="2">预计生产需求量(千克)</td><td></td><td></td><td></td><td></td><td></td></tr>
<tr><td colspan="2">加:期末存货数量</td><td></td><td></td><td></td><td></td><td></td></tr>
<tr><td colspan="2">减:期初存货数量</td><td></td><td></td><td></td><td></td><td></td></tr>
<tr><td colspan="2">预计采购量</td><td></td><td></td><td></td><td></td><td></td></tr>
<tr><td colspan="2">材料计划单价(元/千克)</td><td></td><td></td><td></td><td></td><td></td></tr>
<tr><td colspan="2">预计采购材料金额(元)</td><td></td><td></td><td></td><td></td><td></td></tr>
<tr><td rowspan="6">预计现金支出计算表</td><td>期初应付账款(元)</td><td></td><td></td><td></td><td></td><td></td></tr>
<tr><td>第一季度购料(元)</td><td></td><td></td><td></td><td></td><td></td></tr>
<tr><td>第二季度购料(元)</td><td></td><td></td><td></td><td></td><td></td></tr>
<tr><td>第三季度购料(元)</td><td></td><td></td><td></td><td></td><td></td></tr>
<tr><td>第四季度购料(元)</td><td></td><td></td><td></td><td></td><td></td></tr>
<tr><td>现金支出合计(元)</td><td></td><td></td><td></td><td></td><td></td></tr>
</table>

4. 编制直接人工预算。

表 4　A 公司直接人工预算表

2022 年度　　　　单位：元

季度	一	二	三	四	合计
预计生产量（件）					
单位产品工时定额					
直接人工总工时					
单位工时工资率（元/小时）					
直接人工成本总额					

5. 编制制造费用预算。

表 5　A 公司制造费用预算表

2022 年度　　　　单位：元

季度	一	二	三	四	合计
直接人工小时预算					
变动制造费用分配率					
变动制造费用					
固定制造费用					
小计					
减：非付现成本					
制造费用现金支出					

6. 编制单位产品生产成本和期末存货成本预算。

表 6　A 公司单位产品生产成本和期末存货成本预算表

2022 年度　　　　单位：元

成本项目	价格标准	用量标准	合计
直接材料			
直接人工			
变动制造费用			
单位产品成本	—	—	
期末存货预算	期末存货量（件）		
	单位产品成本		
	期末存货金额		

7. 编制销售及管理费用预算。

表 7　A 公司销售及管理费用预算表

2022 年度　　单位:元

费用项目		金额
变动费用	销售佣金	
	运杂费	
	合计	
固定费用	广告费	
	管理人员薪金	
	办公费	
	折旧费	
	保险费	
	合计	
预计现金支出计算表	销售及管理费用现金支出合计:	
	平均各季现金支出:	

▶ 任务小结

业务预算包括销售预算、生产预算、直接材料预算、直接人工预算、制造费用预算、单位产品生产成本和期末存货成本预算、销售及管理费用预算等。有了业务预算数据,我们才能编制预计的财务报表。

任务三　编制财务预算

▶ 任务导入

A公司财务预算管理怎么做?

A公司为实现2021年经营收入2 200万元,营业利润660万元的经营目标,要求财务部门结合公司实际,认真做好科学的财务预算工作。公司财务总监组织财务工作人员研究如何做好财务预算管理。请思考以下问题。

A公司如何编制财务预算表?

资料来源:李文静,张宁,于洋,等. 财务管理实务[M]. 北京:人民邮电出版社.

▶ 任务分析

很多中小企业的主管部门不知道企业的预算如何去运作,仅仅是为了企业能得到其他单位的认可,才制定了一系列看似严格的企业财务预算制度性文件,这种做法不可取。中小企业的预算管理应该作为中小企业战略发展的助推手段。很多中小企业在实现财务预算时,财务预算管理和企业战略管理的关系处理不好,造成了企业只注重计划、协调和控制的现象,而没有重视财务预算在企业实际管理中作用的发挥。A公司要做好财务预算,财务总监务必要组织工作人员认真研究,并熟练掌握以下知识。

▶ 知识准备

财务预算是指与企业资金收支、财务状况和经营成果等有关的预算,也是企业的综合预算。一般包括反映现金收支活动的现金预算、反映企业财务状况的预计资产负债表、反映企业经营成果的预计利润表等内容。财务预算反映了现金的流入、流出以及总体的财务状况。

(一) 现金预算

现金预算的编制,是以各项日常业务预算和特种决策预算为基础来反映各预算的收入款项和支出款项，主要内容包括经营资金、投资资金和筹资资金等。

编制现金预算的目的在于合理地处理现金收支业务，正确地调度资金，保证企业资金的正常流转。现金预算的编制需以业务预算和专门决策预算为基础，主要程序为：

1. 确定期初现金余额。该指标等于上期期末现金余额。

2. 估算本期现金收入。本期现金收入等于预算期内预计发生的经营现金收入和非经营现金收入之和。前者包括本期现销收入、收回以前期的应收账款、应收票据到期兑现和票据贴现收入等；后者包括转让或处理长期资产（包括固定资产和无形资产）所取得的现金收入。

3. 确定预算期可运用现金。该指标等于期初现金余额与本期现金收入之和。

4. 预算期内预计发生的经营现金支出和资本性现金支出之和。前者包括预算期内预计发生的采购现金支出、应交税费的现金支出、直接人工成本现金支出、制造费用金支出、销售费用现金支出、管理费用现金支出、预交所得税、支付利润的现金支出；后者包括有关设备的购置费用等。

5. 计算现金余缺。现金余缺又称现金收支差额，某期现金余缺等于该期可运用现金与现金支出的差额。如果其差额为正，说明收大于支，现金有多余；如果其差额为负，说明支大于收，现金不足。

6. 现金的筹集与运用。根据预算期现金余缺的性质与数额的大小和期末应保持的现金余额变动范围，并考虑企业有关资金管理的各项政策，确定筹集或运用资金的数额。

如果现金不足，可向银行取得借款，或转让短期投资的有价证券，或按长期筹资计划增发股票或公司债券。如果现金多余，除了偿还借款外，还可用于购买作为短期投资的有价证券。

7. 确定期末现金余额。期末现金余额等于现金余缺与现金的筹集与运用的代数和。为确保下期经营所需要的现金，通常要求期末余额保持在一定的数额范围之内。

微课视频：
现金预算编制

【**业务实例 3-11**】根据例 3-5 至例 3-10 所编制的各种预算提供的资料，假定星源公司每季末最低现金余额为 10 000 元，如现金余额不足此数就应向银行借款，如现金余额超过此数就应还款。上年年末借款余额为零，每次借款均发生在季初，还款发生在季末，年利息率为 6%，借入和偿还额均以 500 元为单位。该公司预算期准备缴纳所得税 6 000 元，支付股利 30 000 元，于第二季度购置一台设备 20 000 元，现编制 2021 年度的现金预算表，见表 3.3-1。

表 3.3-1　星源公司现金预算表

2021 年度　　单位：元

季度	一	二	三	四	合计
期初现金余额	10 000	23 990	10 485	32 937	10 000
加：现金收入	116 000	130 000	180 000	170 000	596 000
可动用现金合计	126 000	153 990	190 485	202 937	606 000
减：本期现金支出					
直接材料	16 910	22 005	26 928	24 574	90 417
直接人工	20 600	31 000	39 000	30 600	121 200
制造费用	38 250	51 250	61 250	50 750	201 500
销售及管理费用	20 250	23 250	26 250	23 250	93 000
购买设备		20 000			20 000
支付所得税	6 000				6 000
支付股利				30 000	30 000
现金支出合计：	102 010	147 505	153 428	159 174	562 117
现金多余或不足	23 990	6 485	37 057	43 763	43 883
资金的筹集与运用					
向银行借款		4 000			4 000
偿还银行借款			4 000		4 000
利息			120		120
融通资金合计		4 000	-4 120		-120
期末现金余额	23 990	10 485	32 937	43 763	43 763

（二）预计利润表

预计利润表是综合反映预算期内企业经营活动成果的一种财务预算。它是根据销售、产品成本、费用等预算的有关资料编制的。

【**业务实例** 3-12】根据例 3-5 至例 3-10 所编制的各种预算提供的资料，编制星源公司 2021 年度预计利润表如表 3. 3-2 所示。

表 3. 3-2　星源公司预计利润表

2021 年度　　　　单位：元

项目	金额
销售收入	600 000
减：变动成本	
变动生产成本	359 290
变动销售与管理费用	36 000
贡献毛益	204 710
减：固定成本	
固定制造费用	80 000
固定销售与管理费用	60 000
营业利润	64 710
减：利息费用	120
税前利润	64 590
减：所得税（20%）	12 918
净利润	51 672

注：变动生产成本 = 6 000×60-（760×5-3 090）= 359 290 元。因期初 760 千克的材料单位成本不是 5 元。实际的变动成本就不能用 6 000×60 计算。

（三）预计资产负债表

预计资产负债表是反映企业计划期末财务状况的一种财务预算。它是根据期初资产负债表和业务预算中其他预算所提供的有关数据作适当调整编制的。

【**业务实例** 3-13】星源公司基期期末的资产负债表如表 3. 3-3 所示。

表 3. 3-3　星源公司资产负债表

2020 年 12 月 31 日　　　　单位：元

资产	金额	负债及股东权益	金额
流动资产：		流动负债：	
现金	10 000	应付账款	5 500
应收账款	56 000		
材料存货（760 千克）	3 090		

（续表）

资产	金额	负债及股东权益	金额
库存商品（120 件）	7 200		
流动资产合计	76 290		
固定资产：		股东权益：	
土地	40 000	普通股	60 000
房屋及设备	120 000	留存收益	120 790
累计折旧	50 000		
固定资产合计	110 000		
资产合计	186 290	负债及股东权益合计	186 290

根据例 3-5 至例 3-10 所编制的各种预算提供的资料以及星源公司基期期末的资产负债表，编制星源公司 2021 年预计资产负债表如表 3.3-4 所示。

表 3.3-4 星源公司预计资产负债表

2021 年 12 月 31 日　　单位：元

资产	金额	负债及股东权益	金额
流动资产：		流动负债：	
现金	43 763	应付账款	6 933
应收账款	60 000		
材料存货（950 千克）	4 750		
库存商品（180 件）	10 800	应交税费	6 918
流动资产合计	119 313	流动负债合计	13 851
固定资产：		股东权益：	
土地	40 000	普通股	60 000
房屋及设备	140 000	留存收益	142 462
累计折旧	83 000		
固定资产合计	97 000		
资产合计	216 313	负债及股东权益合计	216 313

注：利润表计算出来应交所得税是 12 918 元，已经交了 6 000 元，所以还有未交所得税 6 918 元。留存收益＝120 790+51 672−30 000＝142 462 元。

房屋及设备＝120 000+20 000＝140 000 元　折旧＝50 000+30 000+3 000＝83 000 元

在实际工作中，企业编制财务预算是一项系统工作，企业各职能部门积极配合是科学编制预算的基础，财务部门统筹协调是预算编制和执行的关键。我们不但要掌握财务预算的内容和编制方法，还要清楚财务预算的编制程序，这有助于我们对财务预算管理的理解和在实践中的运用。

▶ 任务实施

此次任务可以通过如下途径实现：

1. 编制现金预算表。

表 1　A 公司现金预算表

2022 年度　　　　单位：元

季度	一	二	三	四	合计
期初现金余额					
加：现金收入					
可动用现金合计					
减：本期现金支出					
直接材料					
直接人工					
制造费用					
销售及管理费用					
购买设备					
支付所得税					
支付股利					
现金支出合计：					
现金多余或不足					
资金的筹集与运用					
向银行借款					
偿还银行借款					
利息					
融通资金合计					
期末现金余额					

2. 编制预计利润表。

表 2　A 公司预计利润表

2022 年度　　单位:元

项目	金额
销售收入	
减:变动成本	
变动生产成本	
变动销售与管理费用	
贡献毛益	
减:固定成本	
固定制造费用	
固定销售与管理费用	
营业利润	
减:利息费用	
税前利润	
减:所得税(20%)	
净利润	

3. 编制预计资产负债表。

表 3　A 公司预计资产负债表

2022 年 12 月 31 日　　单位:元

资产	金额	负债及股东权益	金额
流动资产:		流动负债:	
现金		应付账款	
应收账款			
材料存货(X 千克)			
库存商品(Y 件)			
流动资产合计			
固定资产:		股东权益:	
土地		普通股	
房屋及设备		留存收益	
累计折旧			

（续表）

资产	金额	负债及股东权益	金额
固定资产合计			
资产合计		负债及股东权益合计	

▶ 任务小结

财务预算是指与企业资金收支、财务状况和经营成果等有关的预算，也是企业的综合预算。一般包括反映现金收支活动的现金预算、反映企业财务状况的预计资产负债表、反映企业经营成果的预计利润表等内容。

技能提升训练

▶ 训练目标

通过案例模拟实战,提高学生预算管理能力。

▶ 实施流程

流程 1　阅读背景资料。

盛装公司是一家服装生产企业,生产多种款式服装。公司针对市场竞争日趋激烈的现状,决定开展全面预算管理,对 2023 年有关经营活动的开支编制预算。

(1)盛装公司预计 2023 年 3—7 月的销售收入分别为 40 000 元、50 000 元、60 000 元、70 000 元和 80 000 元。每月销售收入中,当月收到现金 60%,下月收到现金 40%。

(2)各月直接材料采购成本按一个月销售收入的 60%计算。所购材料的款项于当月支付现金 50%,下月支付现金 50%。

(3)该企业 4—6 月的制造费用分别为 4 000 元、4 500 元和 4 200 元。每月制造费用中包括固定资产折旧费 1 000 元。

(4)该企业 4 月购置固定资产,需要现金 15 000 元。

(5)该企业在现金不足时,向银行借款(借款为 1 000 元的倍数);在现金多余时,归还银行借款(还款也为 1 000 元的倍数)。借款在期初,还款在期末,借款的年利率为 10%(当月借款,当月不计利息)。

(6)该企业期末现金余额最低为 6 000 元。其他资料如表 3.4-1 所示。

表 3.4-1　盛装公司现金预算

2023 年 4—6 月　　　　单位:元

月份	4	5	6
(1)期初现金余额	7 000		
(2)经营现金收入			
(3)直接材料采购支出			

（续表）

月份	4	5	6
(4)直接人工支出	2 000	3 500	2 800
(5)制造费用支出			
(6)其他付现费用	800	900	750
(7)预付所得税			8 000
(8)购置固定资产			
(9)现金余缺			
(10)向银行借款			
(11)归还银行借款			
(12)支付借款利息			
(13)期末现金余额			

流程2:编制盛装公司2023年现金预算。

根据以上有关资料,请你运用所学的预算编制方法,帮助该企业编制2023年度现金预算。

(1)确定预算期可运用的现金。

(2)计算预算期内发生的支出。

(3)计算现金余缺。

(4)确定现金的筹集与运用的数额。

(5)确定期末现金余额。

思考与练习

一、单选题

1. 下列各项中,只反映实物量,不反映价值量的是(　　)。

A. 销售预算　　B. 生产预算　　C. 直接材料预算　　D. 直接人工预算

2. 下列各项中,可能会使预算期间与会计期间相分离的预算方法是(　　)。

A. 增量预算法　　B. 弹性预算法

C. 滚动预算法　　D. 零基预算法

3. 与传统定期预算方法相比,属于滚动预算方法缺点的是(　　)。

A. 预算工作量大　　B. 透明度低

C. 及时性差　　D. 连续性弱

4. 直接材料消耗及采购预算的主要编制基础是(　　)。

A. 销售预算　　B. 生产预算　　C. 现金预算　　D. 资本支出预算

5. 为规划预算期内每种产品预计单位成本和总成本以及期末产成品存货水平而编制的预算是(　　)。

A. 直接材料预算　　B. 直接人工预算　　C. 制造费用预算　　D. 产品成本预算

6. 下列各项中,不属于编制预计利润表依据的是(　　)。

A. 各业务预算　　B. 专门决策预算

C. 现金预算　　D. 资产负债表预算

7. 某企业预算年度预计生产量为 2 000 件,每件标准工时 40 小时,企业直接人工小时工资为 8 元,该企业本年度预计直接人工成本为(　　)。

A. 16 000 元　　B. 160 000 元　　C. 640 000 元　　D. 6 400 000 元

二、判断题

1. 财务预算能够综合反映各项业务预算和各项专门决策预算,因此称为总预算。(　　)

2. 企业财务管理部门负责企业预算的编制、执行、分析和考核等工作,并对预算执行结果承担直接责任。(　　)

3. 企业在编制零基预算时,需要以现有费用项目为依据,但不以现有的费用水平为基础。(　　)

4. 财务计划中的长期计划通常是企业制订为期 3 年的长期计划，且是战略性计划，它规定组织较长时期的目标及实现目标的战略性计划。(　　)

5. 在利润预测时可先分别预测营业利润、投资净收益、营业外收支净额，然后将各部分的预测结果相加，得出利润预测数额。(　　)

6. 在编制制造费用预算时，应将固定资产折旧费剔除。(　　)

7. 销售量和单价预测的准确性，直接影响企业财务预算的质量。(　　)

8. 弹性预算从实用角度看，主要适用于全面预算中与业务量有关的各种预算。(　　)

9. 销售管理费用预算是根据生产预算来编制的。(　　)

10. 连续预算能够使预算期间与会计年度相配合。(　　)

三、计算题

1. 某企业正在编制第四季度的材料采购预算，预计直接材料的期初存量为 1 000 千克，本期生产消耗量为 3 500 千克，期末存量为 800 千克；材料采购单价为每千克 25 元，材料采购货款有 30%当季付清，其余 70%在下季付清。该企业第四季度采购材料形成的“应付账款”期末余额预计为多少元？

2. 某公司 1 月、2 月销售额分别为 10 万元，自 3 月起月销售额增长至 20 万元。公司当月收款 20%，次月收款 70%，余款在第 3 个月收回。公司在销售前一个月购买材料，并且在购买后的下一个月支付货款，原材料成本占销售额的 70%，其他费用如表所示。

月份	工资	租金	其他费用	税金
3	15 000	5 000	2 000	—
4	15 000	5 000	3 000	80 000

若该公司 2 月底的现金余额为 50 000 元，且每月现金余额不少于 50 000 元。

要求：根据以上资料编制 3 月、4 月的现金预算。

四、简答题

1. 财务预算有哪些作用？

2. 弹性预算方法为什么可以克服固定预算方法的缺陷？

3. 预算方法与各种预算之间存在怎样的关系？

项目四
中小企业筹资管理

▶ 学习目标

（一）知识目标

1. 理解筹资管理相关概念；
2. 熟悉企业筹资的渠道与方式；
3. 熟悉负债资本和权益资本的各种筹资方式及其优缺点；
4. 理解和掌握资本成本和资本结构决策的计算分析方法。

（二）能力目标

1. 能够计算资本成本；
2. 能够计算分析资本结构决策。

▶ 学习任务

任务一　资金需要量预测；

任务二　权益性筹资；

任务三　债务筹资；

任务四　资本成本与资本结构。

任务一　资金需要量预测

▶ 任务导入

A 公司资金需求量预测

A 公司产品线下销售前景较好，计划在 2022 年年底前在全国各地新开直营店 20 家，需要筹措资金 5 000 万元，其中 2 000 万元公司使用自有资金解决，需要外部筹借 3 000 万元。总经理组织召开筹资专题会议研究。

请思考：A 公司的资金需求量是否准确？A 公司可以选择哪些方式进行筹资？

资料来源：原创。

▶ 任务分析

资金筹集是企业的主要财务活动之一，有着不可替代的地位。筹资工作做得好，保持最佳的资本结构，能降低资本成本，减少财务风险，增大企业经济效益。A 公司要根据自身的资金需求量实际，选择合适渠道进行筹资。

▶ 知识准备

一、中小企业筹资的概念

中小企业筹资，是指中小企业作为筹资主体根据其生产经营、对外投资和调整资本结构等需要，通过一定的筹资渠道，运用一定的筹资方式，经济有效地筹措和集中资本的活动。

趣味动画：
什么是企业筹资

二、企业筹资的渠道与方式

（一）筹资的渠道

筹资的渠道是指筹措资金的来源方向和通道，它指明了“钱从哪里来”。筹资渠道决定着资金的来源与供应量，认识和了解筹资渠道有助于企业不断拓宽和正确利用筹资渠道。我国中小企业的筹资渠道主要有以下几种：

1. 国家财政资金。国家财政资金是指国家对企业的直接投资，是国有企业的主要资金来源渠道。

2. 银行信贷资金。是银行对企业的各种贷款，目前银行信贷是我国企业最主要的借入资金的来源渠道。我国银行分为商业银行和政策性银行两种。

3. 非银行金融机构资金。非银行金融机构包括信托投资公司、保险公司、租赁公司、证券公司、企业集团所属的财务公司等。非银行金融机构为企业及个人提供各种金融服务，包括信贷资金的投放、物资的融通及为企业承销证券等金融服务。

4. 其他法人资金。法人包括以营利为目的的企业法人，又包括社团法人，这些单位都会有一部分暂时闲置的资金，此处主要指企业法人资金。

5. 个人资金。个人资金指个人拥有的资金以购买股票或企业债券等方式投入企业。个人资金已逐渐成为我国企业的重要资金来源。

6. 企业自留资金。企业自留资金是指企业内部形成的资金，又称为内部资金，包括计提固定资产折旧、提取的盈余公积与未分配利润等。

7. 外商资金。外商资金既包括外资企业又包括外国投资者及港、澳、台投资者的投资，我国部分企业还直接在境外及香港发行股票或债券。

（二）筹资方式

筹资方式是指企业筹集资金所采取的具体形式。筹资渠道是客观存在的，而筹资方式则是企业的主观行为。

你听我说：
筹资原则

微课视频：企业的
筹资方式有哪些

我国中小企业的筹资方式主要有以下几种：

1. 吸收直接投资。即直接从投资者处取得货币资金或财产物资作为资本金,用于企业的生产经营活动。

2. 发行股票。即企业通过证券市场发行股票,从投资者处取得股本金。

3. 发行债券。即企业通过证券市场发行企业债券,从投资者处借入资金。

4. 银行借款。即企业向银行借入货币资金。

5. 融资租赁。即企业向租赁公司等机构取得固定资产而形成的债务。

6. 商业信用。即由于企业间的业务往来而发生的债权债务。

（三）企业资金需要量预测

适当的筹资规模是筹集资金的基本原则,要合理确定筹资规模,必须采用科学的方法预测资金需要量。资金需要量的预测有很多方法,现主要介绍销售百分比法。

销售百分比法,是指根据销售额与选定的资产负债表项目和利润表项目之间的比例关系进行预测的方法。该方法有两个基本假定:第一,假定某项目与销售额的比例已知且不变;第二,假定未来的销售额已知。销售百分比法一般通过编制预测资产负债表来确定企业的资金需用量。根据预计销售额和相应的百分比预计资产、负债和所有者权益,然后利用会计等式确定融资需求量。

销售百分比法最关键的环节是确定敏感性项目。所谓敏感性项目,是指资产负债表中与销售收入的比例关系基本不变的项目,其余项目为非敏感项目。敏感项目包括敏感资产项目,如现金、应收账款、存货等,还包括敏感负债项目,如应付账款、应交税费等。与敏感项目相对应的是非敏感项目,它是指在短期内不随着销售收入的变动而变动的项目,如对外投资、长期负债、实收资本等。在生产能力范围内,增加销售量一般不需增加固定资产,如果在生产能力已经饱和的情况下继续增加产销量,可能需增加固定资产投资额,因此固定资产项目既可能是非敏感性资产,也可能是敏感性资产。

微课视频:销售百分比法预测资金需求量

销售百分比法下企业需要追加资金量的基本计算公式是：

$$\triangle F=K(A-L)-R$$

$\triangle F$——企业在预测年度需从企业外部追加筹措资金的数额；

K——预测年度销售收入相对于基数年度增长的百分比；

A——随销售收入变动而成正比例变动的资产项目基期金额；

L——随销售收入变动而成正比例变动的负债项目基期金额；

R——预测年度增加的可以使用的留存收益。

【业务实例 4-1】福平公司由于需要扩大经营规模，经过多方努力，终于和一家金融机构达成了初步贷款意向。但在申报贷款金额前，必须对公司的资金需要量进行准确预测，确保贷款金额能够满足企业的需求。已知福平公司 2021 年 12 月 31 日简要资产负债表如表 4.1-1 所示。公司 2021 年销售额 3 000 万元，销售净利润率为 10%，并按净利润的 40%发放股利，假定该公司的固定资产利用能力已经饱和。如果福平公司计划 2022 年把销售额提高到 3 600 万元，销售净利润率、股利支付率仍保持 2021 年水平。要求：用销售百分比法预测福平公司 2022 年需向外界融资额。

表 4.1-1　资产负债表

2021 年 12 月 31 日　　单位：万元

资产	金额	负债及所有者权益	金额
货币资金	1 000	应付账款	2 500
应收账款	2 000	应交税费	500
存货	3 000	长期负债	1 000
固定资产	5 500	实收资本	6 000
无形资产	500	留存收益	2 000
合计	12 000	合计	12 000

解：先确定与销售额呈正比例变动的资产和负债项目。题目中提到“固定资产利用能力已经饱和”，所以要按照销售额的增长比例增加固定资产投资，则此题中固定资产也是敏感性资产。

趣味动画：资金需要量预测的步骤

$K=(3\ 600-3\ 000)/3000=20\%$

$A=1\ 000+2\ 000+3\ 000+5\ 500=11\ 500$（万元）

$L=2\ 500+500=3\ 000$（万元）

$R=3\ 600\times10\%\times(1-40\%)=216$（万元）

$\triangle F=20\%\times(11\ 500-3\ 000)-216=1\ 484$（万元）

上面的计算表明，该公司2022年需向外融资1 484万元。

知识加油站

企业资金需要量的其他预测方法——资金习性预测法

资金习性预测法，是指根据资金习性来预测未来资金需要量的一种方法。按照资金同产销量之间的依存关系，可以把资金区分为不变资金、变动资金和半变动资金。

在预测时，可采用线性回归法，该法假定资金需要量与业务量之间存在着线性关系，建立数学模型后根据有关资料，用回归直线方程确定参数预测资金需要量的方法。其预测模型为：

$$y=a+bx$$

上式中：y为资金需要量；a为不变资金，b为单位产销量所需变动资金，x为业务量。

企业可先利用历史资料采用回归直线方程公式求出式中a和b的值，然后根据预计的销售量预测资金的需求量。

▶ 任务实施

此次任务可以通过如下途径实现：

（1）案例中提供的相关数据不足以判断资金需求量的准确性，还需要获取相关的财务数据。

（2）A公司需要对外筹资3 000万元，可以尝试通过吸收直接投资、向银行借款、发行债券、发行股票等方式进行筹措。

▶ 任务小结

中小企业筹资是指中小企业作为筹资主体根据其生产经营、对外投资和调整资本结构等需要，通过一定的筹资渠道，运用一定的筹资方式，经济有效地筹措和集中资本的活动。我国中小企业的筹资渠道主要有以下几种：国家财政资金、银行信贷资金、非银行金融机构资金、其他法人资金、个人资金、企业自留资金、外商资金。适当的筹资规模是筹集资金的基本原则，要合理确定筹资规模，必须采用科学的方法预测资金需要量。销售百分比法，是指根据销售额与选定的资产负债表项目和利润表项目之间的比例关系进行预测的方法。

任务二　权益性筹资

▶ 任务导入

A 公司是一家上市公司,公司预计厦门及其周边地区的市场前景较为广阔,销售收入预计每年将增长 50%—100%。为此,公司决定在 2023 年年底前在厦门岛外建成一座新厂。公司为此需要筹措资金 5 亿元,其中 2 000 万元可以通过公司自有资金解决,剩余的 4.8 亿元需要从外部筹措。2020 年 9 月 30 日,在经理办公会议上,财务经理提出了一种具体计划,以增发股票的方式筹资 4.8 亿元。公司目前的普通股每股市价为 10 元,拟增发股票每股定价为 8.3 元,扣除发行费用后,预计净价为 8 元。为此,公司需要增发 6 000 万股股票以筹集 4.8 亿元资金。为了给公司股东以稳定的回报,维护其良好的市场形象,公司仍将维持其设定的每股 0.6 元的固定股利率分配政策。

请思考:A 公司除了以上途径还有哪些办法可以实现权益性筹资?

资料来源:原创。

▶ 任务分析

所有者权益是企业资金的最主要来源,是企业筹集债务资金的前提与基础。权益性筹资的方式很多,A 公司采用发行股票的方式进行筹集。还有哪些方式方法可以实现权益性筹资,须学习以下知识。

▶ 知识准备

权益性筹资是指以发行股票支付股息的方式筹集资金。权益资金是企业投资者的投资及其增值中留存企业的部分,是投资者在企业中享有权益和承担责任的依据,在企业账面上体现为权益资本。企业通过吸收直接投资、发行股票、留存收益等方式筹集,由于权益资金不用还本,因此也称为自有资金或主权资金。

一、吸收直接投资

吸收直接投资是指企业按照“共同投资、共同经营、共担风险、共享利润”的原则直接吸收国家、法人、个人、外商投入资金的一种筹资方式。吸收直接投资不需要媒介，无须发行股票或者债券。而且出资者都是企业的所有者，因此对企业拥有经营管理权，并且按出资比例分享利润、承担风险。

（一）吸收直接投资的渠道

企业吸收直接投资筹集资金主要通过以下四种渠道：

1. 吸收国家投资。国家投资是指有权代表国家投资的政府部门或机构，以国有资产投入企业，由此形成国家资本金。吸收国家投资一般具有以下特点：①产权归属国家；②资金的运用和处置受国家约束较大等。

2. 吸收法人投资。法人投资是指其他企业、事业单位以其可支配的资产投入企业，这种情况下形成的资本称为法人资本金。吸收法人资本一般具有以下特点：①发生在法人单位之间；②主要以参与公司的利润分配或控制为目的；③出资方式较为灵活、多样。

3. 吸收个人投资。个人投资主要是由社会个人或本企业内部职工以个人合法财产投入企业，形成个人资本金。吸收个人投资一般具有以下特点：①参加投资的人员较多；②每人投资的数额相对较少；③以参与企业利润分配为目的。

4. 吸收外商投资。外商投资是外国投资者或我国港、澳、台地区投资者的资金投入企业，形成了外商资本金。

（二）吸收直接投资的出资方式

吸收直接投资中的投资者可采用现金、实物、无形资产等多种形式出资。直接投资的主要出资方式有以下三种：

1. 现金投资。现金投资是吸收直接投资中的最重要的出资形式。企业有了现金，就可获取所需物资，就可支付各种费用，具有最大的灵活性。因此，企业需要争取投资者尽

微课视频：
吸收直接投资

可能采用现金方式出资。

2. 实物投资。实物投资是指以房屋、建筑物、设备等固定资产、原材料和商品等流动资产所进行的投资。实物投资应符合以下条件:①适合企业生产经营、科研开发等的需要;②技术性能良好;③作价公平合理;④实物不能涉及抵押、担保、诉讼冻结。

3. 无形资产投资。无形资产投资是指以商标权、专利权、非专利技术、知识产权、土地使用权等所进行的投资。企业在吸收无形资产投资时应持谨慎态度,避免吸收短期内会贬值的无形资产,避免吸收对本企业利益不大及不适用的无形资产,还应注意符合法定比例。

(三) 吸收直接投资的程序

吸收直接投资,一般要遵循如下程序:

1. 确定吸收直接投资所需的资金数量。企业新建成扩大经营规模时,应先确定资金的总需要量及合理的资本结构,然后确定吸收直接投资所需的资金数量。

2. 寻求投资单位,商定投资数额和出资方式。吸收直接投资中的双方是双向选择的结果。受资单位要选择相宜的投资者,投资单位要选择收益理想或对自身发展有利的受资者。投资单位确定后,双方便可进行具体的协商,确定出资数额和出资方式,落实现金出资计划及实物、无形资产的评估作价。

3. 签署投资协议。企业与投资者商定投资意向和具体条件后,便可签署投资协议,明确双方的权利和责任。

4. 执行投资协议。企业与投资者按协议约定,做好投资交接及有关手续,并在以后确保投资者参与经营管理的权力及盈利分配权力。

(四) 吸收直接投资的优缺点

1. 吸收直接投资的优点

(1)筹资方式简便,筹资速度快。双方可以直接沟通,没有中间环节。只要协商一致,筹资就成功了。

趣味动画:
吸收直接投资的优缺点

(2)有利于增强企业信誉和筹资能力。吸收直接投资所筹集的资金属于自有资金，与借入资金比较，能提高企业的信誉和筹资能力。

(3)有利于尽快形成生产能力。吸收直接投资可获得现金、先进设备和先进技术，与发行有价证券间接筹资比较，能尽快地形成生产能力，尽快开拓市场。

(4)有利于降低财务风险。吸收直接投资可以根据企业的经营状况向投资者支付报酬，没有固定的财务负担，比较灵活，所以财务风险较小。

2. 吸收直接投资的缺点

(1)资金成本较高。企业向投资者支付的报酬是根据企业实现的净利润和投资者的出资额计算的，不能减免企业所得税，当企业盈利丰厚时，企业向投资者支付的报酬很高。

(2)企业控制权分散。吸收直接投资的新投资者享有企业经营管理权，这会造成原有投资者控制权的分散与减弱。

二、发行股票

股票是股份公司为筹集权益资金而发行的有价证券，是持股人拥有公司股份的凭证，它表示了持股人在股份公司中拥有的权利和应承担的义务。

（一）普通股筹资

普通股是指股份公司发行的具有管理权而股利不固定的股票，是股份制企业筹集权益资本的最主要方式。

1. 普通股股东的权利

普通股股票的持有人叫普通股股东，一般具有如下权利：

①经营管理权。普通股股东的管理权主要体现为在董事会选举中有选举权和被选举权。董事会则代表所有股东对企业进行控制和管理。

②盈利分享权。这也是普通股股东的一项基本权利。盈余分配方案由股东大会决定，每一个会计年度由董事会根据企业的盈利数额和财务状况来决定分发股利的多少并经股东大会批准通过。

趣味动画：
发行股票

③优先认股权。当公司发行普通股股票时，原有股东有权按持有公司股票的比例，优先认购新股票。这主要是为了使原有股东保持其在公司股份中所占的百分比，以保证他们的控制权。

④剩余财产要求权。当公司解散、清算时，普通股股东对剩余财产有要求权。但是，公司破产清算时，财产的变价收入首先要用来清偿债务，然后支付优先股股利，最后才能分配给普通股股东。所以，在破产清算时，普通股股东实际上很少能分到剩余财产。

⑤股票转让权。股东有权出售或转让股票，从而赚取差价或调整控制权利。

2. 普通股的发行价格

股票的发行价格是股票发行时使用的价格，也是投资者认购股票时所支付的价格。普通股的发行价格可以按照不同情况采取两种办法：一是按票面金额等价发行；二是按高于票面金额的价格发行，即溢价发行。不准折价发行，即不准以低于股票面额的价格发行。

在实际工作中，股票发行价格的确定方法主要有市盈率法、净资产倍率法和现金流量折现法。

①市盈率法

$$发行价格=每股收益\times发行市盈率$$

②净资产倍率法

$$发行价格=每股净资产值\times溢价倍数$$

③现金流量折现法，是指通过预测公司未来盈利能力，据此计算出公司净现金流量，并按一定的折现率折算，从而确定股票发行价格的方法。

3. 普通股筹资的优缺点

（1）普通股筹资的优点

①能提高股份公司的信誉。股票筹资能增加股份公司自有资金的比重，较多的自有资金为债务人提供了较高的偿债保障，这既有助于提高公司的信誉，又有助于增加公司的举债能力。

②能减少股份公司的风险。普通股既无到期日，又无固定的股利负担，因此不存在不能偿付的风险。

③能增强公司经营灵活性。普通股筹资比发行优先股或债券限制少，它的价值较少因通货膨胀而贬值，普通股资金的筹集和使用都较灵活。

④没有固定的利息负担。通过发行普通股来进行筹资，公司对普通股股东发放股利的原则是“多盈多分、少盈少分、不盈不分”。可见，普通股股利并不构成公司固定的股利负担，是否发放股利、什么时候发放股利以及发放多少股利，主要取决于公司的获利能力和股利政策。

⑤无固定到期日，无须还本。通过发行普通股来进行筹资，公司筹集的资金是永久性资金，也叫权益资本或自有资金，公司无须向投资人归还投资。这对于保证公司对资本的最低需要，保证公司资本结构的稳定，维持公司长期稳定发展具有重要意义。

(2)普通股筹资的缺点

①普通股筹资的资金成本较高。发行股票的资本成本一般高于债务资金，因为股东期望报酬高，又因为股利要从税后净利润中支付，且发行费用也高于其他证券。

②普通股股东的增加，会分散和削弱原股东对公司控股权。

③有可能降低原股东的收益水平。

知识加油站

证券交易所

证券交易所是为证券集中交易提供场所和设施，组织和监督证券交易，实行自律管理的法人。目前我国大陆地区有三家证券交易所，即1990年11月26日成立的上海证券交易所和1990年12月1日成立的深圳证券交易所，以及2021年11月15日成立的北京证券交易所。

上海证券交易所主要以主板为主，重点服务各行业、各地区的龙头企业和大型骨干企业，2019年科创板正式开板，支持高科技企业发展壮大。深圳证券交易所定位于中小板，后开启创业板，服务中型企业和初创型企业。北京证券交易所，支持中小企业创新发展，打造服务创新型中小企业主阵地，由新三板精选层变更而来，这是对新三板深化改革的重大举措。

趣味动画：
股票期权知多少

（二）优先股筹资

优先股是指股份公司发行的具有一定优先权的股票。优先股是一种具有双重性质的证券，它既具有普通股的某些特征，又与债券有相似之处。从法律上讲，企业对优先股不承担还本义务，因此它是企业自有资金的一部分。但是，优先股有固定的股利，这与债券利息相似。

1. 优先股的特征

（1）优先分配固定的股利。优先股股东通常优先于普通股股东分配股利，且其股利一般是固定的，受公司经营状况和盈利水平的影响较少。所以，优先股类似固定利息的债券。

（2）优先分配公司剩余财产。当公司因解散、破产等进行清算时，优先股股东优先于普通股股东分配公司的剩余财产。

（3）优先股股东一般无表决权。在公司股东大会上，优先股股东一般没有表决权，通常也无权过问公司的经营管理，仅在涉及优先股股东权益问题时享有表决权。

优先股也有部分管理权。优先股股东的管理权限是有严格限制的。在公司的股东大会上，优先股股东没有表决权，但是，当公司研究与优先股有关的问题时有权参加表决。例如，如果讨论把一般优先股改为可转换优先股时或推迟优先股股利的支付时，优先股股东都有权参加股东大会并有权表决。

2. 优先股筹资的优点

（1）优先股一般没有固定的到期日，不用偿付本金。发行优先股筹集资金，实际上近乎得到一笔无限期的长期贷款。对可赎回优先股，公司可在需要时按一定价格收回，这就使得这部分资金利用更有弹性。

（2）股利的支付既固定又有一定的灵活性。一般而言，优先股都采用固定股利，但对固定股利的支付并不构成公司的法定义务。如果公司财务状况不佳，可以暂时不支付优先股股利，即使如此，优先股股东也不能像公司债权人那样迫使公司破产。

（3）优先股股本属于自有资金，既能增强公司信誉及筹资能力，又能保持普通股股东的控制权。

3. 优先股筹资的缺点

（1）优先股的成本虽低于普通股，但一般高于债券。优先股股利要从税后利润中支付，股利支付虽无约定性且可以延时，但终究是一种较重的财务负担。

（2）优先股较普通股限制条款多。发行优先股，通常由许多的限制调控，如对股利支付限制、对公司借款的限制等，不利于公司的自主经营。

三、留存收益

留存收益也是权益资金的一种，是指企业的盈余公积、未分配利润等。与其他权益资金相比，它不需要进行筹资活动又无筹资费用，因此，这种筹资方式既节约了成本，又增强了企业的信誉。留存收益的实质是投资者对企业的再投资。但是，这种筹资方式受制于企业盈利的多寡及企业的分配政策。

▶ 任务实施

此次任务可以通过如下途径实现：

（1）阅读 A 公司权益性筹资案例，思考 A 公司筹资方式是否属于权益性筹资？A 公司选择的筹资方案的优缺点是什么？

（2）阅读教材理解吸收直接投资、发行股票、留存收益筹集资金的方法。

（3）请教财务专家权益性筹资在现实中的应用。

（4）通过小组选定一个公司个案，讨论分析该公司用了哪些权益性筹资的方式，派出代表在课堂上进行汇报分析。

▶ 任务小结

企业的全部资产由投资人提供的资金（所有者权益）和债权人提供的资金（负债）构成。所有者权益是企业资金的最主要来源，是企业筹集债务资金的前提与基础。企业通过吸收直接投资、发行股票、留存收益等方式筹集。企业吸收直接投资筹集资金主要通过以下四种渠道：吸收国家投资、吸收法人投资、吸收个人投资、吸收外商投资。

任务三　债务筹资

▶ 任务导入

A 公司的债务筹资

A 公司产品线下销售前景较好，在 2022 年年底前在全国各地新开直营店 20 家。但是公司账户周转资金不足，需要筹措资金 5 000 万元，其中 2 000 万元公司使用自有资金解决，需向外部筹借 3 000 万元。总经理组织召开筹资专题会议研究，打算采用债务筹资方式。

请思考：A 公司可以选择的债务筹资方式有哪些？

资料来源：原创。

▶ 任务分析

企业通过银行借款、发行债券、融资租赁、商业信用等方式筹集的资金属于企业的负债。由于负债要归还本金和利息，因此成为企业的借入资金或债务资金。

▶ 知识准备

一、银行借款

银行借款，是指企业根据借款合同向银行或非银行金融机构借入的需要还本付息的款项。

（一）银行借款的种类

1. 按借款期限长短分类

按借款期限长短可分为短期借款、中期借款和长期借款。短期借款是指借款期限在 1 年以内（含 1 年）的借款；中期借款是指借款期限在 1 年以上 5 年以下（含 5 年）的借款；长期借款是指借款期限在 5 年以上的借款。

2. 按借款担保条件分类

按借款担保条件分类。借款按是否需要担保可以分为信用借款、担保借款和票据贴现。信用借款是指以借款人的信誉为依据而获得的借款，企业取得这种借款，无须以财产做抵押；担保借款是指以一定的财产做抵押或以一定的保证人做担保为条件所取得的借款；票据贴现是指企业以持有的未到期的商业票据向银行贴付一定的利息而取得的借款。

3. 按借款用途分类

按借款用途可分为基本建设借款、专项借款和流动资金借款。基本建设借款，是指企业因从事新建、改建、扩建等基本建设项目需要资金而向银行申请借入的款项。专项借款，是指企业因为专门用途而向银行申请借入的款项，包括更新改造技改贷款、研发和新产品研制贷款、出口专项贷款、进口设备外汇贷款等。流动资金借款，是指企业为满足流动资金的需求而向银行申请借入的款项。

4. 按提供贷款的机构分类

借款按提供贷款的机构可分为政策性银行贷款和商业性银行贷款。政策性银行贷款一般是指执行国家政策性贷款业务的银行向企业发放的贷款。商业银行贷款是指由各商业银行向工商企业提供的贷款。这类贷款主要为满足企业生产经营的资金需要。

（二）银行借款的程序

企业向银行借款，通常要经过以下步骤：

1. 企业提出借款申请

企业要向银行借入资金，必须向银行提出申请，填写包括借款金额、借款用途、偿还能力、还款方式等内容的《借款申请书》，并提供有关资料。

2. 银行进行审查

银行对企业的借款申请要从企业的信用等级、基本财务情况、投资项目的经济效益、偿债能力等多方面作必要的审查，以决定是否提供贷款。

你听我说：
银行借款的种类

3. 签订借款合同

借款合同是规定借款单位和银行双方的权利、义务和经济责任的法律文件。借款合同包括基本条款、保证条款、违约条款及其他附属条款等内容。

4. 企业取得借款

双方签订借款合同后,银行应如期向企业发放贷款。

5. 企业归还借款

企业应按借款合同规定按时足额归还借款本息。如因故不能按期归还,应在借款到期之前的3—5天,提出展期申请,由贷款银行审定是否给予展期。

知识加油站

企业申请贷款应具备的条件

(1)借款企业实行独立核算,自负盈亏,具有法人资格。

(2)借款企业的经营方向和业务范围符合国家政策,借款用途属于银行贷款管理办规定的范围。

(3)借款企业具有一定的物资和财产保证,担保单位具有相应的经济实力。

(4)借款企业具有偿还本金的能力。

(5)借款企业财务管理和经济核算体制健全,资金使用效益良好。

(三) 银行借款筹资的优缺点

1. 银行借款筹资的优点

(1)筹资速度快。借款的手续与发行证券相比要简单得多,因此所需时间短,可以较快满足资金的需要。

(2)筹资成本低。与发行债券相比,借款利率较低,且不需支付发行费用。

(3)借款弹性较大。企业与银行可以直接接触,商谈借款金额、期限和利率等具体条款。借款后如情况发生变化可再次协商。若无力按期归还,企业还可提出延期申请,可以延期归还借款。

2. 银行借款筹资的缺点

(1)财务风险较大。企业举借长期借款,必须定期还本付息,在经营不利的情况下,可能会产生不能偿付的风险,甚至导致破产。

(2)限制条款较多。企业与银行签订的借款合同中,一般都有一些限制性条款,如定期报送有关报表、不准改变借款用途等,这些条款可能会限制企业的经营活动。

(3)筹资数额有限。银行一般对长期大额贷款审查更为严格,申请条件较高。因此,利用银行借款筹资都有一定的上限。

二、发行债券

债券是债务人依照法定程序发行的、承诺按约定的利率和日期定期支付利息,并到期偿还本金的书面债务凭证。发行债券是企业筹集负债资金的重要方式之一。

(一) 债券的种类

1. 按发行主体可分为政府债券、金融债券和企业债券

政府债券是由中央政府或地方政府发行的债券。政府债券风险小、流动性强。

金融债券是银行或其他金融机构发行的债券。金融债券风险不大、流动性较强、利率较高。

企业债券是由各类企业发行的债券。企业债券风险较大、利率较高、流动性差别较大。

2. 按有无抵押担保可分为信用债券、抵押债券和担保债券

信用债券又称无抵押担保债券,是以债券发行者自身的信誉发行的债券。政府债券属于信用债券,信誉良好的企业也可发行信用债券。企业发行信用债券往往有一些限制条件,如不准企业将其财产抵押给其他债权人,不能随意增发企业债券,未清偿债券之前股利不能分得过多等。

抵押债券是指以不动产、有价证券、设备等作为抵押品而发行的债券。当企业不能偿还债券时,债权人可将抵押品拍卖以获取债券本息。

担保债券是指由一定保证人作担保而发行的债券。当企业没有足够资金偿还债券时,债权人可以要求保证人偿还。

3. 按是否记名可分为记名债券和无记名债券

记名债券是指在债券上登记债券持有人的姓名,同时还要到发行公司的债权人名册上进行登记的债券。投资者领取利息时要凭印章或其他有效的身份证明,转让时要在债券上签名。这种债券比较安全,但转让时手续复杂。

无记名债券是指在债券上不登记债券持有人的姓名,也不在发行公司的债权人名册

上进登记的债券。这种债券比较方便,转让时无须背书。

4. 按计息标准分为固定利率债券和浮动利率债券

固定利率债券是指将利率明确记载于债券上,在整个债券期限内按这一固定利率向债权人支付利息的债券。

浮动利率债券是指利率随基本利率(一般是国库券利率或银行同业拆借利率)变动而变动的债券。发行浮动利率债券的目的是应付通货膨胀。

5. 按是否可转换成普通股可分为可转换债券和不可转换债券

转换债券是指发行人依照法定程序发行的,在一定期间内按照约定的条件规定可以转换成企业股票的债券。发行可转换债券可节约企业的利息支出,但可能会稀释普通股股东的控制权。

不可转换债券是指不能转换成企业股票的债券。大多数债券属于不可转换债券。

(二) 债券的基本要素

1. 债券的面值。债券面值包括两个基本内容:币种和票面金额。币种可以是本国货币,也可以是外国货币,取决于债券发行的地区及对象,票面金额是债券到期时偿还本金的金额。票面金额印在债券上,固定不变,到期必须足额偿还。

2. 债券的期限。债券从发行日开始至到期日之间的时间称为债券的期限。

3. 债券的利率。债券上一般都注明年利率,利率有固定的,也有浮动的。面值与利率相乘则为年利息。

4. 偿还方式。债券的偿还方式主要有到期还本付息和分期还息、到期还本两种。

5. 发行价格。发行价格是指发行公司发行债券时的价格,也是投资者向发行公司认购其所发行债券时实际支付的价格。

趣味动画:
可转换债券

债券发行的价格有三种:一是按债券面值等价发行;二是低于债券的面值折价发行;三是高于债券的面值溢价发行。债券之所以会偏离面值发行,是因为债券票面利率不一定与当时的市场利率一致,为了协调债券购销双方在债券利息上的利益和债券的供求关系,就要调整发行价格。如果债券的票面利率高于市场利率,由于未来利息多计,债券内在价值偏大,投资买入债券可以获得更高的收益,债券的供应相对紧张,应采用溢价发行。如果债券的票面利率低于市场利率,由于未来利息少计,债券内在价值偏小,为了吸引资金流入,确保发行成功,应采用折价发行,以弥补由于市场利率的上升对债券投资者造成的损失。如果债券的票面利率等于市场利率,应采用等价发行。

债券发行价格可根据资金时间价值原理来计算。

(1)按期支付利息,到期一次还本,且不考虑发行费用的债券发行价格的计算公式为:

$$债券发行价格=票面金额\times(P/F,i,n)+债券面值\times票面利率\times(P/A,i,n)$$

式中:n——债券期限;i——市场利率。

(2)不计复利、到期一次还本付息的债券发行价格的计算公式为:

$$债券发行价格=票面金额\times(1+票面利率\times n)\times(P/F,i,n)$$

【业务实例 4-2】某企业发行债券筹资,面值 800 元,期限 5 年,发行时市场利率 10%,每年年末付息,到期还本。要求:分别按票面利率为 8%、10%、12%计算债券的发行价格。

解:(1)当票面利率为 8%时:

$$\begin{aligned}发行价格&=800\times(P/F,10\%,5)+800\times8\%\times(P/A,10\%,5)\\&=800\times0.6209+64\times3.7908\\&=739.33(元)\end{aligned}$$

(2)当票面利率为 10%时:

$$\begin{aligned}发行价格&=800\times(P/F,10\%,5)+800\times10\%\times(P/A,10\%,5)\\&=800\times0.6209+80\times3.7908\\&=800(元)\end{aligned}$$

(3)当票面利率为 12%时:

$$\begin{aligned}发行价格&=800\times(P/F,10\%,5)+800\times12\%\times(P/A,10\%,5)\\&=800\times0.6209+96\times3.7908\\&=860.64(元)\end{aligned}$$

【**业务实例** 4-3】根据例 4-2 的资料，改成单利计息，到期一次还本付息，其他条件不变。求债券的发行价格。

解：(1) 当票面利率为 8%时：

发行价格 = 800×(1+5×8%)×(P/F,10%,5)

= 1 120×0.6209

= 695.41(元)

(2) 当票面利率为 10%时：

发行价格 = 800×(1+5×10%)×(P/F,10%,5)

= 1 200×0.6209

= 745.08(元)

(3) 当票面利率为 12%时：

发行价格 = 800×(1+5×12%)×(P/F,10%,5)

= 1 280×0.6209

= 794.75(元)

由上面计算可见，由于市场利率是复利年利率，所以当债券以单利计息，到期一次还本付息时，即使票面利率与市场利率相等，也不会是面值发行。

知识加油站

债券发行方式

债券的发行方式有委托发行和自行发行两种。委托发行是指企业委托银行或其他金融机构承销全部债券，并按总面额的一定比例支付手续费的发行方式。自行发行是指债券发行企业不经过金融机构直接把债券配收给投资单位或个人的发行方式。

(三) 债券筹资的优缺点

1. 债券筹资的优点

(1)资本成本较低。与股票的股利相比，债券利息作为费用在税前列支，具有抵税作用。

(2)不会稀释原股东的控制权。债券持有人无权干涉企业的经营管理，因而不会减弱原有股东对企业的控制权。

(3)发挥财务杠杆的作用。无论发行公司的盈利多少,债券持有人一般只收取固定的利息,而更多的收益可用于分配给股东或留用公司经营,从而增加股东和公司的财富。

2. 债券筹资的缺点

(1)筹资风险高。债券筹资有固定到期日,要承担还本付息义务。到期不能还本付息,可能导致企业破产。

(2)限制条件多。为保障债权的安全,往往签订债券和投资保护条款,会对企业造成一定限制,影响企业财务的灵活性。

(3)筹资数量有限。尽管债券筹资的数量一般比银行借款更多,但是筹集过多的债券资金可能会影响企业信誉,也会因资本结构变差而导致总体资金成本的上升。

三、租赁

租赁是承租方向出租方交付租金,出租方在契约或合同规定的期限内将资产的使用权让渡给承租方的一种经济行为。

(一) 租赁的种类

租赁的种类很多,按租赁的性质可分为经营租赁和融资租赁两大类。

1. 经营租赁

经营租赁,它是由承租方向出租方交付租金,由出租方向承租方提供资产使用及相关的服务,并在租赁期满时由承租方把资产归还给出租方的租赁。

经营租赁的特点如下:

(1)资产所有权属于出租方,承租方仅为获取资产使用权,不是为了融资。

(2)租赁期短。一般只是租赁物使用寿命期的小部分,资产所有权属于出租方,承租方仅为获取资产使用权,不是为了融资。

(3)可撤销性。经营租赁是一个可解约的租赁,承租企业在租期内可按规定提出解除租赁合同。若提前终止合同,承租方要支付一定的赔偿额。

(4)出租方向承租企业提供资产维修、保养及人员培训等服务。

(5)租赁期满或合同中止时,租赁资产一般归还给出租方。

2. 融资租赁

融资租赁,它是承租方为融通资金而向出租方租用,由出租方出资按承租方要求购买租赁物的租赁。它是以融物为形式,融资为实质的经济行为。

融资租赁的特点如下:

(1)资产所有权形式上属于出租方,但承租方能实质性地控制该项资产,并有权在承租期内取得该项资产的所有权。承租方应把融资租入资产作为自有资产对待,如要在资产账户做记录,要计提折旧。

(2)租赁期长。租赁期一般是租赁资产使用寿命期的绝大部分,一般在资产使用寿命的75%以上。

(3)不可撤销性。融资租赁是一种不可解约的租赁,在合同到期前不可以单方面解除租赁关系。

(4)出租方一般不提供维修、保养方面的服务。承租方负责资产的维护。

(5)租赁期满,承租方可选择留购、续租或退还,通常由承租方留购。

(二)融资租赁的形式

1. 直接租赁

直接租赁是融资租赁的典型形式,是指承租方直接向出租方租入所需要的资产,并付出租金。通常所说的融资租赁就是指直接租赁形式。直接租赁的出租方主要是制造厂商和租赁公司。

2. 售后租回

售后回租是企业将资产卖给出租方,再将所售资产租回,并按期向租赁公司支付租金。采用这种融资形式,承租方因出售资产而获得了一笔现金,同时因将其租回而保留了资产的使用权,但失去了资产的所有权。从事售后租回的出租方为租赁公司等金融机构。

3. 杠杆租赁

杠杆租赁是由资金出借方为出租方提供部分购买资产的资金,再由出租方将资产租给承租方的方式。因此,杠杆租赁就涉及出租方、承租方和资金出借方三方。这种方式和其他租赁方式一样对承租方没有影响,但对出租方来说,它只支付购买资产的部分资金,另一部分是以该资产作为担保向资金出借人借来的,因此,它既是出租方,又是借资方,同时又拥有资产所有权。如果不能按期偿还借款,则资产所有权要归资金出借人所有。

(三)融资租赁的程序

1. 作出租赁决策

当企业需要长期使用某项设备而又没有购买该项设备所需资金时,一般有两种选择:

一是筹措资金购买该项设备;二是融资租入该项设备。企业可以通过现金流量的分析计算作出正确的抉择。

2. 选择租赁公司

当企业决定采用融资租赁方式取得某项设备时,即应开始选择租赁公司。可从租赁公司的经营范围、业务能力、融资条件、租赁费率等方面进行比较,择优选定。

3. 办理租赁委托

当企业选定租赁公司后,便可向其提出申请,办理委托。这种委托包括填写"租赁申请书"及提供财务状况的文件资料。

4. 签订购货协议

租赁公司受理租赁委托后,即由租赁公司与承租企业的一方或双方选择设备的制造商或销售商,与其进行技术与商务谈判,签订购货协议。

5. 签订租赁合同

租赁合同由承租企业与租赁公司签订。租赁合同用以明确双方的权利与义务,是租赁业务最重要的文件,具有法律效力。融资租赁合同的内容包括一般条款和特殊条款两部分。

6. 办理验货及投保

承租企业收到租赁设备,要进行验收。验收合格后签发租赁设备收据及验收合格证并提交租赁公司,租赁公司据以向制造商或销售商付款。同时,承租企业应向保险公司办理投保事宜。

7. 交付租金

承租企业在租赁期内按合同规定的租金数额、交付日期和交付方式向租赁公司交付租金。

8. 租赁期满的设备处理

融资租赁合同期满,承租企业可按合同规定对租赁设备作出留购、续租或退回的决策。一般来说,租赁公司会把租赁设备在期满时以低价甚至无偿转给承租企业。

(四) 融资租赁租金的计算

融资租赁租金是承租企业支付给租赁公司让渡租赁设备的使用权或价值的代价。租金的数额大小、支付方式对承租企业的财务状况有直接的影响,也是进行租赁决策的重要依据。

1. 融资租赁租金的构成

(1) 租赁资产的价款,包括设备的买价、运杂费及途中保险费等。

(2)利息,即租赁公司为承租企业购置设备融资而应计的利息。

(3)租赁手续费,指租赁公司承办租赁设备所发生的业务费用和必要的利润。一般按租赁资产价款的一定百分比收取。

2. 融资租赁租金的支付方式

融资租赁的租金通常采用分次支付的方式,具体有:

(1)按支付时期长短,可分为年付、半年付、季付、月付等。

(2)按期支付租金的时间,可分为先付租金和后付租金。先付租金指在期初支付,后付租金指在期末支付。

(3)按每期支付金额,可分为等额支付和不等额支付。

3. 融资租赁租金的计算方法

融资租赁租金计算方法较多,在我国融资租赁业务中,大多采用平均分摊法和等额年金法。

(1)平均分摊法。平均分摊法是指先以商定的利息率和手续费率计算出租赁期间的利息和手续费,然后连同租赁设备购置成本的应摊销总额按租金支付次数平均计算出每次应付租金数额的方法。该方法不考虑资金的时间价值。

平均分摊法下,每次应付租金数额的计算公式为:

$$R=\frac{(C-S)+I+F}{N}$$

式中:R——每次应付租金数额;

C——租赁设备的购置成本;

S——租赁设备租赁期满后,出售可得的市价或称为租赁设备预计的残值;

I——租赁期间利息;

F——租赁期间手续费;

N——租赁期间租金支付次数。

【业务实例 4-4】某企业向租赁公司租入一套设备,设备原价 500 万元,租期 5 年,预计租赁期满租入企业支付的转让价为 15 万元。年利率为 10%,手续费为设备原价的 2%,租金每年年末支付一次。要求:计算该企业每年应付租金的数额。

解:每年应付租金的数额为:

$$\mathrm{R}=\frac{(500-15)+[500\times(1+10\%)^{5}-500]+500\times2\%}{5}=160.05(\text{万元})$$

(2)等额年金法。等额年金法是将租赁资产在未来各个租赁期内的租金按一定的贴现率予以折现,使其正好等于租赁资产的成本。这种方法下,要将利息率和手续费率综合在一起确定一个租费率,作为贴现率。这种方法考虑了资金的时间价值,结论更具客观性。

在实务中,租金分为先付租金(期初支付,即租金是预付年金)和后付租金(期末支付,即租金是普通年金),现分别介绍。

①先付租金的计算公式:

$$R=\frac{C-S\times(P/F,i,n)}{(P/A,i,n)+1}$$

式中:i——贴现率;其他符号同前。

②后付租金的计算公式:

$$R=\frac{C-S\times(P/F,i,n)}{(P/A,i,n)}$$

【业务实例 4-5】沿用例 4-4 的资料,分别对以下三种情况用等额年金法计算该企业每年应付租金额:

①租费率为 12%,租金在每年年末支付。

②租费率为 12%,租金在每年年初支付。

③租金在每年年末支付,但租赁手续费在租入设备时一次性付清。

解:设三种情况的每年应付租金额分别为 R1,R2,R3,则:

$$R_1=\frac{500-15\times(P/F,12\%,5)}{(P/A,12\%,5)}=\frac{500-15\times0.5674}{3.6048}=136.34(\text{万元})$$

$$R_2=\frac{500-15\times(P/F,12\%,5)}{(P/A,12\%,4)+1}=\frac{500-15\times0.5674}{3.0373+1}=121.74(\text{万元})$$

$$R_3=\frac{500-15\times(P/F,10\%,5)}{(P/A,10\%,5)}=\frac{500-15\times0.6209}{3.7908}=129.44(\text{万元})$$

提示:因为租赁手续费在租入时一次性付清了,所以 R_3 中的贴现率 i 为市场利率。

(五) 融资租赁的优缺点

1. 融资租赁的优点

(1)筹资速度快。租赁往往比借款购置设备更迅速、更灵活。因为租赁是筹资与设备购置同时进行,有助于迅速形成生产能力。

(2)限制条款少。企业运用股票、债券、长期借款等筹资方式,都受到相当多的严格条件的限制，如足够的抵押品、银行贷款的信用标准、发行债券的政府管制等。相比之下，租赁筹资的限制条件较少。

（3）财务风险小。融资租赁与购买的一次性支出相比，能够避免一次性支付的负担，而且租金支出是未来的、分期的，企业无须一次筹集大量资金偿还。

（4）税收负担轻。租金可以在税前扣除，具有抵减所得税效用。

2. 融资租赁的缺点

（1）资本成本较高。融资租赁的资金总额一般要高出设备价值的 30%；租金比债券的利息负担高得多。固定的资金支付构成比较重的财务负担。

（2）不能享有设备残值。

▶ 任务实施

此次任务可以通过如下途径实现：

（1）阅读 A 公司的债务筹资的案例，思考 A 公司可以选择的债务筹资方式有哪些？每种方法的优缺点是什么？

（2）阅读教材理解银行借款、发行债券、租赁的分类与优缺点。

（3）通过文献检索法查找相关公司债务筹资案例加深对债务筹资操作方法与优缺点的理解。

（4）通过小组讨论分析不同类型的公司适合不同方式的债务筹资，分析具体原因，派出代表在课堂上进行汇报分析。

▶ 任务小结

企业通过银行借款、发行债券、融资租赁、商业信用等方式筹集的资金属于企业的负债。由于负债要归还本金和利息，因此成为企业的借入资金或债务资金。银行借款指企业根据借款合同向银行或非银行金融机构借入的需要还本付息的款项。债券是债务人依照法定程序发行的、承诺按约定的利率和日期定期支付利息，并到期偿还本金的书面债务凭证。发行债券是企业筹集负债资金的重要方式之一。租赁是承租方向出租方交付租金，出租方在契约或合同规定的期限内将资产的使用权让渡给承租方的一种经济行为。

任务四　资本成本与资本结构

▶ 任务导入

A 公司的三种筹资方式

A 公司拟筹资 5 000 万元投资一条新的生产线，准备采用组合方式筹资：(1) 向银行借款 1 000 万元，借款年利率为 8%；(2) 按面值发行债券 1 500 万元，债券年利率为 10%，债券发行费用占发行总额的 3%；(3) 按面值发行普通股 2 500 万元，预计第 1 年股利率为 10%，以后每年增长 2%，股票筹资费率为 4%。A 公司企业所得税税率为 25%。预计该项目投产后，每年净收益为 825 万元。

请计算此方案的综合资本成本。

案例来源：原创。

▶ 任务分析

资本成本是企业筹资管理的重要依据，也是影响企业资本结构优化的重要因素之一。企业资本结构优化是结合企业有关情况，分析相关因素的影响，运用一定方法确定最佳资本结构。资本结构优化决策是企业财务决策的核心内容之一，因此选择恰当的筹资方式至关重要。

▶ 知识准备

一、资本成本的概念及计算

(一) 资本成本的概念

资本成本是企业为筹集和使用长期资本而付出的代价。资本成本是在商品经济条件下，资本所有权与资本使用权分离的产物。企业不能无偿使用资本，必须向资本提供者支付一定数量的费用作为补偿，企业筹措和使用资本往往都要付出代价。资本成本是资金使用者对资本所有者转让资本使用权利的价值补偿。资本成本包括筹集费用和用资费用两部分。

1. 筹资费用。筹资费用是指企业在筹集资本过程中，为取得资本而支付的费用。如发行股票或债券的发行费、向银行支付的借款手续费等。筹资费用是在筹资时一次发生的，而在用资过程中不再发生的费用。

2. 用资费用。用资费用是指企业在投资、生产经营过程中因使用资本而支付的费用。如向股东支付的股息、向债权人支付的利息等，这是资本成本的主要内容。用资费用的多少主要取决于投资风险、资本占用时间、筹资数额以及企业财务信誉等。

资本成本可以用绝对数表示，也可以用相对数表示。资本成本用绝对数表示即资本总成本，它是筹资费用和用资费用之和，资本成本也可以用相对数表示，即资本成本率，它是资金占用费与筹资净额的比率，一般情况下，资本成本指资本成本率。其计算公式为：

$$资本成本=\frac{用资费用}{筹资总额-筹资费用}$$

由于筹资费用一般以筹资总额的某一百分比计算，因此，上述计算公式也可表示为：

$$资本成本=\frac{用资费用}{筹资总额\times(1-筹资费率)}$$

知识加油站

筹资费用属于一次性费用，不属于经常性的用资费用，因此一般将其视作筹资总额的一项扣除。

（二）资本成本的作用

资本成本在筹资决策中的作用表现为以下四个方面：

1. 资本成本是影响企业筹资总额的重要因素；

2. 资本成本是企业选择资金来源的基本依据；

3. 资本成本是企业选用筹资方式的参考标准；

微课视频：
资本成本的计算

4. 资本成本是确定最优资金结构的主要参数。

（三）资本成本的计算

1. 个别资金成本

个别资金成本是指各种筹资方式的成本，包括债券成本、银行借款成本、优先股成本、普通股成本和留存收益成本，前两者可统称为负债资金成本，后三者统称为权益资金成本。

（1）银行借款资本成本

银行借款资本成本的计算公式为：

$$K_1=\frac{I_1\times(1-t)}{P_1\times(1-f_1)}=\frac{i_1(1-t)}{1-f_1}$$

式中：K_1——银行借款资本成本；

I_1——银行借款年利息；

P_1——银行借款筹资总额；

t——所得税税率；

f_1——银行借款筹资费率；

i_1——银行借款年利息率。

（2）债券资本成本

债券资本成本的计算公式为：

$$K_2=\frac{I_2(1-t)}{P_2(1-f_2)}=\frac{B\cdot i_2(1-t)}{P_2(1-f_2)}$$

式中：K_2——债券资本成本；

I_2——债券年利息；

P_2——债券筹资总额；

B——债券面值总额

t——所得税税率；

f_2——债券筹资费率；

I_2——债券年利息率。

【业务实例 4-6】某企业按面值发行债券 1 000 万元，筹资费率为 2%，债券票面利率为 8%，每年年末付息，所得税税率为 25%。

要求：计算该债券的资本成本。

解：$K_2=\dfrac{8\%\times(1-25\%)}{1-2\%}=6.12\%$

【业务实例 4-7】某企业发行债券 1 000 万元，面额 1 000 元，按溢价 1 050 元发行，债券票面利率为 8%，每年年末付息，发行费率为 1%，所得税税率为 25%。

要求：计算该债券的资本成本。

解：$K_2=\dfrac{1\ 000\times8\%\times(1-25\%)}{1\ 050\times(1-1\%)}=5.77\%$

(3)优先股资本成本

优先股资本成本的计算公式为：

$$K_3=\frac{D}{P_3(1-f_3)}$$

式中：K_3——优先股资本成本；

D——优先股年股利额；

P_3——优先股筹资总额；

f_3——优先股筹资费率。

【业务实例 4-8】某公司按面值发行 300 万元的优先股，筹资费率为 3%，年股利率为 10%。

要求：计算该优先股的资本成本。

解：$K_3=\dfrac{300\times10\%}{300\times(1-3\%)}=10.31\%$

【业务实例 4-9】某公司发行优先股，每股 15 元，年支付股利 1.8 元，发行费率为 3%。

要求：计算该优先股的资本成本。

解：$K_3=\dfrac{1.8}{15\times(1-3\%)}=12.37\%$

知识加油站

企业破产时，优先股股东的求偿权位于债权人之后，因此优先股股东的风险大于债券持有人的风险，这就使得优先股的股利率一般要大于债券的利率。另外，优先股股利要从净利中支付，不减少公司的所得税。所以，优先股成本通常要高于债券成本。

(4)普通股资本成本

普通股资本成本的计算公式为：

$$K_4=\frac{D_1}{P_4(1-f_4)}+G$$

式中：K_4——普通股资本成本；

D_1——预期第 1 年普通股股利；

P_4——普通股筹资总额；

f_4——普通股筹资费率；

G——普通股年股利增长率。

【业务实例 4-10】某公司发行普通股，发行价每股 12 元，筹资费率为 4%，第一年年末预计每股股利 1 元，以后每年增长 2%。

要求：计算该普通股资本成本。

解：$K_4=\frac{1}{12\times(1-4\%)}+2\%=10.68\%$

知识加油站

资本资产定价模型法

普通股资本成本还可以运用资本资产定价模型法计算。资本资产定价模型的含义为：普通股投资的必要报酬率等于无风险报酬率加上风险报酬率。用公式表示如下：

$$K=R_f+\beta(R_m-R_f)$$

上式中：R_f 表示无风险报酬率；R_m 表示市场投资组合平均收益率；β 表示某公司股票收益率相对于市场投资组合平均收益率的变动幅度。

例如：某股票公司普通股股票的 β 值为 1.4，无风险报酬率为 5%，市场投资组合平均收益率为 10%，该公司普通股资本成本 K=5%+1.4×(10%-5%)=12%。

(5)留存收益资本成本

留存收益资本成本的计算公式为：

$$K_5=\frac{D_1}{P_4}+G$$

式中：K_5——留存收益资本成本；

D_1——预期第 1 年普通股股利；

P_4——普通股筹资总额；

G——普通股年股利增长率。

【**业务实例 4-11**】某公司普通股目前市价为 50 元，本年发放股利为 5 元，以后每年增长 3%。

要求：计算该公司留存收益资本成本。

解：$K_5=\frac{5\times(1+5\%)}{50}+3\%=13.5\%$

2. 综合资本成本

在实际工作中，企业一般不可能只使用某种单一的筹资方式，往往需要从多种渠道、用多种方式来筹集资金，而各种方式的筹资成本是不一样的。为了正确进行筹资和投资决策，就要计算确定企业全部长期资金的总成本——综合资本成本。综合资本成本是以各种资金所占的比重为权数，对各种资金成本进行加权平均计算出来的，也称为加权平均资金成本。其计算公式为：

$$K_W=\sum_{j=1}^{n}K_j\cdot W_j$$

式中：K_w——综合资本成本（加权平均资本成本）；

K_j——第 j 种资金的资本成本；

W_j——第 j 种资金占全部资金的比重。

【**业务实例 4-12**】某企业筹资总额 1 000 万元，其中发行普通股 500 万元，资本成本为 15%；发行债券 300 万元，资本成本为 8%；银行借款 200 万元，资本成本为 7%。

要求：计算加权平均资本成本。

解：第一步，计算各种资金在总资金中所占的比重：

普通股占总资金的比重 $=\frac{500}{1\ 000}\times100\%=50\%$

债券占总资金的比重 $=\frac{300}{1\ 000}\times100\%=30\%$

银行借款占总资金的比重 $=\frac{200}{1\ 000}\times100\%=20\%$

第二步，计算该企业的加权平均资本成本：

$$K_W = 15\% \times 50\% + 8\% \times 30\% + 7\% \times 20\% = 11.3\%$$

上述加权平均资本成本计算中的个别资本成本占全部资本成本的比重，是按照账面价确定的。通常，可供选择的价值形式有账面价值、市场价值、目标价值等。

（1）账面价值权数

账面价值权数，是指以各项个别资本的账面价值为基础来计算资本权数，确定各类资本占总资本的比重。其优点是资料容易取得，可以直接从资产负债表中得到，而且计算结果比较稳定。其缺点是，当债券和股票的市价与账面价值差距较大时，导致按账面价值计算出来的资本成本，不能反映目前从资本市场上筹集资本的现时机会成本，不适合评价现时的资本结构。

（2）市场价值权数

市场价值权数，是指以各项个别资本的现行市价为基础来计算资本权数，确定各类资本占总资本的比重。其优点是能够反映现时的资本成本水平，有利于进行资本结构决策。但现行市价处于经常变动之中，不容易取得，而且现行市价反映的只是现时的资本结构，不适合在未来的筹资决策中使用。

（3）目标价值权数

目标价值权数，是指以各项个别资本预计的未来价值为基础来确定资本权数，确定各类资本占总资本的比重。目标价值是目标资本结构要求下的产物，是公司筹措和使用资金对资本结构的一种要求。

概括来说，以上三种权数分别有利于了解过去、反映现在、预知未来。计算综合资本成本时，如无特殊说明，通常采用账面价值权数。

知识加油站

杠杆原理

杠杆原理是物理学中的概念，财务管理中也存在杠杆效应，表现为：特定费用存在时，当某一财务变量以较小幅度变动时，另一相关财务变量会以较大幅度变动。财务管理中的杠杆效应有三种形式，即经营杠杆、财务杠杆和综合杠杆。

1. 经营杠杆效应

企业在生产经营中会有这么一种现象：在单价和成本水平不变的条件下，销售量的增长会引起息税前利润以更大的幅度增长，这就是经营杠杆效应。经营杠杆效应产生的原因是存在固定成本。

对经营杠杆效应的计量最常用的指标是经营杠杆系数，也称为经营杠杆率(DOL)，指息税前利润的变动率相对于销售量变动率的倍数。其定义公式为：

$$经营杠杆系数(DOL)=\frac{息税前利润变动率}{销售量变动率}=\frac{\frac{\Delta EBIT}{EBIT_0}}{\frac{\Delta x}{x_0}}$$

2. 财务杠杆效应

在资金构成不变的情况下，息税前利润的增长会引起普通股每股利润以更大的幅度增长，这就是财务杠杆效应。财务杠杆效应产生的原因是不变的债务利息和优先股股利。

对财务杠杆效应的计量最常用的指标是财务杠杆系数，也称为财务杠杆率(DOL)，指每股收益的变动率相对于息税前利润的变动率的倍数。其定义公式为：

$$财务杠杆系数(DOL)=\frac{每股收益变动率}{息税前利润变动率}=\frac{\frac{\Delta EPS}{EPS_0}}{\frac{\Delta EBIT}{EBIT_0}}$$

3. 综合杠杆效应

固定的生产经营成本会产生经营杠杆效应，使得销售量的变动引起息税前利润更大幅度的变动。固定的财务成本(债务利息和优先股股利)会产生财务杠杆效应，使得息税前利润的变动引起普通股每股利润以更大幅度变动。对综合杠杆效应计量的主要指标是综合杠杆系数，也称为复合杠杆系数或总杠杆系数(DTL)，是指普通股每股利润的变动率相对于销售量变动率的倍数。其定义公式为：

$$综合杠杆系数(DTL)=\frac{普通股每股利润变动率}{销售量变动率}=\frac{\frac{\Delta EPS}{EPS}}{\frac{\Delta x}{x}}$$

二、资本结构及其优化

(一) 资本结构的概念

资本结构指企业各种来源的长期资本的构成及其比例关系。资本结构的合理性会影响企业资本成本的高低、财务风险的大小以及投资者收益的多少，它是企业筹资决策的核心问题。企业资金来源多种多样，但总的来说可分成权益资本和债务资本两类，资本结构问题主要是负债比率问题，适度增加债务可能会降低企业资本成本，但获取财务杠杆效应带来的利益,同时也会给企业带来财务风险。负债资金具有双重作用,适当利用负债,可以降低企业资本成本,但当企业负债比例太高时,会带来较大的财务风险。

为此,企业必须权衡财务风险和资本成本的关系,确定最优的资本结构。所谓最优资本结构,是指在一定条件下使企业加权平均资本成本最低、企业价值最大的资本结构。从理论上讲,最优资本结构是存在的,但由于企业内部条件和外部环境经常发生变化,寻找最优资本结构十分困难。

(二）资本结构的优化

资本结构的优化目的在于寻求最佳资本结构。确定最佳资本结构的方法有比较综合资本成本法、比较普通股每股利润法和每股收益无差别点法。

1. 比较综合资本成本法

比较综合资本成本法,是当企业对不同筹资方案进行选择时,可以先分别计算各方案的综合资本成本,并根据综合资本成本的高低来确定最佳资本结构。这种方法侧重于从资本投入的角度对筹资方案和资本结构进行优化分析。

采用综合资本成本决策原则:选择综合资本成本低的方案。

【业务实例 4-13】某公司需筹集 100 万元长期资本,可以用贷款、发行债券、发行普通股三种方式筹集,其个别资本成本已分别测定,有关资料如表 4.4-1 所示。帮助企业选择筹资方案。

表 4.4-1　公司资本结构表

筹资方式	资本结构			个别资本成本
	甲方案	乙方案	丙方案	
银行借款	20%	15%	20%	6%
长期债券	30%	30%	20%	8%
普通股	50%	55%	60%	9%
合计	100%	100%	100%	—

解:分别计算三个方案的综合资本成本 K_W:

甲方案:$K_{W1}=6\%\times20\%+8\%\times30\%+9\%\times50\%=8.10\%$

乙方案:$K_{W2}=6\%\times15\%+8\%\times30\%+9\%\times55\%=8.25\%$

丙方案:$K_{W3}=6\%\times20\%+8\%\times20\%+9\%\times60\%=8.20\%$

由以上计算结果可知,$K_{W1}<K_{W3}<K_{W2}$,甲方案的综合资本成本最低,应采用甲方案

筹资。

2. 比较普通股每股利润法

从普通股股东的收益角度来考虑资本结构的优化可以采用比较普通股每股利润法，根据普通股每股利润的高低来确定最佳资本结构。

采用普通股每股利润决策原则：选择普通股每股利润高的方案。

$$普通股每股利润：EPS=\frac{(EBIT-I)\times(1-t)-D}{N}$$

式中：$EBIT$——息税前利润；

I——债务利息；

t——所得税税率；

D——优先股股息；

N——普通股股数。

【业务实例 4-14】某企业计划年初的资本结构如表 4.4-2 所示：

表 4.4-2　资本结构

资金来源	金额(万元)
长期借款(年利率 10%)	200
长期债券(年利率 12%)	300
普通股(5 万股，面值 100 元)	500
合计	1 000

本年度该企业拟增资 200 万元，有两种筹资方案：

A 方案：发行普通股 2 万股，面值 100 元。

B 方案：发行长期债券 200 万元，年利率 13%。

增资后预计计划年度息税前利润可达到 120 万元，所得税税率 25%。

要求：采用比较普通股每股利润法作出决策。

解：普通股每股利润分别为：

$$EPS_A=\frac{(120-200\times10\%-300\times12\%)\times(1-25\%)}{5+2}=6.86(元/股)$$

$$EPS_B=\frac{(120-200\times10\%-300\times12\%-200\times13\%)\times(1-25\%)}{5}=5.7(元/股)$$

由以上计算结果可知,$EPS_A>EPS_B$,选择 A 方案筹资。

3. 每股收益无差别点法(EBIT-EPS 分析法)

每股收益无差别点,是指两种筹资方式下每股收益相等时的息税前利润,这一点是两种资本结构优劣的分界点。根据无差别点,可以分析判断在什么样的息税前利润水平或产销业务量水平下,适于采用何种筹资组合方式,进而确定企业的资本结构。无差别点分析又称 EBIT-EPS 分析。

每股收益无差别点的息税前利润,就是两种筹资方式每股收益相等时的息税前利润。可以用公式表示为:$EPS_1=EPS_2$,即

$$\frac{(EBIT_1-I_1)\times(1-t)-D_1}{N_1}=\frac{(EBIT_2-I_2)\times(1-t)-D_2}{N_2}$$

从上面的等式中解出息税前利润,这个息税前利润就是每股收益无差别点的息税前利润。

决策原则:如果预期的息税前利润大于每股收益无差别点的息税前利润,则运用债务筹资方式;反之,如果预期的息税前利润小于每股收益无差别点的息税前利润,则运用权益筹资方式。

【业务实例 4-15】资料见例 4-12。

要求:请采用每股利润无差别点法作出决策。

解:$EPS_A=\frac{(EBIT-200\times10\%-300\times12\%)\times(1-25\%)}{5+2}$

$EPS_B=\frac{(EBIT-200\times10\%-300\times12\%-200\times13\%)\times(1-25\%)}{5}$

令 $EPS_A=EPS_B$,解得 $EBIT=147$ 万元。此时 $EPS_A=EPS_B=9.75$ 元/股。

因预计的 $EBIT=120$ 万元小于 147 万元,应采用 A 方案筹资。

知识加油站

确定最佳资本结构——公司价值分析法

公司价值分析法是在充分考虑资本成本和财务风险的前提下,测算和比较各种资本结构基础上的公司总价值,从而确定最佳资本结构的方法。与前述的两种方法相比,公司价值分析法全面考虑了公司的财务风险和资本成本等因素对企业价值的影响,以公司价值最大化作为确定最优资本结构的标准,符合现代公司财务管理的基本目标。公司价值分析法的一般包括

以下几个步骤:①测算公司价值;②测算公司资本成本;③公司最佳资本结构的测算与判断。该方法的测算原理及测算过程较为复杂,较多用于上市公司。

▶ 任务实施

此次任务可以通过如下途径实现:

(1)阅读教材理解掌握资本成本的概念及计算,资本结构及其优化。

(2)通过小组讨论分析资本成本与结构内容。

(3)计算综合资本成本:

银行借款资本成本 $=8\%\times(1-25\%)=6\%$

债券资本成本 $=\dfrac{10\%\times(1-25\%)}{1-3\%}=7.73\%$

普通股资本成本 $=\dfrac{2\ 500\times10\%}{2\ 500\times(1-4\%)}+2\%=12.41\%$

综合资本成本 $=6\%\times\dfrac{1\ 000}{5\ 000}+7.73\%\times\dfrac{1\ 500}{5\ 000}+12.41\%\times\dfrac{2\ 500}{5\ 000}=9.724\%$

▶ 任务小结

资本成本是企业为筹集和使用长期资本而付出的代价,是资金使用者对资本所有者转让资本使用权利的价值补偿,包括筹集费用和用资费用两部分。资本结构指企业各种来源的长期资本的构成及其比例关系。所谓最优资本结构,是指在一定条件下使企业加权平均资本成本最低、企业价值最大的资本结构。确定最佳资本结构的方法有比较综合资本成本法、比较普通股每股利润法和每股收益无差别点法。

技能提升训练

▶ 训练目标

确定不同筹资方案对企业资本结构、每股利润有何影响、分别计算相关指标、说明如何确定最佳筹资方式使企业达到最优资本结构。

▶ 实施流程

某公司资本总额500万元,其中普通股股本250万元,每股价格10元,长期借款150万元,年利率8%,优先股股本100万元,年股利率15%,所得税税率25%。公司准备追加筹资500万元,有以下两个方案:

方案一:发行债券500万元,年利率10%,筹资费率2%;

方案二:发行普通股500万元,每股发行价20元。

(1)计算两种筹资方案的每股利润无差别点;

(2)如果该公司预计的息税前利润为160万元,确定最佳的筹资方式;

(3)计算发行债券筹资的资金成本率。(计算结果小数点后保留两位)

思考与练习

一、单选题

1. 相对于负债融资方式而言,采用吸收直接投资方式筹措资金的优点是(　　)。

A. 有利于降低资本成本　　B. 有利于集中企业控制权

C. 有利于降低财务风险　　D. 有利于发挥财务杠杆作用

2. 当股份公司由于破产进行清算时,优先股的索赔权应位于(　　)的持有者之前。

A. 债券　　B. 商业汇票　　C. 借据　　D. 普通股

3. 相对于发行债券和利用银行借款购买设备而言,通过融资租赁方式取得设备的主要缺点是(　　)。

A. 限制条款多　　B. 筹资速度慢　　C. 资本成本高　　D. 财务风险大

4. 在不考虑筹款限制的前提下,下列筹资方式中个别资本成本最高的通常是(　　)。

A. 发行普通股　　B. 留存收益筹资　　C. 长期借款筹资　　D. 发行公司债券

5. 公司股票价格为 25 元/股,筹资费率 6%,刚刚支付的每股股利为 2 元,股利固定增长率 2%,则企业留存收益的资本成本为(　　)。

A. 10. 16%　　B. 10%　　C. 8%　　D. 8. 16%

6. 优先股和债券的相同点是(　　)。

A. 没有到期日　　B. 公司需向投资者支付固定报酬

C. 不需要偿还本金　　D. 股利在税后支付

7. 采用销售法百分比法预测资金需要量时,下列项目中被视为不随销售收入变动而变动的是(　　)。

A. 现金　　B. 应付账款　　C. 存货　　D. 公司债券

8. 在计算资本成本时,与所得税有关的资金来源是(　　)。

A. 普通股　　B. 优先股　　C. 银行借款　　D. 留存收益

9. 债券的资本成本率一般低于股票的资本成本率,其主要原因是(　　)。

A. 债券的筹资费用较少　　B. 债券的发行量少

C. 债券的利息率固定　　D. 债券利息在税前支付

10. 企业在选择筹资渠道时,一般首要考虑的因素是(　　)。

A. 企业类型　　B. 偿还方式　　C. 融资期限　　D. 资金成本

二、多选题

1. 债券共有的要素为(　　)。

A. 面值　B. 期限　C. 担保　D. 利率

2. 企业筹集资金应遵循的原则包括(　　)。

A. 规模适当的原则　B. 守法原则

C. 来源合理原则　D. 资本结构优化的原则

3. 下列(　　)属于企业留存收益。

A. 法定盈余公积金　B. 任意盈余公积金

C. 资本公积金　D. 未分配利润

4. 影响融资租赁每期租金的因素是(　　)。

A. 设备价款　B. 融资成本　C. 租赁手续费　D. 租金支付方式

5. 下列项目中,属于资本成本中筹资费用内容的是(　　)。

A. 借款手续费　B. 债券发行费　C. 债券利息　D. 股利

6. 计算综合资本成本时的权数,可选(　　)。

A. 账面价值　B. 票面价值　C. 市场价值　D. 目标价值

7. 负债资金在资本结构中产生的影响是(　　)。

A. 降低企业资本成本　B. 具有财务杠杆作用

C. 加大企业财务风险　D. 分散股东控制权

8. 影响优先股成本的主要因素有(　　)。

A. 优先股股利　B. 优先股总额

C. 优先股筹资费率　D. 企业所得税税率

9. 在长期个别资本成本中,具有抵税效应的筹资方式包括(　　)。

A. 普通股　B. 优先股　C. 银行借款　D. 发行债券

10. 常用的资本结构决策方法有(　　)。

A. 比较综合资本成本法　B. 比较普通每股利润法

C. 无差别点分析法　D. 综合杠杆系数法

三、判断题

1. 负债资金会带来财务风险,因此,企业在筹资时应该尽量通过权益资金渠道与方式筹集资金。(　　)

2. 企业通常可以委托银行为其发行股票或债券筹资，因此，股票或债券筹资属于间接筹资方式。(　　)

3. 融资租赁中，当租赁手续费是租赁开始一次付清的，即各期租金不含手续费时，租费率与租金利息率相同。(　　)

4. 为了便于分析，资本成本一般用相对数即资本成本率来表示，它是资金占用费与筹资额的比率。(　　)

5. 从理论上讲，最优资本结构是存在的，但由于企业内部条件和外部环境经常发生变化，寻找最优资本结构十分困难。(　　)

6. 资本成本与资金时间价值是既有联系，又有区别。(　　)

7. 在个别资本成本一定的情况下，企业综合资本成本的高低取决于资金总额。(　　)

8. 根据资金筹资的及时性原则，企业应尽早地筹资生产所需的资金，以免影响生产经营正常进行。(　　)

9. 留存收益是企业经营中的内部积累，这种资金不是向外界筹措的，因此不存在资本成本。(　　)

10. 债券利息和优先股股利都作为财务费用在所得税前支付。(　　)

四、计算题

1. 某公司为扩大经营规模，融资租入一台机器，该机器的市价为 522 万元，设备运抵公司过程中租赁公司支付运费以及保险费共计 26 万元，租期为 10 年，租赁公司的融资成本为 65 万元，租赁手续费为 20 万元。租赁公司确定的租费率为 16%。求：

(1) 租金总额；

(2) 如果租金每年年初等额支付，则每期租金为多少？

(3) 如果租金每年年末等额支付，则每期租金为多少？

2. 某企业年初的资本结构如下所示：

资金来源	金额
长期债券(年利率 6%)	500 万元
优先股(年股利率 10%)	100 万元
普通股(8 万股)	400 万元
合计	1 000 万元

普通股每股面值 50 元，今年期望每股股利 5 元，预计以后每年股利率将增长 2%，

发行各种证券的筹资费率均为1%,该企业所得税税率为25%。

该企业拟增资500万元,有两个备选方案:

方案一:发行长期债券500万元,年利率为8%,此时企业原普通股每股股利将增加到6元,以后每年的股利率仍可增长2%。

方案二:发行长期债券200万元,年利率为7%,同时以每股60元的价格发行普通股300万元,普通股每股股利将增加到5.5元,以后每年的股利率仍将增长2%。

求:

(1)计算该企业年初综合资本成本。

(2)分别计算方案一、方案二的综合资本成本。

3. 某公司目前资本结构为:总资本1 000万元,其中债务资本400万元(年利息40万元);普通股资本600万元(600万股,面值1元,市价5元)。企业由于有一个较好的新投资项目,需要追加筹资300万元,有两种筹资方案:

甲方案:向银行取得长期借款300万元,利息率16%。

乙方案:增发普通股100万股,每股发行价3元。

根据财务人员测算,追加筹资后销售额有望达到1 200万元,变动成本率60%,固定成本为200万元,所得税率20%,不考虑筹资费用因素。用每股收益无差别点法,判断采用哪种筹资模式。

项目五
中小企业项目投资管理

▶ 学习目标

（一）知识目标

1. 了解项目投资的概念、类型及项目投资决策的程序；
2. 了解现金流量的含义及构成内容，掌握现金流量的计算方法；
3. 掌握各种贴现与非贴现指标的含义、特点及计算方法；
4. 能够运用贴现和非贴现指标为项目投资作出评价。

（二）能力目标

1. 能计算项目现金流量；
2. 会计算项目投资决策指标；
3. 能灵活地运用不同的投资决策方法。

▶ 学习任务

任务一　估算项目投资现金流量；

任务二　计算项目投资决策指标；

任务三　运用项目投资决策方法。

任务一　估算项目投资现金流量

▶ 任务导入

星源公司现金流量

星源公司拟构建一项固定资产,需要在建设起点一次投入全部资金 1 200 万元,按照直线法计提折旧,使用寿命 10 年,期末有 200 万元的残值。建设期为一年。投入使用后,每年可增加营业收入 800 万元,每年增加付现成本 400 万元,中小企业所得税税率为 25%。

请思考:如何测算星源公司该项目各年现金流量?

案例来源:原创。

▶ 任务分析

投资项目的现金流量是指投资项目从筹建、设计、施工、正式投产使用到报废为止的整个期间内引起的现金流入和现金流出的数量,是评价项目投资经济效益的基础数据。按照现金流动的方向,可将项目投资的现金流量分为现金流入量、现金流出量和净现金流量。计算该任务的现金流量,就要分别计算其现金流入量、现金流出量和净现金流量。具体如何计算,从下面的知识学起。

▶ 知识准备

一、项目投资的含义及程序

(一) 含义

项目投资是一种以特定项目为对象,直接与新建项目或更新改造项目有关的长期投资行为。项目投资主要分为新建项目和更新改造项目。新建项目是以新建生产能力为目的的外延式扩大再生产,按其涉及内容又可细分为单纯固定资产投资项目和完整工业投资项目。更新改造项目是以恢复或改善生产能力为目的的内涵式扩大再生产。与其他形式投资相比,项目投资具有投资金额大、影响时间长、变现能力差和投资风险大等特点。

因此,项目投资必须严格遵守相应投资程序。

(二)程序

项目投资一般要经过以下四个步骤:

1. 项目投资的提出

中小企业投资项目一般由项目提出者以报告形式上报管理当局,以便他们研究和选择。管理当局会从各种投资方案中进行初步的筛选、分类和排序,同时结合中小企业的长期目标和具体情况,制订初步投资计划。对投资规模大,所需资金较多的战略性项目,应由董事会提议,由专家组提出方案并进行可行性分析。投资规模较小,投资金额不大的战术性项目可由主管部门提议,由相关部门组织人员提出方案并进行可行性研究。

2. 项目投资的可行性分析

中小企业初步投资计划可能有多个,各投资项目之间也会受到资金、技术、环境、人力等的限制。这就要求对投资项目进行可行性分析,主要有三个方面:

(1)技术上,要考虑所投项目技术是否先进、能否取得、能否实施、能维持多长时间,同时还要考虑项目本身在设计、施工等方面的具体要求。

(2)财力上,先预测资金的需要量,再看有无足够资金支持。如果资金不足,能否及时筹措到所需资金,这是投资项目运行的前提。

(3)经济上,要考虑项目投产后产品销路如何,能增加多少销售收入,为此发生多少成本和费用,能获得多少利润,有多大风险,整个方案在经济上是否合理等。

除对以上三个方面进行分析外,还要考虑项目的其他相关因素。如所在地区的自然资源、水电、交通、通信等协作条件是否满足项目需要,所需工人、技术人员、管理人员能否达到要求,项目实施后对环境是否会造成不良影响等。应当指出,对项目投资的可行性分析依赖于对项目有关资料的收集和有关情况的预测,要尽可能收集与项目有关的资料,才能进行科学的分析,作出正确的评价。

微课视频:
项目投资概述

3. 项目投资的决策评价

项目是否能够实施取决于中小企业管理当局的决策评价结果。决策者要综合技术人员、财务人员、市场研究人员等的评价结果,集思广益,全面考核,最后作出是否采纳和采纳哪一个项目的决定。

财务人员的评价依据和评价方法,主要是计算项目的现金流量和以现金流量为基础计算各种评价指标,根据评价指标结果对项目进行评价。

4. 项目投资的实施

项目批准或采纳后,要筹集资金并付诸实施。大项目一般交由提出部门或由原设计人员组成的专门小组,由其负责拟订具体的实施计划并负责具体实施。有关方面如财务、技术要密切配合,保证投资项目保质、保量完成。项目投产后要严格管理,保证实现预期收益。

二、项目计算期

项目计算期是指投资项目从投资建设开始到最终清理结束的全部时间,用 n 表示。项目计算期通常以年为单位,第 0 年称为建设起点,若建设期不足半年,可假定建设期为零;项目计算期最后一年——第 n 年称为终结点,可假定项目最终报废或清理均发生在终结点。

项目计算期包括建设期和生产经营期,从项目投产日到终结点的时间间隔称为生产经营期。

项目计算期=建设期+经营期

三、现金流量的估算

(一) 现金流量的含义

1. 现金流量的含义

现金流量是指投资项目在其计算期内因资金循环而引起的现金流入和现金流出增加的数量。这里的“现金”是广义的现金,它不仅包括各种货币资金,还包括项目所需要投入的中小企业现有的非货币资源的变现价值。例如,一个投资项目需要使用原有的厂房、设备和材料的变现价值等。现金流量,受资金时间价值的影响,一定数额现金在不同时间点的价值是不同的。因此,研究现金流量及其发生的期间对正确评价投资项目的效益有着重要的意义。

知识加油站

财务管理中的现金流量与财务会计中的现金流量表的现金流量，无论在具体构成内容还是在计算口径上都存在一定的差异，不可混淆。

2. 确定现金流量假设

由于项目投资的现金流量的确定是一项很复杂的工作，为了便于确定现金流量的具体内容，简化现金流量的计算过程，本书作以下假设：

(1)全投资假设

假设在确定项目现金流量时，只考虑全部投资运行情况，不论自有资金还是借入资金等具体形式的现金流量，都将其视为自有资金。

(2)财务可行性分析假设

假设投资决策是从中小企业投资者的立场出发，投资决策者确定现金流量就是为了进行项目财务可行性研究，那么该项目已经具备国民经济可行性和技术可行性。

(3)建设期投入全部资金假设

项目的原始投资额不论是一次投入还是分次投入，均假定它们是在建设期内投入的。

(4)项目投资的经营期与折旧年限一致假设

假设项目主要固定资产折旧年限或使用年限与其经营年限相同。

(5)时点指标假设

为了便于利用货币时间价值，假设现金流量的具体内容所涉及的价值指标，不论是时点指标还是时期指标，均按照年初或年末的时点处理。其中，建设投资在建设期内有关年度的年初发生；垫支的流动资金在建设期的最后一年年末即经营期的第一年年初发生；项目最终报废或清理(中途出售项目除外)、回收流动资金发生在经营期的最后一年年末。

趣味动画：项目现金流量的构成

(6)确定性假设

假设与项目现金流量估算有关的价格、产销量、成本水平、所得税等因素均为已知常数。

(二) 现金流量的构成

现金流量包括现金流入量、现金流出量和现金净流量。

1. 现金流入量

现金流入量是指投资项目实施后在项目计算期内所引起的中小企业现实货币资金的增加额,简称现金流入。其主要包括以下内容:

(1)营业收入

营业收入是指项目投产后每年实现的全部营业收入。为简化计算,假定正常经营年度内,每期发生的赊销额与回收的应收账款大致相等。营业收入是经营期主要的现金流量项目。

(2)固定资产的余值

固定资产的余值是指投资项目的固定资产在终结报废清理时的残值收入或中途转让时的变价收入。

(3)回收流动资金

回收流动资金是指投资项目在项目计算期结束时,收回原来投入在各种流动资产上的营运资金。固定资产的余值和回收流动资金统称为回收额。

(4)其他现金流入量

其他现金流入量是指以上三项指标以外的现金流入项目。

2. 现金流出量

现金流出量是指投资项目实施后在项目计算期内所引起的中小企业现金流出的增加额,简称现金流出。其主要包括以下内容:

(1)建设投资(含更改投资)

建设投资是指在建设期内按一定生产经营规模和建设内容进行的固定资产投资、无形资产和开办费投资等项投资的总称。它是建设期发生的主要现金流出。其中,固定资产投资包括固定资产的购置成本或建造成本、运输成本和安装成本等。

(2)垫支的流动资金

垫支的流动资金是指投资项目建成后为开展正常经营活动而投放在流动资产(存货、

应收账款等)上的营运资金。

建设投资与垫支的流动资金合称为项目的原始总投资。

(3)经营成本(或付现成本)

经营成本是指在经营期内为满足正常生产经营而需要用现金支付的成本,包括外购原材料、燃料及动力费、工资及福利费、修理费、其他付现费用。它是生产经营期内最主要的现金流出量。其计算公式如下:

付现成本=变动成本+付现的固定成本=总成本-折旧额(及摊销额)

(4)各项税款

各项税款是指项目投产后依法缴纳的,单独列示的税款,包括所得税等。

(5)其他现金流出量

其他现金流出量指不包括在以上内容中的现金支出项目。

3. 现金净流量

现金净流量是指投资项目在项目计算期内现金流入量和现金流出量之间的净额。它是计算项目投资决策评价指标的重要依据。现金净流量具有以下两个特征:第一,无论是在经营期内还是在建设期内都存在现金净流量;第二,由于项目计算期不同阶段上的现金流入和现金流出发生的可能性不同,使得各阶段上的现金净流量在数值上表现出不同的特点:建设期内的现金流量一般小于零或等于零;经营期内的现金净流量则多为正值。由于投资项目的计算期超过了 1 年,且资金在不同的时间具有不同的价值,所以本章所论述的现金净流量是以年为单位。

现金净流量的计算公式为:

现金净流量(NCF)=年现金流入量-年现金流出量

知识加油站

不同时间点的现金流量构成

从其产生的时间上看,投资项目的现金流量一般由初始现金流量、营业现金流量和终结现金流量三部分构成。

1. 初始现金流量。初始现金流量是指为使投资项目建成并投入使用而发生的有关现金流量,是项目的投资支出。

2. 营业现金流量。营业现金流量是指项目投入运行后,在整个经营寿命期间内因生产经营活动而产生的现金流量。

年营业现金净流量=年销售收入-付现成本-所得税

3. 终结现金流量。终结现金流量是指投资项目终结时所发生的各种现金流量。

(三) 现金流量的估算

1. 现金流入量估算

(1)营业收入估算

营业收入的估算是按照项目在经营期内有关产品的各年预计单价和预计销量进行估算。按总价法核算现金折扣和销售折让的情况下,营业收入是指不包括折扣和折让的净额。作为经营期现金流量的主要项目,本应按当期现销收入与回收前期应收账款的合计数确认。但为了简化计算,假定正常经营年度内每期发生的赊销额与上期回收的应收账款大体相当,当年的营业收入视同全部收现。

(2)回收固定资产余值估算

回收固定资产余值的估算主要有以下几种情况:

①由于已经假设固定资产的折旧年限等于生产经营期,因此,对于建设项目来说,只要按主要固定资产的原值乘以其法定净残值率即可估算出在终结点发生的回收固定资产余值。

②在生产经营期内提前回收的固定资产余值可根据其预计净残值估算。

③对于更新改造项目,往往需要估算两次资产余值:第一次估算在建设起点发生的回收余值(即根据提前变卖的旧设备可变现净值来确认);第二次依照建设项目的办法估算终结点发生的回收余值。

(3)回收流动资金估算

假定在经营期内不发生提前回收流动资金,则在终结点一次回收的流动资金应等于各年垫支的流动资金投资额合计数。

2. 现金流出量估算

(1)建设投资估算

建设投资估算包括固定资产投资、无形资产投资等。固定资产投资主要应当根据项目规模和投资计划所确定的各项建筑工程费用、设备购置成本、安装工程费用和其他费用来估算。

对于无形资产投资和开办费,应根据需要和可能,逐项按有关的资产评估方法和计价标准进行估算。

(2)流动资金投资的估算

流动资金投资的估算主要是估算当年流动资金需要增加的金额。根据与项目有关的经营期内每年流动资产需要额和该年流动负债需要额的差来确定本年流动资金需要额,用本年流动资金需要额减去截止到上年末的流动资金占用额(即以前年度已经投入的流动资金累计数)确定本年的流动资金增加额。为了简化分析,本章节假定在建设期期末已将全部流动资金投资筹措到位并投入新建项目。

(3)经营成本(付现成本)估算

与项目有关的某年经营成本等于当年的总成本费用(含期间费用)扣除当年的折旧额、无形资产等的摊销额,以及财务费用中的利息支出等项目后的差额。总成本费用中包含了一部分非现金流出的内容,大多与固定资产、无形资产和开办费等长期资产的价值转移有关,不需要动用货币资金。在全投资假设下,支付给债权人的利息与支付给所有者的利润一样,不作为现金流出量的内容。

知识加油站

经营成本具体包括:外购材料成本、燃料和动力费、工资及福利费、修理费、应交的营业税金及附加等。营业税金及附加主要包括城建税、教育费附加等与营业活动有关的税收支出。由于城建税和教育费附加等项目是附加在应交的消费税和增值税基础上,所以当中小企业在计算现金流入流出时若考虑增值税销项和进项的影响,则通常要计算城建税和教育费附加等营业税金及附加的现金流出,应交的城建税和教育费附加分别等于应交的消费税和增值税之和与适用税率的乘积。

(4)各项税款估算

在进行项目投资决策时,在税收项目上通常只估算中小企业所得税。如果在确定现金流入量时,已将增值税销项税额与进项税额之差列入“其他现金流入量”项目,则本项目内容中应当包括应交增值税,否则,就不包括这一项。

3. 现金净流量估算

现金净流量的估算通常包括建设期现金净流量和经营期现金净流量的估算。经营期现金净流量的估算又分经营期间现金净流量估算和经营期终结点现金净流量估算。

(1)建设期现金净流量的计算

现金净流量=-该年投资额

由于建设期没有现金流入量,建设期内现金净流量总为负值。建设期现金净流量还取决于投资额的投入是一次投入还是分次投入,若投资额是在建设期一次全部投入的,上述公式中的该年投资额就是原始投资额。

(2)经营期营业现金净流量的计算

生产经营期营业现金净流量是指项目投产后,在经营期内由于生产经营活动而产生的现金净流量。其计算公式如下:

现金净流量=营业收入-付现成本

=营业收入-(总成本-非付现成本)

=利润+非付现成本

非付现成本主要是固定资产年折旧费用、长期资产摊销费用、资产减值准备等。

(3)经营期终结现金净流量的计算

生产经营期终结现金净流量是指投资项目在项目计算期结束时所发生的现金净流量。其计算公式为:

终结现金净流量=回收额

由于现金净流量的计算通常以年为单位,所以经营期最后一年的现金净流量由经营活动创造的现金净流量和终结点的现金净流量组成,因此,可以把终结点的现金净流量计算公式写成:

终结点现金净流量=最后一年营业现金净流量+回收额

4. 现金流量估算应注意的问题

在确定现金项目投资现金流量时,应遵循的基本原则是:只有增量现金流量才是与投资项目相关的现金流量。增量现金流量是指由于接受或放弃某个投资项目所引起的现金变动部分。由于采纳某个投资方案引起的现金流入增加额,才是该方案的现金流入;同理,某个投资方案引起的现金流出增加额,才是该方案的现金流出。为了正确估算投资项目的增量现金流量,要注意以下几个问题。

(1)沉没成本

沉没成本是过去发生的支出,而不是新增成本。这一成本是由于过去的决策所引起的,对中小企业当前的投资决策不产生任何影响。

(2)机会成本

在投资决策中,如果选择了某一投资项目,就会放弃其他投资项目,其他投资机会可能取得的收益就是本项目的机会成本。机会成本不是实际发生的支出或费用,而是一种潜在的放弃的收益。在投资决策过程中考虑机会成本,有利于全面分析评价所面临的各个投资机会,以便选择经济上最为有利的投资项目。

(3)公司其他部门的影响

一个项目建成后,该项目会对公司的其他部门和产品产生影响,这些影响所引起的现金流量变化应计入项目现金流量。

(4)对净营运资金的影响

一个新项目投产后,存货和应收账款等流动资产的需求随之增加,同时应付账款等流动负债也会增加。这些与项目相关的新增流动资产与流动负债的差额即净营运资金应计入项目现金流量。

【业务实例 5-1】某项目投资总额为 150 万元,其中固定资产投资 110 万元,建设期为 2 年,于建设起点分 2 年平均投入。无形资产投资 20 万元,于建设起点投入。流动资金投入 20 万元,于投产开始垫付。该项目经营期 10 年,固定资产按直线法计提折旧,期满有 10 万元净残值;无形资产于投产开始分 5 年平均摊销;流动资金在项目终结时可一次全部收回,另外,预计项目投产后,前 5 年每年可获得 40 万元的营业收入,并发生 38 万元的总成本;后 5 年每年可获得 60 万元的营业收入,发生 25 万元的变动成本和 15 万元的付现固定成本。不考虑所得税。

要求:计算该项目投资在项目计算期内各年的现金净流量。

趣味动画:
什么是机会成本

解:(1)建设期内现金净流量:

NCF_0=-550 000-200 000=-750 000(元)

NCF_1=-550 000(元)

NCF_2=-200 000(元)

(2)生产经营期现金净流量:

$$固定资产折旧=\frac{1\ 100\ 000-100\ 000}{10}=100\ 000(元)$$

$$无形资产摊销=\frac{200\ 000}{5}=40\ 000(元)$$

NCF_{3-7}=400 000-380 000+100 000+40 000=160 000(元)

或=400 000-(380 000-100 000-40 000)= 160 000(元)

NCF_{8-11}=600 000-250 000-150 000=200 000(元)

(3)终结点的现金净流量:

NCF_{12}=200 000+200 000+100 000=500 000(元)

该项目的现金净流量的计算如表 5.1-1 所示。

表 5.1-1　项目现金净流量计算表

单位:万元

项目计算期	建设期			经营期									
	0	1	2	3	4	5	6	7	8	9	10	11	12
固定资产投资	-55	-55											
无形资产投资	-20												
流动资金投资			-20										
营业收入				40	40	40	40	40	60	60	60	60	60
营业总成本				38	38	38	38	38					
变动成本									25	25	25	25	25
付现固定成本									15	15	15	15	15
折旧				10	10	10	10	10	10	10	10	10	10
无形资产摊销				4	4	4	4	4					
回收额													30

（续表）

项目计算期	建设期			经营期									
	0	1	2	3	4	5	6	7	8	9	10	11	12
营业利润				2	2	2	2	2	10	10	10	10	10
营业净现金流量	-75	-55	-20	16	16	16	16	16	20	20	20	20	50

【业务实例 5-2】某中小企业拟更新一套尚可使用 5 年的旧设备。旧设备原价 170 000 元，账面净值 60 000 元，期满残值 10 000 元，目前旧设备变价净收入 60 000 元。旧设备每年营业收入 200 000 元，付现成本 164 000 元。新设备投资总额 300 000 元，可用 5 年，使用新设备后每年可增加营业收入 60 000 元，并降低付现成本 24 000 元，期满残值 30 000 元。不考虑所得税。

要求：计算（1）新旧方案的各年现金净流量；

（2）更新方案的各年差量现金净流量。

解析：

（1）继续使用旧设备的各年现金净流量：

NCF_0＝－60 000（元）（变价净收入为机会成本）

NCF_{1-4}＝200 000－164 000＝36 000（元）

NCF_5＝36 000＋10 000＝46 000（元）

采用新设备的各年现金流量：

NCF_0＝－300 000（元）

NCF_{1-4}＝200 000＋60 000－（164 000－24 000）＝120 000（元）

NCF_5＝120 000＋30 000＝150 000（元）

（2）更新改造方案的各年差量现金净流量：

$\triangle NCF_0$＝－300 000－（－60 000）＝－240 000（元）

$\triangle NCF_{1-4}$＝120 000－36 000＝840 000（元）

$\triangle NCF_5$＝150 000－46 000＝104 000（元）

该更新的差量现金净流量计算如表 5.1-2 所示。

表 5.1-2　更新方案差量现金净流量计算表

单位:万元

项目计算期	0	1	2	3	4	5
新设备的原始投资额	-30					
旧设备的变现净收入(机会成本)	6					
△营业收入		6	6	6	6	6
△付现成本		-2.4	-2.4	-2.4	-2.4	-2.4
△残值						2
△营业现金净流量	-24	8.4	8.4	8.4	8.4	10.4

5. 考虑所得税与折旧因素的现金流量

在前面的论述中,我们所讨论的现金流量都没有考虑所得税因素。但实际上所得税对中小企业来说是一种现金流出,由利润和税率决定,而利润大小又受折旧的影响。因此,讨论所得税对现金流量的影响时,必然要考虑折旧问题。

(1)税后收入和税后成本

当中小企业销售产品收到现金后,要向国家缴纳一定的中小企业所得税,因此,最后真正流入中小企业的资金并不等于收到的现金,应是收入扣除上交的中小企业所得税之后部分,即税后收入。税后收入的计算公式为:

税后收入=应税收入金额×(1-所得税税率)

相应的中小企业发生的付现成本也不是中小企业真正流出的现金,因为费用发生后可以在中小企业所得税前扣除,减少中小企业所得税流出的现金量,因此,付现成本真正从中小企业流出的现金是税后成本。税后成本的计算公式为:

税后成本=实际支付额×(1-所得税税率)

(2)折旧的抵税作用

中小企业计提折旧会引起成本费用增加,利润减少,从而使所得税减少。折旧是中小企业的成本,是不用付现的成本,计提折旧不会使中小企业流出现金,相反,计提折旧可以减少所得税支出,折旧具有节税作用,也就减少了中小企业的现金流出,增加现金净流量。减少的现金流出可视为现金流入。折旧抵税的公式为:

折旧抵税额(税负减少)=折旧额×所得税税率

例如中小企业计提折旧 10 000 元,其他因素不变,所得税税率为 25%。由于中小企业增加了折旧 10 000 元，使利润减少了 10 000 元，减少所得税 2 500 元（10 000×25%），现金净流量增加了 2 500 元。

（3）税后现金净流量

①建设期现金净流量

考虑了所得税之后，建设期现金净流量的计算要根据具体项目不同分别考虑，如果是新建项目，则所得税对现金净流量没有影响。

建设期现金净流量=-该年投资额

如果是更新改造项目，项目建设现金净流量计算要考虑旧固定资产的变价收入和固定资产清理损益的所得税影响。

②经营期营业现金净流量

在考虑所得税因素后，经营期营业现金净流量的计算可按下列方法计算：

经营期营业现金净流量=营业收入-付现成本-所得税

=营业收入-（总成本-非付现成本）-所得税

=（营业收入-总成本）×（1-所得税税率）+非付现成本

=利润总额×（1-所得税税率）+非付现成本

=净利润+非付现成本

或：经营期营业现金净流量=（营业收入-总成本）×（1-所得税税率）+非付现成本

=营业收入×（1-所得税税率）-付现成本×（1-所得税税率）-非付现成本×（1-所得税税率）+非付现成本

=税后收入-税后成本+非付现成本抵税额

③终结点现金净流量

终结点现金净流量=终结期营业现金净流量+固定资产残值收入（或变价收入）+垫支营运资金回收额

【业务实例 5-3】某中小企业打算出售一台尚可使用 10 年的设备，另购置一台新设备来替换它。旧设备账面净值为 53 万元，预计净残值 3 万元，目前变价净收入为 10 万元。利用旧设备中小企业每年发生营业收入 90 万元，付现成本 60 万元。新设备的投资额为 120 万元，可使用 10 年，预计 10 年后残值为 20 万元。使用新设备后，预期每年的净利润可达 30 万元。该中小企业的中小企业所得税税率为 25%。

要求计算：

（1）更新设备和继续使用旧设备方案各年现金净流量；

（2）更新设备方案的各年差量现金净流量。

解：旧设备的账面净值=53（万元）

旧设备出售净损失=53-10=43（万元）　［资产处置损失］

损失抵税=43×25%=10.75（万元）　［属于现金流入］

继续使用旧设备投资额=10+10.75=20.75（万元）［机会成本］

购买新设备增加的投资额=120-20.75=99.25（万元）

（1）新设备方案各年现金净流量：

新设备的年折旧额$=\dfrac{120-20}{10}=10$（万元）

$NCF_{新1-9}=30+10=40$（万元）

$NCF_{新10}=40+20=60$（万元）

旧设备方案各年现金净流量：

旧设备的年折旧额$=\dfrac{53-3}{10}=5$（万元）

$NCF_{旧1-9}=90\times(1-25\%)-60\times(1-25\%)+5\times25\%=23.75$（万元）

$NCF_{旧10}=23.75+3=26.75$（万元）

（2）新、旧设备差量现金净流量：

$\triangle NCF_0=-120-(-20.75)=-99.25$（万元）

$\triangle NCF_{1-9}=40-23.75=16.25$（万元）

$\triangle NCF_{10}=60-26.75=33.25$（万元）

▶ 任务实施

此次任务可以通过如下途径实现：

（1）计算该项目的项目计算期

项目计算期=建设期+经营期=1+10=11（年）

（2）计算经营期固定资产折旧

折旧=（1 200-200）/10=10（万元）

(3)计算各年现金净流量

$NCF_0=-1\ 200$(万元)

$NCF_1=0$

$NCF_2-10=800\times(1-25\%)-400\times(1-25\%)+100\times25\%=325$(万元)

$NCF_{11}=325+200=525$(万元)

▶ 任务小结

现金流量是指投资项目在其计算期内因资金循环而引起的现金流入和现金流出增加的数量。包括现金流入量、现金流出量和现金净流量。现金流入量是投资项目实施后在项目计算期内所引起的企业现金收入的增加额,包括营业收入、固定资产的余值和回收流动资金及其他现金流入量。现金流出量是投资项目实施后在项目计算期内所引起的中小企业现金流出的增加额,包括建设投资、垫支的流动资金、经营成本、各项税款及其他现金流出量。现金净流量是投资项目在项目计算期内现金流入量和现金流出量之间的净额,现金净流量可分为建设期内的现金净流量、经营期营业现金净流量和经营期终结现金净流量。

建设期现金净流量的计算:现金净流量=-该年投资额

经营期营业现金净流量的计算:

现金净流量=年现金流量-年现金流出量

=税后利润+非付现成本

=营业收入-付现成本-所得税

=营业收入×(1-所得税税率)-付现成本×(1-所得税税率)+折旧×所得税税率

终结点现金净流量=最后一年营业现金净流量+回收额

任务二　计算项目投资决策指标

▶ 任务导入

A 公司项目投资决策怎么做?

假设你是 A 公司的老板,公司的经营状况良好,营业额每年翻一番,现财务部经理不断向你提出建议:应该扩大生产规模。具体方案:拟投资 180 万元添置一项生产设备,购买后即可投入使用。该设备预计使用寿命为 5 年,采用直线法计提折旧,使用期满报废时无残值。设备投产后每年可带来营业收入 200 万元,营业成本 140 万元,所得税税率 25%。企业的资金成本率为 10%。

请思考:

(1)该项目投资决策的依据是什么?

(2)该投资方案是否可行?

资料来源:原创。

▶ 任务分析

项目能否实施取决于企业管理当局的决策评价结果。决策者要综合技术人员、财务人员、市场研究人员等的评价结果,集思广益,全面考核,最后作出是否采纳和采纳哪一个项目的决定。财务人员的评价依据和评价方法,主要是计算项目的现金流量和以现金流量为基础计算的各种评价指标。项目投资决策指标是衡量和比较投资项目可行性并据以进行方案决策的定量化标准与尺度,它由一系列综合反映投资效益、投入产出关系的量化指标构成。掌握具体的计算方法,从学习下面的知识开始。

▶ 知识准备

为了客观、科学地分析评价各种投资方案是否可行,一般应使用不同的指标,从不同角度反映投资方案的可行性。项目投资决策评价指标是衡量和比较投资项目可行性并据以进行方案决策的定量化标准与尺度，它由一系列综合反映投资收益、投入产出关系的量化指标构成。

一、项目投资决策评价指标的分类

项目投资决策评价指标按不同的标准可分为不同的种类。

（一）非贴现指标和贴现指标

根据是否考虑资金的时间价值，可分为静态指标和动态指标。静态指标也称为非贴现指标，是指在计算过程中不考虑资金时间因素的指标，包括投资收益率和静态投资回收期。动态指标也称为贴现指标，是指在计算过程中考虑资金时间价值的指标，包括净现值、净现值率、现值指数和内含报酬率等指标。

（二）正指标和反指标

根据指标的性质分为正指标和反指标。正指标是指在一定范围内越大越好的指标，越小越好的指标称为反指标。只有投资回收期属于反指标，其他指标都属于正指标。

（三）主要指标和辅助指标

根据指标在决策中的重要性，可分为主要指标和辅助指标。净现值、内含报酬率等指标是主要指标，投资回收期和投资利润率等是辅助指标。

二、非贴现指标

（一）投资利润率

投资利润率又称投资报酬率，是指项目投资方案的年平均利润额占原始投资总额的百分比。投资利润率的决策标准是：投资项目的投资利润率越高越好，低于无风险投资利润率的方案为不可行方案。

投资利润率的计算公式为：

$$投资利润率=\frac{年平均利润额}{原始投资额}\times 100\%$$

式中：分子是利润年平均息税前利润，不是现金流量，不包括折旧等。分母是原始投资总额。

【业务实例 5-4】某中小企业有甲、乙两个方案，投资总额均为 10 万元，全部用于购置新的设备，折旧采用直线法，使用期均为 5 年，无残值，其他有关资料如表 5.2-1 所示。

表 5.2-1　甲、乙两个方案各期利润和现金净流量资料表

单位:元

项目计算期	甲方案		乙方案	
	利润	现金净流量(NCF)	利润	现金净流量(NCF)
0		-100 000		-100 000
1	15 000	35 000	10 000	30 000
2	15 000	35 000	14 000	34 000
3	15 000	35 000	18 000	38 000
4	15 000	35 000	22 000	42 000
5	15 000	35 000	26 000	46 000
合计	75 000	75 000	90 000	90 000

要求:计算甲、乙两个方案的投资利润率。

解析:甲方案的投资利润率 $=\dfrac{15\ 000}{100\ 000}\times100\%=15\%$

乙方案投资利润率 $=\dfrac{90\ 000/5}{100\ 000}\times100\%=18\%$

从计算结果来看,乙方案的投资利润率比甲方案的投资利润率高 3%,在风险既定的情况下,乙方案要优于甲方案。

投资利润率指标的优点如下:

1. 是衡量营利性的简单方法,该指标容易理解;

2. 相对于投资回收期,考虑了整个项目寿命期的全部利润。

投资利润率指标的缺点如下:

1. 没有考虑资金时间价值因素;

2. 不能正确反映建设期长短、投资方式的不同和是否有回收额等条件对项目的影响;

3. 分子分母计算口径的可比性较差。

(二) 静态投资回收期

静态投资回收期是指以投资项目经营期净现金流量抵偿原始投资所需要的全部时间。静态投资回收期有包含建设期的投资回收期和不包含建设期的投资回收期两类。

包含建设期的投资回收期=不包含建设期的投资回收期+建设期。

静态投资回收期是一个非贴现指标的反指标,回收期越短,方案就越有利。它的计算可分为两种情况:

1. 经营期年现金净流量相等

如果投资项目投产后若干年(假设为 M 年)内,每年的经营现金净流量相等,且有以下关系成立:

M×投产后 M 年内每年相等的现金净流量(NCF)≥投资总额。

则可用下述公式计算投资回收期:

$$\text{不含建设期的投资回收期}=\frac{\text{原始投资额}}{\text{年现金净流量}}$$

【**业务实例 5-5**】根据业务实例 5-4 的资料,计算甲方案的投资回收期。

解析:$\text{甲方案的静态投资回收期}=\frac{100\ 000}{35\ 000}=2.86(\text{年})$

【**业务实例 5-6**】某投资项目总额为 100 万元,建设期为 2 年,投产后第 1 年至第 8 年每年现金流量为 25 万元,第 9、第 10 年每年现金流量均为 20 万元。

要求:计算项目的静态投资回收期。

解析:因为 8×25 万元>原始投资额 100 万元

$$\text{所以不含建设期的静态投资回收期}=\frac{100}{25}=4(\text{年})$$

$$\text{含建设期的静态投资回收期}=2+4=6(\text{年})$$

2. 经营期年现金净流量不相等

如果经营期内年现金净流量不相等,则需计算逐年累计的现金净流量,按照回收期的定义,包含建设期的回收期满足下列关系式:

$$\sum_{t=0}^{n} NCF=0$$

其计算公式如下:

包含建设期的投资回收期

$$=\text{最后一项为负值的累计净现金流量对应的年份}+\frac{\text{最后一项为负值的累计净现金流量绝对值}}{\text{下年净现金流量}}$$

$$=\text{累计净现金流量第一次出现正值的年份}-1+\frac{\text{上年未收回的投资}}{\text{该年净现金流量}}$$

微课视频:静态投资决策指标

【**业务实例 5-7**】一个项目投资额为 100 000，建设期为一年。投产后第一年至第五年的现金净流量分别为 30 000 元、34 000 元、38 000 元、42 000 元、46 000 元，计算该项目的静态投资收回收期。

解析：

表 5.2-2　乙方案累计现金净流量计算表

单位：元

项目计算期	乙方案	
	现金净流量(NCF)	累计现金净流量
0	-100 000	-100 000
1	0	-100 000
2	30 000	-70 000
3	34 000	-36 000
4	38 000	2 000
5	42 000	44 000
6	46 000	90 000

从表 5.2-2 可看出，乙方案的投资回收期在第 3 年与第 4 年之间，用插值法可计算出。

乙方案的包含建设期的投资回收期 $=3+\frac{|-36\ 000|}{38\ 000}=3.95$(年)

或乙方案不包含建设期的投资回收期 $=3.95-1=2.95$(年)

静态投资回收期的优点：

(1)能够直观地反映原始投资的返本期限；

(2)便于理解，计算简单；

(3)可以直观地利用回收期之前的净现金流量信息。

静态投资回收期的缺点：

(1)没有考虑资金时间价值因素；

(2)不能正确反映投资方式不同对项目的影响；

(3)不考虑回收期满后继续发生的净现金流量。

三、贴现指标

贴现指标也称为动态指标，是指考虑资金时间价值因素的指标。主要包括动态回收期、净现值、净现值率、现值指数、内含报酬率等指标。

(一) 动态投资回收期

动态投资回收期是指以折现的现金流量作为基础计算的投资回收期。贴现率以公司要求的最低收益率为标准。

【业务实例 5-8】参考业务实例 5-4,若贴现率为 10%,计算甲、乙两个方案的动态投资回收期。

解析:

甲、乙两个方案的各年现金净流量现值与累计现金净流量现值计算表如表 5.2-3 所示。

表 5.2-3 甲乙两方案计算表

单位:元

项目计算期	现值系数(P/F,10%,n)	甲方案			乙方案		
		现金净流量(NCF)	现金值	累计净现金流量现值	现金净流量(NCF)	现金净流量现值	累计净现金流量现值
0	1.0000	-100 000	-100 000	-100000	-100 000	-100 000	-100 000
1	0.9091	35 000	31 818.18	-68 181.82	30000	27 272.73	-72 727.27
2	0.8264	35 000	28 925.62	-39 256.2	34 000	28 099.17	-44 628.1
3	0.7513	35 000	26 296.02	-12 960.18	38 000	28 549.96	-16 078.14
4	0.6830	35 000	23 905.47	10 945.29	42 000	28 686.57	12608.43
5	0.6209	35000	21 732.25	32 677.54	46 000	28 562.38	41 170.81

$$甲方案动态投资回收期=3+\frac{|-12\ 960.18|}{23\ 905.47}=3.54(年)$$

$$乙方案动态投资回收期=3+\frac{|-16\ 078.14|}{28\ 686.57}=3.56(年)$$

(二)净现值(NPV)

净现值是指在项目计算期内,按一定贴现率计算的各年现金净流量现值的代数和。其计算公式为:

$$NPV=\sum_{t=0}^{n}NCF_t\times(P/F,i,t)$$

式中:n 为项目计算期;

NCF_t 为第 t 年的现金净流量;

$(P/F,i,t)$为第 t 年，贴现率为 i 的复利现值系数。

所选的贴现率可以是中小企业的资本成本，也可以是股东所要求的最低投资回报率水平。

净现值指标的决策标准：净现值大于或等于零是项目可行的必要条件。

净现值是一个贴现的绝对值正指标，一般情况下，该指标越大越好。在只有一个备选方案时，净现值大于或等于零，该方案为可行方案；如果投资方案的净现值小于零，该方案为不可行方案；如果多个方案原始投资额相同，项目计算期相等且净现值均大于0，净现值最大的方案为最优方案。

1. 经营期内各年现金净流量相等，建设期为零时

经营期内各年现金净流量相等，建设期为零时净现值计算公式为：

净现值=经营期每年相等的现金净流量×年金现值系数-投资现值

【业务实例 5-9】某中小企业购入设备一台，价值为 30 000 元，按直线法计提折旧，使用寿命为 6 年，无残值。预计投资后每年可获得利润 4 000 元，假定贴现率为 12%。

要求：计算该项目的净现值。

解析：折旧额=30 000/6=5 000(元)

NCF_0=-30 000(元)

NCF_{1-6}=4 000+5 000=9 000(元)

NPV=9 000×(P/A,12%,6)-30 000=9 000×4.1114-30 000=7 002.6(元)

2. 经营期内各年现金净流量不相等时

经营期内各年现金净流量不相等时，净现值的计算公式为：

净现值=∑(经营期各年的现金净流量×各年的现值系数)-投资现值

【业务实例 5-10】假定实例 5-9 中，投产后每年可获得利润分别为 3 000 元、3 000 元、4 000 元、4 000 元、5 000 元、6 000 元，其他资料不变。

解析：NCF_0=-30 000(元)

年折旧额=30 000/6=5 000(元)

微课视频：项目投资决策指标——净现值

NCF_1 = 3 000+5 000 = 8 000(元)

NCF_2 = 3 000+5 000 = 8 000(元)

NCF_3 = 4 000+5 000 = 9 000(元)

NCF_4 = 4 000+5 000 = 9 000(元)

NCF_5 = 5 000+5 000 = 10 000(元)

NCF_6 = 6 000+5 000 = 11 000(元)

NPV = 8 000×(P/A,12%,1)+8 000×(P/A,12%,2)+9 000×(P/A,12%,3)+9 000×(P/A,12%,4)+10 000×(P/A,12%,5)+11 000×(P/A,12%,6)−30 000

= 8 000×0.8929+8 000×0.7972+9 000×0.7118+9 000×0.6355+10 000×0.5674+11 000×0.5066−30 000

= 6 893.1(元)

若用 EXCEL 计算,则计算过程如表 5.2-4 所示。

表 5.2-4　用 EXCEL 计算净现值

时间	0	1	2	3	4	5	6
现金净流量(元)	−30 000	8 000	8 000	9 000	9 000	10 000	11 000
现值系数	1.0000	0.8929	0.7972	0.7118	0.6355	0.5674	0.5066
现金净流量现值(元)	−30 000	7 143.2	6 377.6	6 406.2	5 719.5	5 674	5 572.6
NPV(SUM)(元)	6 893.1						

【业务实例 5-11】某中小企业拟建一项固定资产,需投资 55 万元,按直线法计提折旧,使用寿命为 10 年,期末净残值为 5 万元。该项目工程建设期为 1 年,投资额分别于年初投入 30 万元,年末投入 25 万元。预计项目投产后每年营业收入 15 万元,总成本 10 万元,假定贴现率为 10%。

要求:计算该投资项目的净现值。

解析:

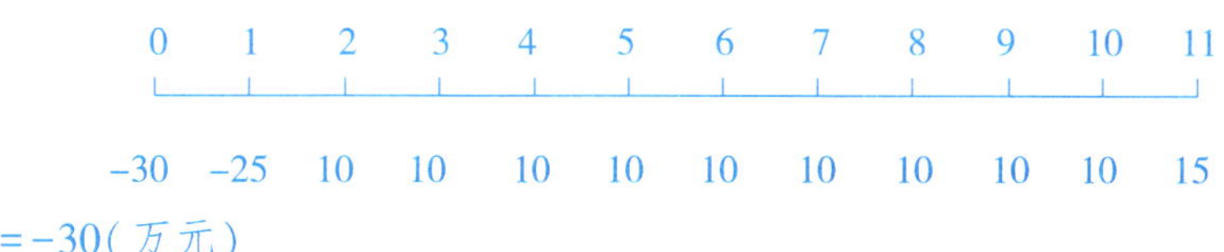

NCF_0 = −30(万元)

NCF_1 = −25(万元)

$NCF_{2-10}=(15-10)+(55-5)/10=10$（万元）

$NCF_{11}=10+5=15$（万元）

或 $NCF_{2-11}=(15-10)+(55-5)/10=10$（万元）

终结点 $NCF_{11}=5$（万元）

$NPV=10\times(P/A,10\%,9)\times(P/F,10\%,1)+15\times(P/F,10\%,11)-[25\times(P/F,10\%,1)+30]$

$=10\times5.7590\times0.9091+15\times0.3505-(25\times0.9091+30)$

$=4.89$（万元）

或 $NPV=10\times(P/A,10\%,10)\times(P/F,10\%,1)+5\times(P/F,10\%,11)-[25\times(P/F,10\%,1)+30]$

$=10\times6.1446\times0.9091+5\times0.3505-(25\times0.9091+30)$

$=4.89$（万元）

不管用何种方法计算，最终净现值会等于各年现金流量现值的和，如图 5-1 表所示：

	A	B	C	D	E	F	G	H	I	J	K	L	M
1												单位：	万元
2	时间	0	1	2	3	4	5	6	7	8	9	10	11
3	资产投资	-30	-25										
4	营业收入			15	15	15	15	15	15	15	15	15	15
5	总成本			10	10	10	10	10	10	10	10	10	10
6	利润			5	5	5	5	5	5	5	5	5	5
7	折旧			5	5	5	5	5	5	5	5	5	5
8	残值回收												5
9	现金净流量	-30	-25	10	10	10	10	10	10	10	10	10	15
10	现值系数	1.0000	0.9091	0.8264	0.7513	0.6830	0.6209	0.5645	0.5132	0.4665	0.4241	0.3855	0.3505
11	现金净流量现值	-30	-22.73	8.2645	7.5131	6.8301	6.2092	5.6447	5.1316	4.6651	4.241	3.8554	5.2575
12	NPV(sum)	4.8849											

图 5.2-1　用 EXCEL 计算净现值

在 EXCEL 当中，有一个 NPV 函数可以用来计算净现值。函数格式是：NPV(rate，value1，value2…)，通过使用贴现率以及一系列未来支出（负值）和收入（正值），返回一项投资的净现值。NPV 函数假定投资开始于 value1 现金流所在日期的前一期，并结束于最后一笔现金流的当期。NPV 函数依据未来的现金流来进行计算。如果第一笔现金流发生在第一个周期的期初，则第一笔现金必须添加到函数 NPV 的结果中，而不应包含在 values 参数中。因此在运用 NPV 函数计算净现值时，一定要注意收益值 value1，value2 代表的支出和收入，时间均匀分布并出现在每期的末尾，选择收益系列值时，不包括 0 起点的现金流出量。运用 NPV 函数计算现值时，需要先计算除了 0 起点以外的现金净流量的现值之和,然后再加上起点的现金流出量才是整个项目的净现值。

根据上图,项目的净现值=NPV(10%,C9:M9)+B9=4.8849。

如果现金流量不是均匀分布的每期末尾,可用 EXCEL 的 XNPV 函数计算项目的净现值。函数格式为:XNPV(rate,values,dates)。

XNPV 函数语法具有下列参数:

Rate:必需。应用于现金流的贴现率。

values 值:必需。与 dates 中的支付时间相对应的一系列现金流。首期支付是可选的,并与投资开始时的成本或支付有关。

dates 日期:必需。与现金流支付相对应的支付日期表。第一个支付日期代表支付表的开始日期。其他所有日期应晚于该日期,但可按任何顺序排列。如图 5.2-2 所示。

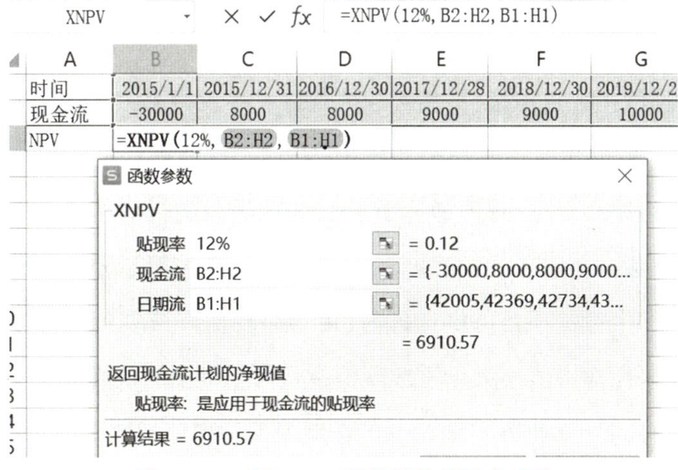

图 5.2-2　用 XNPV 函数计算项目净现值

净现值指标的优点:

(1)综合考虑了资金时间价值,能较合理地反映投资项目的净收益;

(2)考虑了项目计算期的全部现金净流量;

(3)考虑了投资风险性,因为贴现率的大小与风险大小有关,风险越大,贴现率就越高。

净现值指标的缺点:

(1)无法直接反映投资项目的实际投资收益率水平;

(2)当各项目投资额不同时,难以确定最优的投资项目。

3. 净现值率(NPVR)与现值指数(PI)

净现值率,是指投资项目的净现值与原始投资现值合计的比值。其计算公式为:

$$净现值率=\frac{净现值}{投资现值}$$

现值指数,也称获利指数,是指项目投产后按一定贴现率计算的经营期内各年现金净流量的现值合计与原始投资现值合计的比值,其计算公式为:

$$现值指数=\frac{\sum 经营期各年现金净流量现值}{投资现值}$$

净现值率与现值指数有如下关系:

$$现值指数=净现值率+1$$

净现值率和现值指数的决策标准:净现值率大于或等于零,现值指数大于或等于1是项目可行的必要条件。

净现值率和现值指数是正指标,指标越大越好。净现值率大于等于零,现值指数大于等于1,表明项目的报酬率高于或等于贴现率,表示收益能抵补资本成本或必要报酬率,此项目可行;净现值率小于零,现值指标小于1,表明项目的报酬率小于贴现率,收益不能抵补资本成本。所以,对于单一方案来说,净现值率大于或等于零,现值指数大于或等于1,项目可行;当有多个投资项目可供选择时,由于净现值率或现值指数越大,中小企业的报酬率就越高,应采用净现值率大于零或现值指数大于1中的最大者。

【业务实例 5-12】计算业务实例5-9的净现值率和现值指数。

解析:$净现值率=\frac{7\ 002.6}{30\ 000}=0.2334$

$$现值指数=\frac{9\ 000\times(P/A,12\%,6)}{30\ 000}=\frac{9\ 000\times4.1114}{30\ 000}=1.2334$$

或者现值指数=净现值率+1=0.2334+1=1.2334

微课视频:项目投资决策指标——现值指数

【**业务实例 5-13**】计算业务实例 5-10 的净现值率和现值指数。

解析：净现值率 $=\frac{4.89}{30+25\times(P/F,10\%,1)}=\frac{4.89}{30+25\times0.9091}=0.093$

现值指数 $=\frac{10\times(P/A,10\%,10)\times(P/F,10\%,1)+5\times(P/F,10\%,11)}{30+25\times(P/F,10\%,1)}=1.093$

净现值率、现值指数的优点：

(1)考虑了资金时间价值；

(2)由于两个指标都是相对数，反映投资的效率，有利于在原始投资额的不同的投资方案之间进行比较。

净现值率、现值指数的缺点：

(1)忽视了互斥项目投资规模上的差异；

(2)无法直接反映投资项目的实际收益率。

4. 内含报酬率(IRR)

内含报酬率又称内部收益率，是指投资项目在项目计算期内各年现金净流量现值合计数等于零时的贴现率，也可将其定义为能使投资项目的净现值等于零时的贴现率：

$$\sum_{t=0}^{n} NCF_t \times (P/F, IRR, t) = 0$$

从上式中可知，内含报酬率的计算是先令净现值等于零，然后求能使净现值等于零的贴现率。内含报酬率是项目本身的报酬率。

用内含报酬率决策的标准：内含报酬率是正指标，越大越好，内含报酬率大于或等于给定的贴现率(中小企业的资本成本、股东的最低投资回报率等)，则该项目可行。在不同的情况下，内含报酬率的计算方法不同。

(1)特殊法

如果经营期内各年现金净流量(NCF)相等，且全部投资均于建设起点一次投入，建设期为零时。此时，可按下式确定内含报酬率 IRR。

微课视频：项目投资决策指标——内含报酬率

NCF×年金现值系数(P/A,IRR,t)-投资总额=0

内含报酬率具体计算的步骤如下:

①计算年金现值系数(P/A,IRR,t):

$$年金现值系数=\frac{投资总额}{经营期每年相等的现金净流量}$$

②根据计算出来的年金现值系数与已知的年限n,查年金现值系数表,确定内含报酬率的范围。

③用插值法求出内含报酬率。

【业务实例5-14】根据业务实例5-9净现值计算的资料,计算内含报酬率。

解析:$(P/A,IRR,5)=\frac{30\ 000}{9\ 000}=3.3333$

查表可知:

18%	IRR	20%
3.4976	3.3333	3.3255

$$IRR=18\%+\frac{3.4976-3.3333}{3.4976-3.3255}\times(20\%-18\%)=19.91\%$$

(2)一般法

如果经营期内各年现金净流量不相等或建设期不为零,投资额在建设期内分次投入时,可采用逐步测试法并结合应用插值法找到使净现值等于零的折现率。

计算步骤如下:

①估计一个贴现率,并据此计算现值。如果净现值为正数,说明方案本身的报酬率大于估计的贴现率,应提高贴现率再进一步测试;如果净现值为负数,说明方案本身的报酬率小于估计的贴现率,应降低贴现率再进行测试。如此反复测试,寻找出使净现值由正到负或由负到正且接近零的两个贴现率。

②根据上述两个贴现率,用插值法求出该方案的内含报酬率。由于逐次测试法是一种取近似值的方法,因此,相邻的两个贴现率不能间隔太大,否则误差会很大。

【业务实例5-15】根据业务实例5-10净现值计算资料,计算内含报酬率。

解析:由例5-10的结果可知,当折现率$i=12\%$时,净现值等于6 893.1元,大于0,再选一个更大的贴现率测算净现值。如表5.2-5所示。

表 5.2-5　不同贴现率下的净现值计算表

年份	现金净流量	贴现率＝16%		贴现率＝18%		贴现率＝20%	
		现值系数	现值	现值系数	现值	现值系数	现值
0	-30 000	1.000	-30 000	1.000	-30 000	1.000	-30 000
1	8 000	0.862	6 896.8	0.848	6 780	0.833	6 666.4
2	8 000	0.743	5 945.6	0.718	5 745.6	0.694	5 555.2
3	9 000	0.641	5 766.3	0.609	5 477.4	0.579	5 208.3
4	9 000	0.552	4 970.7	0.516	4 642.2	0.482	4 340.7
5	10 000	0.476	4 761	0.437	4 371	0.402	4 019
6	11 000	0.410	4 514.4	0.370	4 074.4	0.335	3 683.9
			2 854.8		1 090.6		-526.5

用插值法计算内含报酬率：

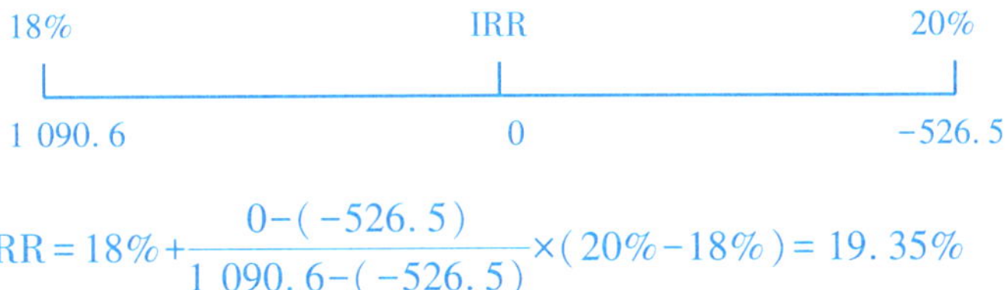

$$IRR = 18\% + \frac{0-(-526.5)}{1\ 090.6-(-526.5)} \times (20\%-18\%) = 19.35\%$$

内含报酬率指标的优点：

内含报酬率指标既考虑了资金时间价值，又直接反映投资项目的实际报酬率，不受贴现率高低的影响，比较客观。

内含报酬率指标的缺点：

内含报酬率指标手工计算过程比较复杂。

EXCEL 中有一个 IRR 函数，只需要准确计算各期的现金净流量，就可以快速算出项目的内含报酬率，大大简化计算过程，如图 5.2-3 所示。

5. 贴现评价指标之间的关系及比较分析

(1)贴现评价指标之间的关系

净现值 NPV，净现值率 NPVR，现值指数 PI 和内含报酬率 IRR 指标之间存在以下数量关系，即：

当 NPV>0 时，NPVR>0，PI>1，IRR>i；

当 NPV＝0 时，NPVR＝0，PI＝1，IRR＝i；

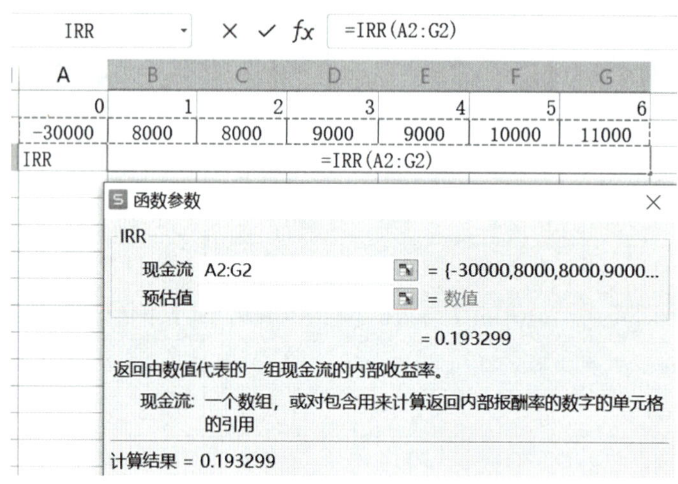

图 5.2-3　用 IRR 函数计算内含报酬率

当 NPV<0 时，NPVR<0，PI<1，IRR<i。

这些指标的计算都受到建设期和经营期的长短、投资金额及方式以及各年现金流量的影响。所不同的是净现值（NPV）为绝对值，其余为相对数指标。计算净现值、净现值率和现值指数所依据的贴现率（i）都是已知的，而内含报酬率（IRR）的计算本身与贴现率（i）的高低无关，只是采用这一指标的决策标准是将所有测算的内含报酬率与其贴现率进行对比。

（2）贴现指标的比较

①净现值与现值指数的比较

对于独立的方案，两个指标得出的结论是相同的。但在互斥方案的决策中，如果两个指标都达到可行的必要条件，根据两个指标选择投资方案，可能会产生差异。不一致的原因是当两个项目的投资额不同时，可能会出现投资规模较大的项目的净现值较大，但现值指数较小情况。这样，就会面临是选择能获得更多财富但投资效率较低的项目还是选择投资效率较高但获得财富较少的项目。在资金可以满足投资需求时，投资者通常会选择获得财富多的方案，也就是，在资金需求能满足时，净现值指标优于现值指数指标。

②净现值和内含报酬率的比较

如同上面的净现值与现值指数，在投资规模不同的互斥方案中，用净现值与内含报酬率两个指标判定投资方案时，可能也会产生差异，也就是在获得更多的财富和获得更高的投资回报率之间的选择。在资金可以满足投资需求时，投资者期望获得更多的财富，净现值指标也会优于内含报酬率指标。

知识加油站

计算净现值指数时，需要预先设定折现率，指标大小受折现率高低的影响，折现率的高低甚至会影响方案的优先次序；折现率的确定可根据中小企业的资本成本或投资者要求的最低投资报酬率来确定。

投资人想要的是实实在在的投资回报额，而非报酬率，因此内含报酬率、现值指数不适用于互斥项目的投资决策。

▶ 任务实施

此次任务可以通过如下途径实现：

(1)该项目是一个独立方案，可根据计算的决策指标净现值(NPV)的大小来判断是否可行。

(2)计算净现值(NPV)的值

各年现金净流量：

折旧 = 180/5 = 36(万元)

$NCF_0 = -180$(万元)

$NCF_{1-5} = 200\times(1-25\%)-140\times(1-25\%)+36\times25\% = 54$(万元)

$NPV = 54\times(P/A, 10\%, 5)-180 = 24.70$(万元)$>0$

(3)该方案可行。

▶ 任务小结

项目投资决策评价指标分为非贴现指标和贴现指标两大类。非贴现指标也称为静态指标，主要包括投资利润率、静态投资回收期等指标。贴现指标也称为动态指标，主要包括净现值、净现值率、现值指数、内含报酬率等指标。贴现评价指标之间的关系为：

当 $NPV>0$ 时，$NPVR>0$，$PI>1$，$IRR>i$

当 $NPV=0$ 时，$NPVR=0$，$PI=1$，$IRR=i$

当 $NPV<0$ 时，$NPVR<0$，$PI<1$，$IRR<i$

任务三　运用项目投资决策方法

▶ 任务导入

甲、乙两个方案A公司如何选择

A公司准备购入一台设备以扩充公司的生产能力。现有甲、乙两个方案可供选择,甲方案需投资10 000元,使用寿命为5年,采用直线法计提折旧,5年后设备无残值。5年中每年销售收入为6 000元,每年的付现成本为2 000元。乙方案需投资12 000元,采用直线法计提折旧,使用寿命也为5年,5年后有残值收入2 000元。5年中每年销售收入为8 000元,付现成本第一年为3 000元,以后随设备陈旧,逐年将增加修理费400元,另需垫支营运资金3 000元,该公司所得税税率为25%,资金成本率为10%。

请思考:如果你是财务经理,以上两个投资方案是否可行?应选择哪个方案投资呢?

资料来源:原创。

▶ 任务分析

企业计算评价指标的目的是进行项目投资方案的对比与选优,使它们在方案的对比与选优中正确地发挥作用,为项目投资方案提供决策的定量依据。但投资方案对比与选优的方法会因项目投资方案的不同而有所区别,不同类型的项目投资方案,应用不同的方法对比和选优。

▶ 知识准备

一、独立方案的对比与选优

独立方案是相互分离,互不排斥的方案。在一组独立方案中,选择某一个方案不排斥选择另一个方案。在只有一个投资项目可供选择的条件下,只需评价其财务上是否可行。

在项目评价指标中,动态指标净现值、净现值率、现值指数和内含报酬率是主要指标,静态投资回收期和投资利润率可作为辅助指标。在只有一个投资项目可供选择的条件下,各动态指标的评价结果是一致的,如果主要指标中的净现值 NPV ≥0,净现值率 NPVR≥0,现值指数 PI≥1,内含报酬率 IRR≥折现率 i,其中有一个指标满足,则项目具有财务可行性;反之,则不具备财务可行性。但是当辅助指标与主要指标的评价结论发生矛盾时,应当以主要指标的结论为准。

【业务实例 5-16】根据业务实例 5-9、业务实例 5-12、业务实例 5-14 的计算结果可知:

NPV=7 002.6(元)>0

NPVR=0.2334 >0

PI=1.2334 >1

IRR=19.91%>12%(贴现率)

说明该方案各项指标均达到标准,方案具有财务可行性。

【业务实例 5-17】某中小企业完整工业项目投资原始投资 1 350 万元,其中固定资产投资 1 200 万元,流动资金投资为 150 万元,建设期为一年,建设期期末投入流动资金,投产后 1 至 5 年预计每年营业收入 300 万元,付现成本为 100 万元,6 至 10 年预计每年税前利润 200 万元,固定资产的残值 200 万元,中小企业所得税税率为 25%,假定中小企业期望的投资报酬率为 10%。

要求:计算此项目的净现值、内含报酬率并判断项目是否可行。

解析:年折旧额=(1 200-200)/10=100(万元)

NCF_0=-投入资金=-1 200(万元)

-1200	-150	175	175	175	175	175	250	250	250	250	600
0	1	2	3	4	5	6	7	8	9	10	11

NCF_1=-投入资金=-150(万元)

NCF_{2-6}=(营业收入-付现成本)×(1-所得税税率)+折旧×所得税税率

=(300-100)×(1-25%)+100×25%=175(万元)

NCF_{7-10}=净利润+折旧

=200×(1-25%)+100=250(万元)

NCF_{11}=净利润+折旧+回收的流动资金+固定资产残值

=200×(1-25%)+100+150+200=600(万元)

NPV =175×(P/A,10%,5)×(P/F,10%,1)+250×(P/A,10%,4)×(P/F,10%,6)+

$600\times(P/F,10\%,11)-1200-150\times(P/F,10\%,1)$

$=175\times3.7908\times0.9091+250\times3.1699\times0.5645+600\times0.3505-1\,200-150\times0.9091$

$=-75.63$（万元）

因折现率 $i=10\%$ 时，净现值为负数，应降低折现率再进一步测试。

当 $i=9\%$ 时：

$NPV=175\times(P/A,9\%,5)\times(P/F,9\%,1)+250\times(P/A,9\%,4)\times(P/F,9\%,6)+600\times(P/F,9\%,11)-1200-150\times(P/F,9\%,1)$

$=175\times3.8897\times0.9174+250\times3.2397\times0.5963+600\times0.3875-1\,200-150\times0.9174$

$=2.3202$（万元）

用插值法，计算 NPV=0 时的贴现率。

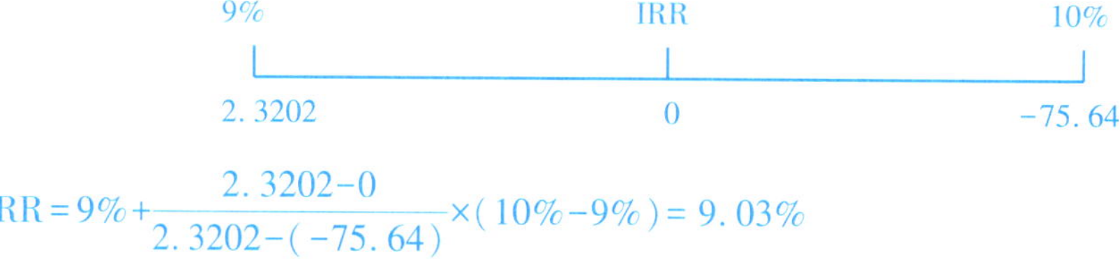

$$IRR=9\%+\frac{2.3202-0}{2.3202-(-75.64)}\times(10\%-9\%)=9.03\%$$

因为 NPV=-75.64 <0，IRR=9.03%<10%，所以该项目不可行。

也可以用 EXCEL 计算 NPV 和 IRR，如图 5.3-1 所示：

计算结果与查表记算的结果有一些尾差，那是因为查表法计算所查的年金现值系数表中的系数都是四舍五入的值，用函数计算的结果是完全小数位计算的，存在一定的尾数差。

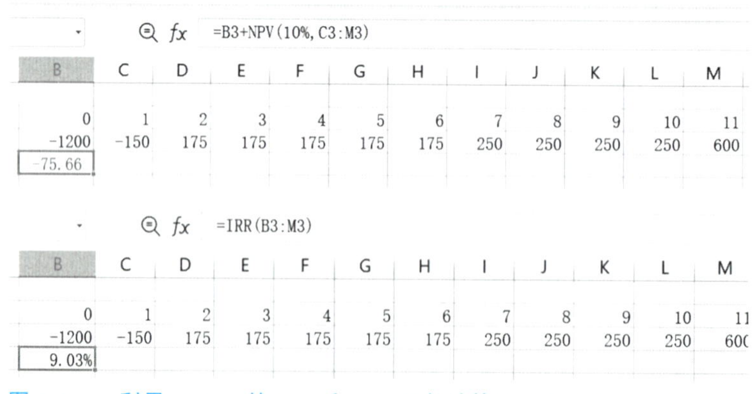

图 5.3-1　利用 EXCEL 的 NPV 和 IRR 函数计算项目净现值和内含报酬率

二、互斥方案的对比与选优

互斥方案是指相互关联,互相排斥的方案,即一组方案中的各个方案彼此可以相互替代,采纳方案组的某一方案,就会自动排斥该组方案中的其他方案。互斥方案决策过程就是在每一个入选的方案已具备项目可行的前提下,利用具体决策方法比较各个方案的优劣,利用评价指标从各个备选方案中最终选出一个最优方案的过程。

由于各个备选方案的投资额、项目计算期不一致,因而要根据各个方案的使用期、投资额相等与否,采用不同的方法做出选择。

(一)净现值法

互斥方案的投资额、项目计算期均相等,可采用净现值法或内含报酬率法。

净现值法是通过比较不同的方案的净现值大小来决定方案的优劣;内含报酬率法是通过比较不同的方案的内含报酬率大小来决策方案的优劣,净现值或内含报酬率最大的方案为最优方案。

【业务实例 5-18】某中小企业现有资金 100 万元可用于固定资产项目投资,有 A、B、C、D 四个相互排斥的备选方案可供选择,这四个方案投资总额均为 100 万元,项目计算期都为 6 年,贴现率为 10%,现经计算:

$NPV_A=8.1253$(万元)　　$IRR_A=13.3\%$

$NPV_B=12.25$(万元)　　$IRR_B=16.87\%$

$NPV_C=-2.12$(万元)　　$IRR_C=8.96\%$

$NPV_D=10.36$(万元)　　$IRR_D=15.02\%$

要求选出最优方案。

解析:

项目可行的必要条件是:净现值 NPV>0 或内含报酬率>贴现率 i。因为 C 方案净现值为-2.12 万元,小于 0(或内含报酬率 8.96%小于贴现率 10%),不符合项目可行的必要条件,舍去。而 A、B、D 三个方案的净现值都大于 0,内含报酬率也都大于贴现率,均符合财务可行性的必要条件。

因 $NPV_B>NPV_D>NPV_A$,即 12.25 万元>10.36 万元>8.1253 万元;

$IRR_B>IRR_D>IRR_A$,即 16.87%>15.02%>13.3%

B 方案最优,D 方案次优,应采用 B 方案。

（二）差额法

互斥方案的投资额不相等，但项目计算期相等，可采用差额法。

所谓差额法，是指在两个投资总额不同方案的差量现金净流量（记作△NCF）的基础上，计算出差额净现值（记作△NPV）或差额内含报酬率（记作△IRR），并据以判断方案孰优孰劣的方法。

在此方法下，一般以投资额大的方案指标减投资额小的方案指标，当△NPV≥0或△IRR≥i时，投资额大的方案较优；反之，则投资额小的方案为优。

【业务实例5-19】某中小企业5年前购置一设备，价值78万元，购置时预期使用寿命为15年，残值为3万元。折旧采用直线法，目前已计提折旧25万元，账面净值为53万元。利用这一设备，中小企业每年发生营业收入为90万元，付现成本和营业税金及附加为60万元。现在市场上推出一种新设备，价值120万元，购入后即可投入使用，使用寿命10年，预计10年后残值为20万元。该设备由于技术先进，效率较高，预期每年的净利润可达到30万元。如果现在将旧设备出售，估计售价为10万元。若该中小企业的资本成本为10%，所得税税率为25%。

要求：判断该中小企业是否应用新设备替换旧设备。

解析：因为旧设备的账面净值=53（万元）

所以旧设备出售净损失=53−10=43（万元）　［计入营业外支出］

少缴所得税=43×25%=10.75（万元）　［属现金流入］

所以购买新设备增加的投资额=120−10−10.75=99.25（万元）

又因为旧设备还可使用10年，新设备的项目计算期也为10年（0+10），所以新旧设备项目计算期相同可采用差额法来进行评价。

新设备年折旧额$=\dfrac{120-20}{10}=10$（万元）

$NCF_{新0}=-120$（万元）

$NCF_{新1-9}=30+10=40$（万元）

$NCF_{新10}=40+20=60$（万元）

旧设备的年折旧额$=\dfrac{53-3}{10}=5$（万元）

$NCF_{旧0}=-10-10.75=-20.75$（万元）

$NCF_{旧1-9}=90\times(1-25\%)-60\times(1-25\%)+5\times25\%$

$=23.75$（万元）

$NCF_{旧10}=23.75+3=26.75$（万元）

$\triangle NCF_0=-120-(-20.75)=-99.25$（万元）

$\triangle NCF_{1-9}=40-23.75=16.25$（万元）

$\triangle NCF_{10}=60-26.75=33.25$（万元）

$\triangle NPV=16.75\times(P/A,10\%,9)+33.25\times(P/F,10\%,10)-99.25$

$=16.25\times5.759+33.25\times0.3855-99.25$

$=7.1516$（万元）>0

用 EXCEL 的 IRR 函数计算出差额内含报酬率（△IRR）为 11.55%，如图 5.3-2 所示：

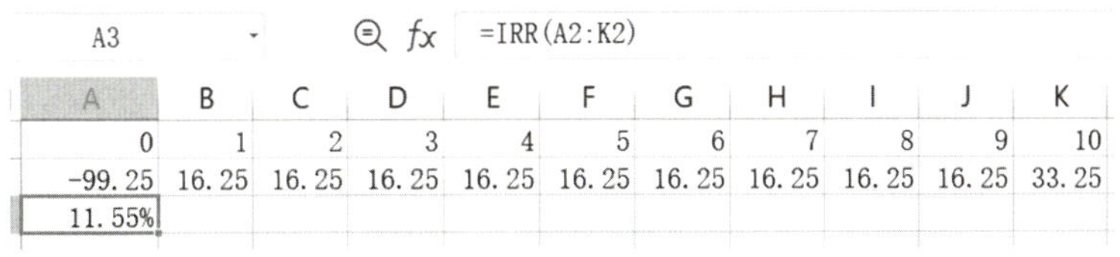

A3　=IRR(A2:K2)

A	B	C	D	E	F	G	H	I	J	K
0	1	2	3	4	5	6	7	8	9	10
-99.25	16.25	16.25	16.25	16.25	16.25	16.25	16.25	16.25	16.25	33.25
11.55%										

图 5.3-2　用 EXCEL 计算差额内含报酬率

差额净现值△NPV 大于 0，差额内含报酬率△IRR 大于 10%，因而应该更新该设备。

（三）年金净流量法

互斥方案的投资额不相等，项目计算期也不相同，可采用年金净流量法。

所谓年金净流量法，是指通过比较所有投资方案的年金净流量法指标的大小来选择最优方案的决策方法。在此方法下，年金净流量法最大的方案为优。

年金净流量法的计算步骤如下：

（1）计算各方案的净现值 NPV；

（2）计算各方案的年金净流量，若贴现率为 i，项目计算期为 n，则：

$$年金净流量=\frac{净现值}{年金现值系数}=\frac{NPV}{(P/A,i,n)}$$

【业务实例 5-20】某中小企业有两项投资方案，其现金净流量如表 5.3-1 所示：

表 5.3-1　甲、乙两个方案现金净流量

单位:元

项目计算期	甲方案		乙方案	
	净收益	现金净流量	净收益	现金净流量
0		-200 000		-120 000
1	20 000	120 000	16 000	56 000
2	32 000	132 000	16 000	56 000
3			16 000	56 000

要求:如果该中小企业期望达到最低报酬率为 12%,请作出决策。

解析:(1)计算甲、乙方案的 NPV

$$NPV_{甲}=120\ 000\times(P/F,12\%,1)+132\ 000\times(P/F,12\%,2)-200\ 000$$

$$=120\ 000\times0.8929+132\ 000\times0.7972-200\ 000$$

$$=12\ 378.4(元)$$

$$NPV_{乙}=56\ 000\times(P/A,12\%,3)-120\ 000$$

$$=56\ 000\times2.4018-120\ 000$$

$$=14\ 500.8(元)$$

(2)计算甲、乙方案的年等额净现值

$$甲方案年金净流量=\frac{12\ 378.4}{(P/A,12\%,2)}=\frac{12\ 378.4}{1.6901}=7\ 324.06(元)$$

$$乙方案年金净流量=\frac{14\ 500.8}{(P/A,12\%,3)}=\frac{14\ 500.8}{2.4018}=6\ 037.47(元)$$

因为甲方案年金净流量>乙方案年金净流量,

7 324.06>6 037.47

所以应选择甲方案。

在实际工作中,有些投资方案因为收入相同或收入基本相同,不用或不能考虑收入,就不能单独计算盈亏,一般可考虑采用“成本现值比较法”或“年成本比较法”来做出比较和评价决策。所谓成本现值比较法是指计算各个方案的成本现值之和并进行对比,成本现值之和最低的方案是最优的。成本现值比较法一般适用于项目计算期相同的投资方案间的对比、选优。对于成本项目计算期不同的方案就不能用成本现值比较法进行评价,而

应采用年成本比较法，即比较年平均成本现值来对投资方案作出决策。

【业务实例 5-21】某中小企业需要购置一台设备，有甲、乙两个投资方案可供选择，两个方案的设备生产能力相同。设备的寿命期均为 4 年，无建设期。甲方案的投资额为 64 000 元，每年的付现成本分别为 4 000 元、4 400 元、4 600 元、4 800 元，寿命终期有 6 400 元的净残值。乙方案投资额为 60 000 元，每年的付现成本均为 6 000 元，寿命终期有 6 000 元净残值，所得税税率 25%。

要求：如果中小企业的贴现率为 8%，试比较两个方案的优劣。

解析：因为两个方案的设备生产能力相同，可认为收入相同，使用寿命也相同，不考虑现金流入，只考虑现金流出，取现金流出现值之和最小的方案。甲、乙两个方案现金流量现值的计算如表 5.3-2 和表 5.3-3 所示：

表 5.3-2　甲方案现金流出现值的计算

单位：元

时间	0	1	2	3	4
初始投资(1)	64 000				
付现成本(2)		4 000	4 400	4 600	4 800
折旧(3)		14 400	14 400	14 400	14 400
折旧抵税(4)		3 600	3 600	3 600	3 600
残值回收(5)					6 400
净现金流出(6)=(2)＊0.75-(4)-(5)	64 000	-600	-300	-150	-6 400
现值系数(7)	1.0000	0.9259	0.8573	0.7938	0.7350
现金流出现值(8)=(6)＊(7)	64 000	-555.54	-257.19	-119.07	-4 704
现金流出现值和(9)=sum(8)	58 364.2				

表 5.3-3　乙方案现金流出现值的计算

单位：元

时间	0	1	2	3	4
初始投资(1)	60 000				
付现成本(2)		6 000	6 000	6 000	6 000
折旧(3)		13 500	13 500	13 500	13 500

（续表）

时间	0	1	2	3	4
折旧抵税(4)		3 375	3 375	3 375	3 375
残值回收(5)					6 000
净现金流出(6)=(2)*0.75-(4)-(5)	60 000	1 125	1 125	1 125	-4 875
现值系数(7)	1.0000	0.9259	0.8573	0.7938	0.7350
现金流出现值(8)=(6)*(7)	60 000	1 041.64	964.46	893.03	-3 583.13
现金流出现值和(9)=sum(8)	59 316				

根据计算结果,甲方案的现金流出现值更低,应选择甲方案。

若投资方案的使用寿命不相同时,还不能直接使用“成本现值比较法”,还应该计算年平均成本,再根据年平均成本大小选择投资方案。

▶ 任务实施

此次任务可以通过如下途径实现:

1. 判断项目投资方案类型

此方案需要购入一台设备以扩充公司的生产能力,仅一台设备,甲、乙两个方案是互相排斥的方案。这两个方案的原始投资额不同,项目计算期都是5年。因而此决策方案属于原始投资额不同,项目计算期相等的项目投资方案。

2. 选用合适的决策方法

原始投资不同,项目计算期相等的互斥决策方案,适用差额净现值法决策。

制作决策表格如下:

单位:元

时间	0	1	2	3	4	5
甲方案:						
设备投资额	10 000					
折旧		2 000	2 000	2 000	2 000	2 000
营业收入		6 000	6 000	6 000	6 000	6 000
付现成本		2 000	2 000	2 000	2 000	2 000

（续表）

时间	0	1	2	3	4	5
残值						0
净现金流量	-10 000	3 500	3 500	3 500	3 500	3 500
方案乙						
设备投资额	12 000					
垫付营运资金	3000					
折旧		2 000	2 000	2 000	2 000	2 000
营业收入		8 000	8 000	8 000	8 000	8 000
付现成本		3 000	3 400	3 800	4 200	4 600
残值						2 000
净现金流量	-15 000	4 250	3 950	3 650	3 350	5 050
差量现金净流量$\triangle NCF_{乙-甲}$	-5 000	750	450	150	-150	1 550
现值系数	1.0000	0.9091	0.8264	0.7513	0.6830	0.6209
差量现金净流量现值	-5 000	681.83	371.88	112.7	-102.45	962.4
差额净现值△NPV 乙-甲		-2 973.64				

3. 差额净现值$\triangle NPV_{乙-甲}<0$，因此甲方案更好。

▶ 任务小结

项目投资决策指标的决策应用分为：独立方案的决策、互斥方案的决策。作项目决策时，由于各个备选方案的投资额、项目计算期不一致，因而要根据各个方案的使用期、投资额相等与否，采用不同的方法做出选择。常用的有净现值法、差额法、年金净流量法等。

技能提升训练

▶ 训练目标

通过模拟项目投资决策方案,提升学生项目投资决策分析能力。

▶ 实施流程

流程 1　阅读背景材料

1. 新建程控电话生产线投资生产销售情况

福信公司董事会,根据市场对本公司生产的程控电话的需求,准备新建一条生产线增加生产能力,该生产线的初始投资是 125 万元,分两年投入,第 1 年初投入 100 万元,第 2 年初投入 25 万元。第 2 年可完成建设并正式生产。投产后每年可生产程控电话机 10 000 部,每部销售价格 300 元,每年销售收入 300 万元。投资项目使用 5 年,5 年后残值 25 万元。在投资项目生产经营期间需垫支流动资金 25 万元,项目结束可收回。

2. 程控电话产品年总成本的构成情况

原材料费用	200 万元
工资费用	30 万元
管理费用(不含折旧)	20 万元
折旧费	20 万元

3. 资金成本情况

对各种资金来源进行综合计算,平均资金成本为 10%。

流程 2　确认训练要求

福信公司董事会,根据市场对本公司生产的程控电话的需求,准备新建一条生产线增加生产能力,公司董事会要求财务部收集资料,撰写投资项目的财务评价报告,供公司董事会决策参考。

流程 3　完成操作

1. 计算编制项目投资的营业现金流量表。

2. 计算编制项目投资的现金。

3. 计算编制项目投资的净现值。

4. 撰写项目投资财务分析评价报告。

思考与练习

一、单选题

1. 某中小企业投资 20 万元购入一台设备,预计投产后每年可获利润 4 万元,固定资产年折旧额 2 万元,则投资回收期为(　　)。

A. 6.7 年　　B. 10 年　　C. 3.33 年　　D. 5 年

2. 当建设期不为零且经营期各年现金净流量相等时,经营期各年现金净流量的现值之和的计算可采用的方法是(　　)。

A. 先付年金现值　　B. 永续年金现值

C. 后付年金现值　　D. 递延年金现值

3. 某中小企业拥有一块土地,其原始成本为 250 万元,账面价值为 180 万元。现准备在这块土地上建造工厂厂房,但如果现在将这块土地出售,可获得收入 220 万元,则建造厂房机会成本是(　　)。

A. 250 万元　　B. 70 万元　　C. 180 万元　　D. 220 万元

4. 对投资项目内部收益率的大小不产生影响的因素是(　　)。

A. 投资项目的原始投资　　B. 投资项目的现金流量

C. 投资项目的项目计算期　　D. 投资项目的设定折现率

5. 项目投资决策中,完整的项目计算期是指(　　)。

A. 建设期　　B. 经营期

C. 建设期和达产期　　D. 建设期和经营期

6. 净现值与现值指数相比,其缺点是(　　)。

A. 考虑货币时间价值　　B. 考虑了投资风险性

C. 不便于投资额相同的方案的比较　　D. 不便于投资额不同的方案的比较

7. 已知某项目无建设期,资金于建设起点一次性投入,项目建成后可用 8 年,每年的现金净流量相等。如果该项目的静态投资回收期是 4 年,则按内含报酬率确定的年金现值系数是(　　)。

A. 14　　B. 8　　C. 4　　D. 2

8. 当贴现率为 10%,某项目的净现值为 500 元,则说明该项目的内含报酬率(　　)。

A. 高于 10%　　B. 低于 10%　　C. 等于 10%　　D. 无法界定

9. 一个投资方案年营业收入 140 万元,年付现成本 70 万元,年折旧额 30 万元,所得税税率 25%,则该方案年营业现金净流量为(　　)万元。

A. 54　　B. 58　　C. 72　　D. 60

10. 年金净流量法,是指通过比较所有投资方案的年金净流量指标的大小来选择最优方案的决策方法。在此法下,年金净流量(　　)的方案为优。

A. 最小　　B. 最大　　C. 大于零　　D. 等于零

二、多选题

1. 现金流出是指由投资项目所引起的中小企业现金支出的增加额,包括(　　)。

A. 建设投资　　B. 付现成本　　C. 年折旧额　　D. 所得税

2. 下列各项指标中,(　　)指标属于正指标。

A. 净现值　　B. 现值指数　　C. 内部收益率　　D. 静态回收期

3. 在考虑了所得税因素之后,经营期的现金净流量可按下列(　　)公式计算。

A. 年现金净流量=营业收入-付现成本-所得税

B. 年现金净流量=税后利润-折旧

C. 年现金净流量=税后收入-税后付现成本+折旧×所得税税率

D. 年现金净流量=收入×(1-所得税税率)-付现成本×(1-所得税税率)+折旧

4. 当项目的投资额和计算期都不相同时,进行项目分析评价宜采用的方法有(　　)

A. 净现值法　　B. 年回收额法　　C. 差额净现法　　D. 年成本比较法

5. 若 NPV<0,则下列关系式中正确的有(　　)。

A. NPVR>0　　B. NPVR<0　　C. PI<1　　D. IRR<i

6. 当一项长期投资方案的净现值大于零时,则可以说明(　　)。

A. 该方案贴现后现金流入大于贴现后现金流出

B. 该方案的内含报酬率大于预定的贴现率

C. 该方案的现值指数一定大于 1

D. 该方案可以接受,应该投资

7. 净现值法与现值指数法的共同之处在于(　　)。

A. 都是相对数指标,反映投资的效率

B. 都必须按预定的贴现率折算现金流量的现值

C. 都不能反映投资方案的实际投资收益率

D. 都没有考虑货币时间价值因素

8. 影响项目内含收益率的因素包括(　　)。

A. 投资项目的有效年限　　B. 投资项目的现金流量

C. 中小企业要求的最低投资报酬率　　D. 建设期

9. 在计算税后现金净流量时,可以抵税的项目是(　　)。

A. 折旧额　　B. 无形资产摊销额

C. 残值收入　　D. 设备买价

10. 公司拟投资一项目 10 万元,投产后年均销售收入 48 000 元,付现成本 13 000 元,预计有效期 5 年,按直线法计提折旧,无残值,所得税税率为 25%,则该项目(　　)

A. 回收期 2.86 年　　B. 回收期 3.2 年

C. 投资利润率 22.5%(税后)　　D. 投资利润率 35%(税后)

三、判断题

1. 投资项目评价所运用的内含报酬率指标的计算结果与项目预定的贴现率高低有直接关系。(　　)

2. 现金净流量是指一定期间现金流入量和现金流出量的差额。(　　)

3. 投资利润率和静态的投资回收期这两个静态指标其优点是计算简单,容易掌握,且均考虑了现金流量。(　　)

4. 在整个项目计算期内,任何一年的现金净流量,都可以通过“净利润+折旧”的简化公式来确定。(　　)

5. 如果两个投资方案的使用年限不同,比较净现值总额或总成本现值没有意义。(　　)

6. 多个互斥方案比较,一般应选择净现值大的方案。(　　)

7. 在计算现金净流量时,无形资产摊销额的处理与折旧额相同。(　　)

8. 什么情况下都可以通过逐次测试逼近方法计算内含报酬率。(　　)

9. 在不考虑所得税因素情况下,同一投资方案分别采用快速折旧法、直线法计提折旧不会影响各年的现金净流量。(　　)

10. 某折现率可以使某投资方案的净现值等于零,则该折现率可以成为该方案的内含报酬率。(　　)

四、计算题

1. 某中小企业拟建造一项生产设备。预计建设期为1年，所需原始投资200万元于建设起点一次投入。该设备预计使用寿命为5年，试用期满报废清理时无残值。该设备折旧方法使用直线法。该设备投产后每年增加息税前利润为100万元，所得税税率为25%，项目的基准收益率为20%。

   要求：

   (1)计算项目计算期内各年净现金流量；

   (2)计算该设备的静态投资回收期；

   (3)计算该投资项目的会计收益率；

   (4)假定适用的行业基准折现率为10%，计算项目净现值；

   (5)计算项目净现值率；

   (6)评价其财务可行性。

2. 某中小企业拟建造一项生产设备。预计建设期为1年，所需原始投资200万元于建设起点一次投入。该设备预计使用寿命为5年，使用期满报废清理时无残值。该设备折旧方法采用直线法。该设备投产后每年增加净利润60万元。假定适用的行业基准折现率为10%。

   要求：

   (1)计算项目计算期内各年现金净流量；

   (2)计算项目净现值；

   (3)计算该项目的现值指数；

   (4)计算该项目的内含报酬率；

   (5)评价项目的财务可行性。

3. 某中小企业引进一条生产流水线，投资100万元，使用期限5年，期满残值5万元，每年可使中小企业增加营业收入80万元，同时也增加付现经营成本30万元，营业税金及附加5万元。折旧采用直线法计提，中小企业要求最低报酬率为10%，所得税税率25%。

   要求：计算该项投资的净现值并判断其可行性。

项目六
中小企业营运资金管理

▶ 学习目标

（一）知识目标

1. 理解营运资金管理的相关概念与方法；
2. 掌握最佳货币持有量的计算、信用政策的制定和经济批量的决策方法；
3. 掌握短期筹资的方式和相应的成本计算；
4. 了解现金、应收账款、存货的日常管理。

（二）能力目标

1. 能确定最佳货币持有量；
2. 会做应收账款管理决策；
3. 能计算不同情况下的最佳采购批量。

▶ 学习任务

任务一　认识营运资金；

任务二　管理现金；

任务三　管理应收账款；

任务四　管理存货。

任务一　认识营运资金

▶ 任务导入

营运资金管理

假设你创立了一家中小企业，经营日用百货。有客户向你买手套（2元/双）。也有供应商向你供货（1元/双），但条件是现金交易。这样，你用100万元进手套，转手出售，就可挣100万元。但是你可能面临的情况是手上没有资金，拿不出100万元购手套。为了拿下这笔生意，你向朋友张然借了100万元来购手套。为了方便计算，假设每借1元，每月付0.2元的利息。假如买家一个月后给你付款，你再把款项付给张然，则你的收益为：200-100-20=80万元。这样，你没有用自己一分钱，也挣了80万元。但是如果买家6个月后付款，你会挣多少？200-100-120=-20。你不但没挣钱，反而亏钱了。这个事例告诉我们，应收账款是有容忍账期的，超过了容忍账期，不但不会挣钱，反而会亏钱。对应收账款账龄账期的管理，就是营运资金管理的内容。

请思考：如何对营运资金进行管理？

案例来源：原创。

▶ 任务分析

企业经营过程中向供应商采购材料形成应付账款，经过生产加工后，变成价值量更高的产成品再出售给客户，形成应收账款。只要企业的应付账款的时间短于存货时间与应收账款时间之和，企业就无法从产品销售中偿付购入支出，需要用其他资金来支付。这是因为企业有资金占用在存货和应收账款等流动资产上，导致需要其他资金来偿付，这就是营运资金。企业在生产经营规模等因素已确定的条件下，流动资金周转越快，需要的营运资金就越少。成功的营运资金管理是使得在满足正常生产经营情况下必需运行的资金保持在最低水平。如何管理好营运资金，要从以下知识学起。

知识准备

一、营运资金的概念及特点

（一）营运资金的概念

营运资金是在中小企业生产经营活动中占用在流动资产上的资金。营运资金有广义和狭义之分，广义的营运资金又称毛营运资金，是指一个中小企业流动资产的总额；狭义的营运资金又称为净营运资金，是指流动资产减去流动负债后的差额。本书营运资金主要指狭义的营运资金。营运资金管理既包括流动资产的管理，也包括流动负债的管理。

1. 流动资产

流动资产是指可以在1年（含1年，下同）以内的或超过1年的一个营业周期内变现或运用的资产。流动资产具有占用时间短、周转快、易变现等特点，中小企业拥有较多的流动资产，可在一定程度上降低财务风险。

2. 流动负债

流动负债是指需要在1年以内或者超过1年的一个营业周期内偿还的债务。流动负债具有成本低、偿还期限短的特点，必须认真进行管理。

（二）营运资金的特点

为了有效地管理营运资金，必须研究营运资金的特点，以便有针对性地进行管理。营运资金一般具有如下特点：

1. 来源具有多样性

中小企业筹集营运资金的方式较为灵活多样，通常有短期借款、商业信用、应交税费、应付职工薪酬、票据贴现等多种方式。

2. 数量具有波动性

流动资产的数量会随着中小企业内外条件的变化而变化，时高时低，波动很大。随着流动资产的变化，流动负债的数量也会相应发生变动。

微课视频：
营运资金概述

3. 周转具有短期性

中小企业占用在营运资金上的资金，周转一次所需的时间较短，通常会在 1 年或超过 1 年的一个营业周期内收回，对中小企业影响的时间比较短。

4. 实物形态具有变动性和易变现性

随着经营活动的进行，流动资金从货币资金开始，相继转化原材料、产成品、应收账款等流动资产。这些资产一般具有较强的变现能力，当中小企业遇到意外情况，资金周转不灵的时候，可以迅速变卖这些资产，以获取现金。

二、营运资金管理的原则

营运资金在中小企业的全部资金中占有很大的比重，且周转期短，形态易变，所以必须遵循以下原则：

1. 合理确定资金需要量

中小企业营运资金的需求与中小企业生产经营活动直接相关，当中小企业产销两旺时，流动资产会不断增加，流动负债也会相应增加，而当中小企业产销量不佳时，流动资产和流动负债也会相应减少。因此，中小企业财务人员应认真分析生产经营情况，采用一定的方法预测营运资金需要的数量，以便合理地使用营运资金。

2. 提高资金使用效率

当中小企业的生产规模一定时，流动资产的周转速度与流动资金的需要量呈反向变动。加速营运资金的周转也就相应提高了资金的使用效率。中小企业要尽可能地加速存货、应收账款等流动资产的周转，以便用有限的资金取得最优的经济效益。

3. 节约资金使用成本

营运资金具有流动性强的特点，但是流动性越强，收益性越弱。如果中小企业的营运资金持有过多，会降低中小企业的收益。因此，中小企业在保证生产经营需要的前提下，要控制营运资金的占用量，既要满足经营需要，又不能安排过量而造成浪费。

拓展阅读：100 元和 1000 元的故事

4. 维持短期偿债能力

中小企业的短期负债主要是用短期资产来偿付。当中小企业的短期资产过少时，一旦短期债务到期，而中小企业又无法通过恰当的途径筹措到短期资金时，就容易出现到期无法偿还债务的情况。因此，中小企业要安排好二者的关系，从而保证有足够的短期偿债能力。

知识加油站

易变现率

易变现率是经营性流动资产中长期筹资来源的比重。其计算公式为：

$$易变现率=\frac{所有者权益+非流动负债+经营性流动资产-长期资产}{经营性流动资产}$$

$$=\frac{长期资金来源-长期资产}{经营性流动资产}$$

在营业低谷时，适中型筹资策略易变现率为1，激进型筹资策略易变现率小于1，保守型筹资策略易变现率大于1。在营业高峰时，易变现率均小于1，数值越小，风险越大。当净金融负债为0时，即波动性流动资产=短期金融负债时，易变现率为1，中小企业存在净金融负债会使易变现率小于1，存在净金融资产会使易变现率大于1。

三、营运资金的筹资策略

营运资金筹资策略的类型通常有三种：适中型筹资策略、保守型筹资策略和激进型筹资策略。

（一）适中型筹资策略

适中型筹资策略尽可能贯彻筹资匹配原则，即长期投资由长期资金支持，短期投资由短期资金支持。如图6.1-1所示。在这种策略下，波动性流动资产=短期金融负债，非流动资产+稳定性流动资产=所有者权益+非流动负债+经营性流动负债，当短期金融负债到期时，波动性流动资产可以变现偿债，财务风险适中。

（二）激进型筹资策略

激进型筹资策略下，短期金融负债不但满足临时性流动资产的资金需要，还要解决部分长期性资产的资金需要。如图6.1-2所示。在这种策略下，波动性流动资产<短期金融负债，非流动资产+稳定性流动资产>所有者权益+非流动负债+经营性流动负债。当短

资产	负债
波动性流动资产	短期金融负债
稳定性流动资产	经营性流动负债
非流动资产	非流动负债
	所有者权益
资产合计	负债及所有者权益合计

图 6.1-1　适中型筹资策略简图

期金融负债到期时,波动性流动资产变现不足以偿还,中小企业只能另筹其他资金偿还,容易出现资金周转问题。因而,这种策略风险大。又因为波动性流动资产占比小,中小企业资产的整体收益较高,且由于短期金融负债的比重较大,所以长期资金的资本成本较低。

资产	负债
波动性流动资产	短期金融负债 营运资金为负
稳定性流动资产	经营性流动负债
非流动资产	非流动负债
	所有者权益
资产合计	负债及所有者权益合计

图 6.1-2　激进型筹资策略简图

（三）保守型筹资策略

保守型筹资策略下,短期金融负债只满足部分波动性流动资产的资金需要,另一部分波动性流动资产和全部的稳定性流动资产,全部由长期资金来源支持。如图 6.1-3 所示。在这种策略下,波动性流动资产>短期金融负债,非流动资产+稳定性流动资产<所有者权益+非流动负债+经营性流动负债。当短期金融负债到期时,波动性流动资产变现偿还有剩余,中小企业出现到期无法偿还债务的可能性小,风险小,但因为比较多的资金占用在收益性较差的流动资产上,中小企业资产的整体收益较低,且由于短期金融负债的比重较小,长期资金的资本成本较高。波动性流动资产与短期金融负债的差就是营运资金的量。稳定性流动资产和非流动资产统称为长期性资产。临时性负债属于短期负债,筹资风险

大,但资本成本低。三种策略中激进型筹资策略的临时性负债所占比重最大,保守型筹资策略的临时性负债所占比重最小。

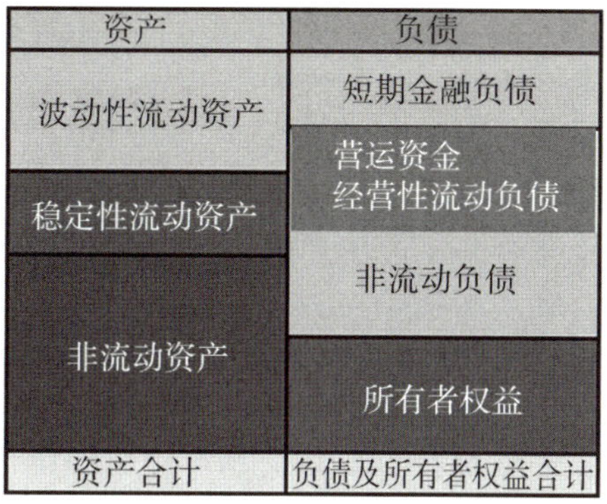

资产
波动性流动资产
稳定性流动资产
非流动资产
资产合计
负债
短期金融负债
营运资金
经营性流动负债
非流动负债
所有者权益
负债及所有者权益合计

图 6.1-3 保守型筹资策略简图

▶ 任务实施

此次任务可以通过如下途径实现:

(1)阅读任务案例,思考营运资金产生的原因?

(2)小组讨论如何管理好现金、应收账款、存货等流动资产?

▶ 任务小结

营运资金是流动资产减去流动负债后的差额。其特点是来源多样性、数量波动性、周转短期性、实物形态变动性和易变现性。营运资金管理的目标是在保证企业正常生产经营的前提下,尽可能减少流动资产的资金占用额。管理营运资金应一方面应管理好流动资产,另一方面应管理好流动负债。

任务二　管理现金

▶ 任务导入

福信集团的最佳现金持有量计算

福信集团下属两个子公司，甲公司现金收支状况较为稳定，预计全年（按360天计算）现金需要量为4 000万元，现金与有价证券的转换成本为每次5 000元，有价证券的利率为10%。乙公司全年现金需要量为1 600万元，预计存货周转期为100天，应收账款周转期为60天，应付账款周转期为70天。假定乙公司的机会成本为8%。

请思考：福信集团如何确定下属甲、乙两个公司的最佳现金持有量？

案例来源：原创。

▶ 任务分析

现金是可以立即投入流动的交换媒介。现金是流动性和变现能力最强的资产，可以用来购买商品、货物、劳务和偿还债务。但现金的营利性最弱。保持合理的现金水平是企业现金管理的重要内容。企业应合理安排现金的持有量，在保证企业各种活动所需要现金的同时，减少现金的闲置，提高现金的使用效果。如何确定企业最佳现金持有量，要从下面的知识学起。

▶ 知识准备

一、营运资金的概念及特点

现金有广义和狭义之分。广义的现金是指在生产经营过程中以货币形态存在的资金，包括库存现金、银行存款和其他货币资金等。狭义的现金仅指库存现金。本章的现金是指广义的现金。

在所有资产中，现金是流动性最强的资产，但营利性也最弱。中小企业因种种原因必须置存现金，但应合理安排现金的持有量，在保证中小企业各种活动所需现金的同时，减少现金的闲置，提高现金的使用效果。

二、现金管理的内容和目标

（一）现金管理的内容

中小企业拥有足够的现金对降低中小企业的财务风险，增加中小企业的偿付能力，满足日常支付的需要，具有重要意义。现金管理的目的是既要保证一定的流动性又要保证一定的收益性。因此，现金管理包括以下内容：

1. 编制现金预算，估计现金需求

中小企业现金预算是现金管理的重要方法，通过编制现金预算，可以合理估计未来的现金需求。

2. 确定最佳现金持有量

中小企业应采用一定的方法来确定最佳持有量。既要保证中小企业经营的现金需要，又要避免产生过多的闲置现金，确定一个科学合理的量，以达到最佳的现金管理效果。

3. 对日常的现金收支进行控制

中小企业采用一定管理方法，加速现金收回和控制现金流出。

（二）现金管理的目标

现金管理的目标是在保证中小企业生产经营所需要现金的情况下，尽量降低现金的持有成本。具体而言，现金管理有两个主要目标：

1. 现金的持有量能够满足中小企业各种业务往来的需要；
2. 将闲置资金减少到最低限度。

三、中小企业持有现金的动机和成本

（一）中小企业持有现金的动机

中小企业持有现金，主要出于以下几种需求：

微课视频：
现金管理

1. 交易性需求

交易性需求,是指中小企业生产经营活动中现金支付的需求,如购买原材料、支付工资、偿还借款、缴纳税费等。中小企业每天的现金收入与现金支出很少等额发生,保留有一定的现金余额可使中小企业在现金支出大于现金收入时,不致中断交易。这种需求发生频繁,金额较大,是中小企业持有现金的主要原因。

2. 预防性需求

预防性需求是指中小企业为应付意外的、紧急的情况而需要持有的现金。紧急情况如生产事故、自然灾害、客户违约等会打破原先的现金收支平衡。中小企业为预防性需求而持有的现金数额多少取决于中小企业临时举债能力、其他流动资产变现能力、对现金预测的可靠性程度和愿意承担的风险程度等。希望尽可能减少风险的中小企业倾向于保留大量的现金余额,以应付其交易性需求和大部分预防性需求。

3. 投机性需求

投机性需求是指中小企业为了抓住转瞬即逝的市场机会,投机获利而持有的现金。如捕捉机会低价买入有价证券,在短期内抛售获利。

(二) 中小企业持有现金的成本

持有成本是指中小企业持有一定数量的现金而发生的费用,或者现金发生短缺时所付出的代价。它主要由以下四部分组成:

1. 机会成本

持有现金的机会成本是指资金被占用在现金状态而丧失投资于其他领域所获得的收益。如某中小企业年均持有现金 100 万元,有价证券的平均利率为 8%,则该中小企业持有现金的机会成本为 100×8% = 8 万元。机会成本与现金持有量相关,持有的现金越多,机会成本越大,反之,就越少。机会成本是持有现金决策的相关成本。

2. 转换成本

转换成本是指中小企业用现金转换有价证券以及转让有价证券以换取现金时付出的

你听我说:
持有现金的动机

与交易次数有关的成本。转换成本可以分为两类:一是与委托金额相关的费用,如买卖佣金。二是与委托金额无关而只与转换次数有关的费用,如委托手续费,过户费等。转换成本是只考虑后一种。现金持有量越少,进行证券转换的次数就越多,相应的转换成本就越大。转换成本是持有现金决策的相关成本。

3. 管理成本

管理成本是指中小企业因持有一定数量的现金而发生的管理费用。如管理人员的工资,安全措施费用等,一般认为是一种固定成本,在一定范围内与现金持有量的多少关系不大。管理成本是持有现金决策的无关成本。

4. 短缺成本

短缺成本是指在现金持有量不足,又无法及时通过有价证券变现加以补充给中小企业造成的损失,包括直接损失和间接损失。如因缺少现金不能及时采购导致的生产中断的损失,不能到期还债造成的信用损失等。现金的短缺成本随着现金持有量的增加而下降,随现金持有量的减少而上升,当持有量达到一定量时,短缺成本为0。短缺成本是现金持有量决策的相关成本。

四、最佳现金持有量的确定

基于交易性、预防性、投机性的需求,中小企业必须持有一定量的现金。现金虽然流动性好,但又是收益最差的资产,持有过多虽然可降低中小企业的财务风险,但是却会影响中小企业的投资收益;持有过少又不能满足各种需求,因此,确定一个最佳的现金持有量成为现金管理的关键。

最佳现金持有量是指使持有现金发生的总成本最低的一个现金持有量。即现金的机会成本、转换成本、管理成本和短缺成本保持最低组合水平的现金持有量。常用来分析最佳现金持有量的模式有:现金周转模式、成本分析模式、存货模式和随机模型。

(一)现金周转模式

现金周转模式是指从现金周转的角度出发,根据现金的周转速度来确定最佳现金持有量。现金的周转速度一般以现金周转期或现金周转率来衡量。所谓现金周转期,是指从现金购买原材料开始,到销售产品并最终收回现金的整个过程所花费的时间。

现金周转期=存货周转期+应收账款周转期-应付账款周转期

现金周转率(次数)=360(天)÷现金周转期

$$最佳现金持有量=\frac{预期全年现金需要量}{现金周转率}$$

知识加油站

存货周转期=360÷存货周转率

应收账款周转期=360÷应收账款周转率

应付账款周转期=360÷应付账款周转率

$$存货周转率=\frac{营业成本}{平均存货}=\frac{营业成本}{(期初存货+期末存货)\div 2}$$

$$应收账款周转率=\frac{营业收入}{平均应收账款}=\frac{营业收入}{(期初应收账款+期末应收账款)\div 2}$$

$$应付账款周转率=\frac{主营业务成本+期末存货-期初存货}{平均应付账款}$$

$$=\frac{主营业务成本+期末存货-期初存货}{(期初应付账款+期末应付账款)\div 2}$$

【业务实例 6-1】某中小企业预计全年需用现金 1 440 万元,预计存货周转期为 100 天,应收账款周转期为 50 天,应付账款周转期为 60 天。

要求:计算该中小企业的最佳现金持有量。

解析:现金周转期=100+50-60=90(天)

现金周转率=360/90=4(次)

最佳现金持有量=1 440/4=360(万元)

(二)成本分析模式

成本分析模式是指根据现金有关成本,分析预测其总成本最低时现金持有量的一种方法。

成本分析模式假设:

1. 中小企业持有的现金均为货币形态,没有有价证券,不考虑转换成本。

2. 管理成本是固定成本,因而也是一项无关成本。

在这种模式下,最佳货币持有量就是持有现金而产生的机会成本与短缺成本之和最小时的现金持有量。如图 6.2-1 所示。

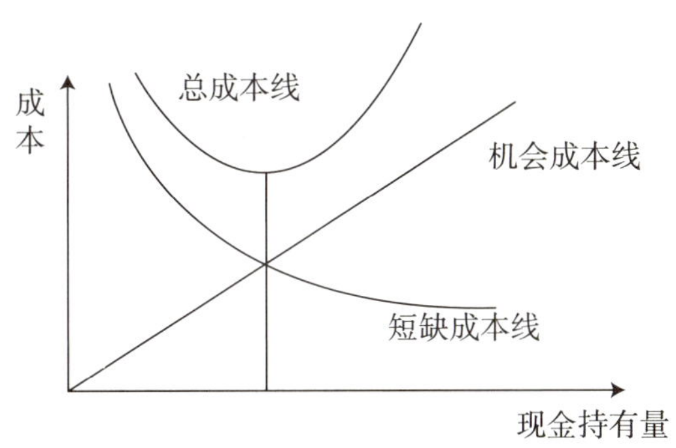

图 6.2-1　最佳现金持有量

【业务实例 6-2】某中小企业现有四种现金持有方案，有关持有现金的成本资料如表 6.2-1 所示。

表 6.2-1　现金持有量备选方案表

单位：元

项目	A	B	C	D
现金持有量	100 000	200 000	300 000	400 000
机会成本率	10%	10%	10%	10%
短缺成本	48 000	25 000	10 000	500

要求：用成本分析模式求中小企业最佳现金持有量。

解析：根据表 6.2-1，用成本分析模式计算最佳现金持有量，如表 6.2-2 所示。

表 6.2-2　最佳现金持有测算表

单位：元

方案及现金持有量	机会成本	短缺成本	相关总成本
A(100 000)	100 000×10% = 10 000	48 000	58 000
B(200 000)	200 000×10% = 20 000	25 000	45 000
C(300 000)	300 000×10% = 30 000	10 000	40 000
D(400 000)	400 000×10% = 40 000	5 000	45 000

由上述计算可知，C 方案的相关总成本最低，因此，中小企业的最佳货币持有量为 300 000 元。

（三）存货模式

存货模式是将持有现金的机会成本同证券买卖交易成本（或称为转换成本）进行权衡，用以解决现金的最佳持有量和一定时期内有价证券的最佳变现次数问题。当有多余现金时，将现金转换为有价证券；当现金不足时，将有价证券转换成现金。存货模式是借用存货经济批量公式来确定最佳现金持有量的一种方法。

存货模式假设：

1. 中小企业在某一段时期内需要用的货币资金事先已筹措到位，并以短期有价证券的形式存放在证券公司内。

2. 中小企业对货币资金的需求是均匀、稳定、可知的，可通过分批抛售有价证券取得。

3. 短期有价证券利率稳定、可知。

4. 每次有价证券变现的交易成本可知。

存货模式下确定现金余额，如图 6.2-2 所示：

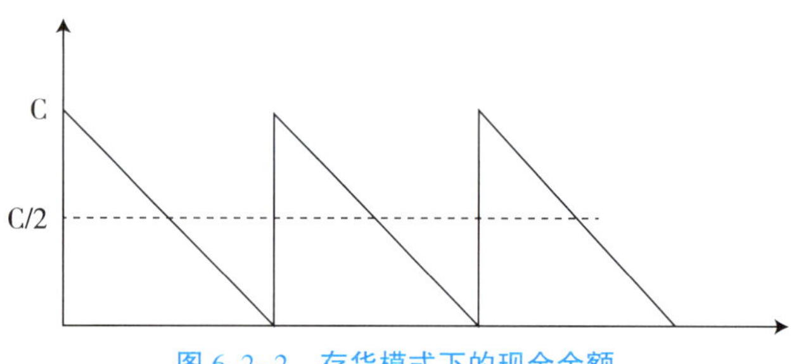

图 6.2-2　存货模式下的现金余额

存货模式下相关总成本公式：

总成本＝转换成本＋机会成本

＝交易次数×有价证券单次交易成本＋现金平均余额×有价证券收益率

$$TC=\frac{C}{2}\times i+\frac{T}{C}\times b$$

$$TC'=\frac{i}{2}-\frac{Tb}{C^2}$$

令 $TC'=0$，得

$$C=\sqrt{\frac{2Tb}{i}}$$

此时，
$$TC=\sqrt{\frac{2bT}{i}}\times\frac{i}{2}+Tb\times\sqrt{\frac{i}{2bT}}=\sqrt{2bTi}$$

因为 $TC=\frac{2Tb}{C^3}>0$，所以$\sqrt{2bTi}$是 TC 的最小值。可得：

最佳现金持有量 $C=\sqrt{\frac{2bT}{i}}$ 时，相关总成本达到最小值 $TC=\sqrt{\frac{2Tb}{i}}$

式中：TC——存货分析模式下的相关总成本；

C——一次交易金额，亦即中小企业最高现金持有存量；

i——有价证券收益率；

T——一个周期内货币资金需求；

b——有价证券一次交易固定成本。

【业务实例 6-3】某中小企业现金收支比较稳定，预计全年现金需要量为 250 000 元，现金与有价证券的转换成本为每次 500 元，有价证券年利率为 10%（一年按 360 天计算），要求：

（1）计算最佳现金持有量；

（2）计算最佳现金持有量下的全年持有现金相关总成本、全年现金交易成本和全年现金持有机会成本；

（3）计算最佳现金持有量下的全年有价证券交易次数和有价证券交易间隔。

解析：

（1）最佳现金持有量 $C=\sqrt{\frac{2\times250\ 000\times500}{10\%}}=50\ 000$（元）

（2）全年持有现金相关总成本 $TC=\sqrt{2\times250\ 000\times500\times10\%}=5\ 000$（元）

全年交易成本 = 250 000/50 000×500 = 2500（元）

全年现金持有机会成本 = 50 000/2×10% = 2500（元）

（3）全年有价证券的交易次数 = 250 000/50 000 = 5（次）

有价证券交易间隔 = 360/5 = 72（天）

知识加油站

最佳现金持有量的存货管理模式是美国经济学院威廉·鲍莫（William J. Baumol）首先提出来的。他认为中小企业现金持有量在许多方面与存货批量类似，因此，可用存货批量模型来确定中小企业最佳现金持有量。

（四）随机模式

当中小企业未来现金流量呈不规则波动、无法准确预测时，可使用随机模式来确定现金持有量。随机模式是在现金需求难以预知的情况下进行的现金持有量确定的方法。中小企业可以根据历史经验和需求，预算出一个现金持有量的控制范围，制定出现金持有量的上限和下限。当中小企业现金持有量达到上限时，用现金购入有价证券，使现金持有量下降；当现金持有量达到下限时，则抛出有价证券使现金持有量回升；若现金持有量在控制的上下限之内，则不必进行有价证券和现金的转换，保持它们各自的现在存量。如图6.2-3所示。H为上限，L为下限，Z为目标控制线。现金余额升至H时，可购进(H-Z)的有价证券，使现金余额回落到Z线；现金余额降至L时，出售(Z-L)金额的有价证券，使现金余额回落到Z的最佳水平。

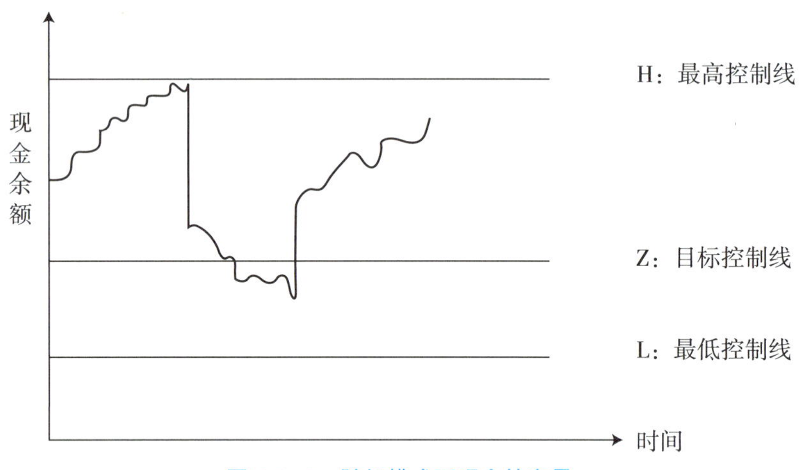

图6.2-3　随机模式下现金持有量

最低控制线L取决于模型之外的因素，其数额是由现金管理部经理综合考虑短缺现金的风险程度、中小企业借款能力、公司日常周转所需资金，银行要求的补偿性余额等因素的基础确定的。回归线Z可按下列公式计算：

$$Z=\sqrt[3]{\frac{3FQ^2}{4K}}+L$$

$$H=3Z-2L$$

或

$$H-Z=2(Z-L)$$

式中：Z——目标现金余额

H——现金持有量的上限

L——现金持有量的下限

F——转换有价证券的成本

Q——日现金净流量的标准差

K——持有现金的日机会成本(证券日利率)

【业务实例 6-4】假定某公司有价证券的年利率为 9%,每次固定转换成本为 50 元,公司认为任何时候其银行活期存款及现金余额均不能低于 1 000 元,又根据以往经验测算出现金余额波动的标准差为 800 元。求最优现金返回线 Z,现金控制上限 H。

解析:有价证券日利率 = 9%/360 = 0.025%

$$Z=\sqrt[3]{\frac{3FQ^2}{4K}}+L=\sqrt[3]{\frac{3\times50\times800^2}{4\times0.025\%}}+1\ 000=5579(\text{元})$$

$$H=3Z-2L=3\times5579-2\times1\ 000=14737(\text{元})$$

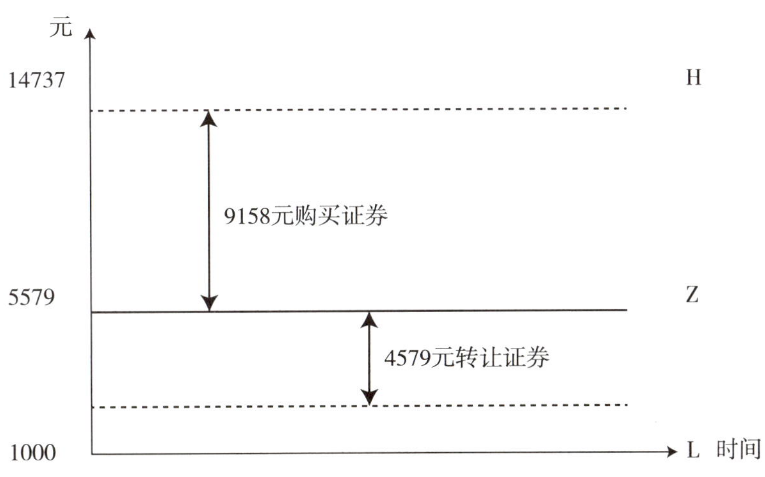

知识加油站

随机模型也叫米勒-奥尔模型,是由美国经济学家默顿·米勒和丹尼尔·奥尔提出的。默顿·米勒和丹尼尔·奥尔创建了一种能在现金流入量和现金流出量每日随机波动情况下确定目标现金余额的模型。又称最佳现金余额模型。在米勒-奥尔模型中,既引入了现金流入量也引入了现金流出量。模型假设日净现金流量(现金流入量减去现金流出量)服从正态分布。每日的净现金流量可以等于其期望值,也可以高于或低于其期望值。

你听我说:
现金的日常管理

五、现金的日常管理

加强现金日常管理的目的是防止现金闲置与流失，保障其安全和完整，并有效地发挥其功能，加速资金的运转，增强中小企业资产的流动性和债务的可清偿性，提高资金的收益率。

（一）现金收入的管理

中小企业的现金收入的管理重在缩短收款时间。当中小企业销售实现时，并不意味着已经得到了可以自由支配的现金收入，因为生产经营中很多交易都是通过支票、汇票或其他结算方式实现的。结算方式和商业信用的存在使中小企业无法立即使用销售收入，可能会造成中小企业的现金短缺。应收账款收现延误的部分原因中小企业无法控制，如银行的操作，但有些原因是中小企业应该关注和尽量处理的，比如开户银行的选择、应收账款的信用政策等。中小企业应该从各方面加速应收账款的收现，并适用一些加速收款的技术，如现金折扣、在线支付和自动转账系统等。

（二）现金支出的管理

现金支出的管理与现金收入管理相反，尽可能推迟应付款的支付。推迟应付款的支付，是指在不影响企业信誉的前提下，充分运用供货方所提供的信用优惠，尽可能地推迟应付款的支付。

（三）闲置现金的利用

由于中小企业开出支票到从开户银行实际划出这笔款项会有一定的时间间隔，从而形成中小企业账簿上现金余额与银行账户上的余额有一定的差额，称为现金“浮游量”。只要把握好时间，“浮游量”是可以利用的。中小企业用于投资或经营支出的款项，往往是资金先到位，而后再支付，通常会闲置一段时间。对于这些现金，如果让其闲置就是一种损失。因此，可将其投入流动性高、风险性低、交易期限短且变现及时的投资项目上，以获取更多的利益。如金融债券投资、可转让大额存单、回购协议等。虽然投资股票、基金、期货等也可行，但风险较大故不提倡。

总之，中小企业现金日常管理的意图是在保证日常生产经营业务的现金需求前提下，最大限度地加速现金的运转，从而获得最大的经济收益。由此入手，可以探寻出很多现金日常管理的方法和技巧。

▶ 任务实施

此次任务可以通过如下途径实现：

（1）甲公司最佳货币持有量用存货分析模式计算：

$$C=\sqrt{\frac{2bT}{i}}=\sqrt{\frac{2\times40\ 000\ 000\times5\ 000}{10\%}}=2\ 000\ 000（元）$$

（2）乙公司的最佳货币持有量根据现金周转模式计算：

现金周转期＝存货周转期＋应收账款周转期－应付账款周转期

＝100＋60－70＝90

现金周转率＝360/90＝4

现金持有量＝16 000 000/4＝4 000 000（元）

▶ 任务小结

企业持有现金的动机有交易性需求、预防性需求和投机性需求。最佳现金持有量的确定模型包括现金周转模式、成本分析模式、存货模式和随机模式。现金的日常管理包括现金收入的管理、现金支出的管理和闲置现金的利用。

任务三　管理应收账款

▶ 任务导入

福信公司2023年的信用政策应该如何选择

福信公司是一家成立5年的生产和销售太阳能热水器的公司。该公司产品质量优良,价格合理,在市场上颇受欢迎,销路很好,因此公司规模也迅速发展壮大起来。但是到了2022年,该公司开始出现问题:该公司以前为了扩大销售,占领市场,一直采用比较宽松的信用政策,客户拖欠的款项数额越来越大,时间越来越长,严重影响了资金的循环周转。公司不得不依靠长期负债及短期负债筹集资金。最近,主要贷款人不同意进一步扩大债务,所以公司经理层非常忧虑,考虑是否要改变原信用政策。

(1)原信用政策:公司信用条件为"2/10,n/90",约半数客户享受折扣,但有许多未享受折扣的客户延期付款,平均收账期约为60天。坏账损失为500万元,信贷部门的成本(收账费用)为50万元。

(2)新信用政策:如果改变信用条件为"2/10,n/30",那么很可能引起下列变化;销售额由1亿元降为9 000万元;坏账损失减少为90万元;信贷部门成本减少至40万元;享受现金折扣的金额由50%增加到70%;由于销售规模下降,公司库存资金占用将减少1 000万元;公司销售的变动成本率为60%,资金成本率为10%。

请思考:2023年公司是否应该选择新的信用政策。

案例来源:原创。

▶ 任务分析

企业在采取赊销方式促进销售、减少存货的同时,会因持有应收账款而付出一定的代价,但是同时也会因销售增加而产生一定的收益,所以企业需要在应收账款所增加的收益和所增加的成本之间做出权衡,通过选择合适的应收账款的信用政策,提高企业效益。要学会如何进行信用政策选择,应从学习以下知识开始。

知识准备

一、应收账款的作用和成本

（一）应收账款的作用

1. 促进销售

市场经济条件下，除了从产品质量、价格、售后服务等方面开展竞争，销售方式越发成为一种竞争手段。中小企业向客户赊销产品，相当于向客户提供了一笔在一定期限内无偿使用的资金。在银根紧缩、市场疲软、资金匮乏的情况下，赊销的促销作用十分明显，尤其在中小企业销售新产品、开拓新市场时，赊销就更加具有重要意义。

2. 减少存货

由于赊销方式能增加销售量，因而也促成了库存产品存货的减少，这有利于缩短产成品的库存时间，降低产品存货的管理费用、仓储费用和保险费用等各方面的支出。

（二）应收账款的成本

中小企业持有应收账款，也要付出增加相关成本的代价，应收账款的成本有以下几种：

1. 机会成本

应收账款的机会成本是指中小企业的资金被应收账款占用不能进行其他投资所丧失的投资收益。它与应收账款的数额及占用时间有关，也与资本成本率有关。

其计算公式为：

应收账款的机会成本＝维持赊销业务所需要的资金×资本成本

其中：资本成本一般可按有价证券收益率计算。

维持赊销业务所需要的资金可按下列步骤计算：

（1）计算应收账款周转率

应收账款周转率（次）＝日历天数（360）÷应收账款周转期（天）

（2）计算应收账款平均余额

应收账款平均余额＝赊销收入净额÷应收账款周转率（次）

＝日赊销额×平均收账期

＝日销售额×（现金折扣期×客户比例＋信用期限×客户比例）

（3）计算应收账款资金占用额

应收账款资金占用额=应收账款平均余额×变动成本÷销售收入

=应收账款平均余额×变动成本率

=赊销收入净额×变动成本率÷应收账款周转率(次)

由此可见,随着赊销业务的增多,赊销收入的增加,应收账款占用资金就越来越多,而应收账款周转率越高,应收账款占用资金就越小。因此,提高应收账款周转率是减少应收账款机会成本的有效方法。

【业务实例 6-5】若某中小企业预测的年度赊销收入为 1000 000 元,应收账款周转期为 45 天,变动成本率为 80%,资本成本为 10%。

要求:计算应收账款的机会成本。

解析:依据上述资料,应收账款的机会成本计算步骤如下:

第一步,应收账款周转率=360÷45=8(次)

第二步,应收账款平均余额=1 000 000÷8=125 000(元)

第三步,应收账款占用资金=125 000×80%=100 000(元)

第四步,应收账款的机会成本=100 000×10%=10 000(元)

2. 管理成本

应收账款的管理成本是指中小企业对应收账款进行管理而耗费的开支。包括对顾客信用情况调查的费用、收集信息的费用、催收账款的费用等。在应收账款的一定范围内,管理成本为固定成本。

3. 坏账成本

坏账成本是指由于某种原因导致应收账款不能收回而给中小企业造成的损失。存在应收账款,就难以避免坏账的发生,这会给中小企业带来不稳定与风险,中小企业可按有关规定以应收账款余额的一定比例提取坏账准备。坏账成本一般与应收账款的数额大小有关,与应收账款的拖欠时间有关。

二、信用政策

信用政策是指应收账款的管理政策,一般由信用标准、信用条件和收账政策三部分组成。

（一）信用标准

信用标准是指客户获得本中小企业的商业信用所应具备的条件。一般来说，中小企业的信用标准越高，中小企业的坏账损失越少，同时应收账款的机会成本和管理成本也就越少。但是，过高的信用标准不利于中小企业扩大销售，有可能影响中小企业产品的市场竞争力；反之，如果中小企业的信用标准定得过低，虽然有利于扩大销售，提高产品的市场占用率，但会增加坏账损失和应收账款的机会成本与管理成本。中小企业信用标准必须在二者之间权衡选定。

制定信用标准的定量依据是客户的信用等级和坏账损失率，定性依据是客户的资信程度。决定客户资信程度的因素有五个方面：

1. 客户品质，即客户的信誉，包括以往是否有故意拖欠账款和赖账行为。有无商业行为不端而受司法判处的前科，与其他供货中小企业的关系是否良好等。

2. 偿债能力，可通过分析客户的财务报表、资产与负债的比率、资产的变现能力等来作出判断。

3. 资本，即客户的经济实力和财务状况。

4. 抵押品，即客户如不能按期偿债时可用作抵押的资产，这对不知底细或信用状况有争议的客户尤为重要。

5. 经济情况，是指会影响客户偿债能力的社会经济环境。

（二）信用条件

信用条件是指中小企业向对方提供商业信用时要求其支付赊销款项的条件。信用条件包括信用期限和现金折扣等。信用条件的一般形式为“2/10，n/30”，即信用期限为30天，折扣期限为10天，现金折扣率为2%，表示若客户在10天内付款，可以享受2%的现金折扣，30天内需全额付清款项。信用条件是否优惠对中小企业的产品销售具有很大的影响。信用条件的选择依据是比较不同的信用条件的销售收入及相关成本，最后计算出各自的净收益，选择净收益最大的信用条件。

1. 信用期限

信用期限是中小企业允许客户从购货到付清货款的最长时间。一般来说，信用期限越长，对客户的吸引力越大，可以在一定程度上扩大产品的销售量。但是，应该注意到，过长的信用期限会使中小企业应收账款资金占用的机会成本增加，坏账损失和收账费用也会增加。信用期限过短对客户的吸引力不够，不利于扩大销售。信用期限优化的要点是：

考查延长信用期限增加的销售利润是否超过增加的成本费用。

【业务实例 6-6】如表 6.3-1 所示，某中小企业预计期限为 20 天，销售收入 200 万元，收账费用 10 万元，坏账损失 3 万元；信用期限若延长到 40 天，销售收入增加到 240 万元。收账费用和坏账损失分别增加到 12 万元和 5 万元。假定该中小企业投资报酬率为 9%，中小企业的变动成本率为 30%，假设固定成本保持不变。一年按 360 天计算。

要求：确定该中小企业应该选择哪一个信用期限？

解析：

表 6.3-1　中小企业信用方案分析

单位：万元

信用期限	40 天	20 天	增加额
销售额	240	200	40
销售成本			
变动成本	240×30% = 72	200×30% = 60	12
边际贡献	168	140	28
机会成本	240÷360×40×30%×9% = 0. 72	200÷360×20×30%×9% = 0. 3	0. 42
收账费用	12	10	2
坏账损失	5	3	2
净收益	150. 28	126. 7	23. 58

增加销售利润 = 168−140 = 28(万元)

$$增加机会成本 = 240\times\frac{72}{240}\times9\%\times\frac{40}{360}-200\times\frac{60}{200}\times9\%\times\frac{20}{360} = 0.42(万元)$$

增加的收账费用 = 12−10 = 2(万元)

增加坏账费用 = 5−3 = 2(万元)

增加的净收益 = 28−(0. 42+2+2) = 23. 58(万元)>0

所以应选择 40 天信用期限。

2. 现金折扣

现金折扣是指中小企业给予客户在规定时期内提前付款，能按销售额的一定比率享受折扣的优惠政策，包括折扣期限和现金折扣率两个因素。在有现金折扣的情况下，信用条件优化的要点是：增加的销售利润能否超过增加的机会成本、管理成本、坏账成本和折扣成本四项之和。

【**业务实例 6-7**】根据业务实例 6-6 的资料，若中小企业采用 40 天的信用期限的同时，向客户提供(2/10，n/40)的现金折扣，预计将有销售额 60%的客户在折扣期内付款，而收账费用和坏账损失均比信用期为 40 天的方案下降了 8%。要求：判断该中小企业应否向客户提供现金折扣。

解析：在有现金折扣时，

平均收账期 = ∑(折扣期×相应的折扣期内付款额的比例)

$= 10\times60\%+40\times40\%$

$= 22$(天)

增加的销售利润 = 0

增加的机会成本 $= 240\times\frac{22}{360}\times30\%\times9\%-240\times\frac{40}{360}\times30\%\times9\% = -0.324$(万元)

增加的收账成本 $= 12\times(-8\%) = -0.96$(万元)

增加坏账成本 $= 5\times(-8\%) = 0.4$(万元)

增加折扣成本 $= 240\times60\%\times2\% = 2.88$(万元)

增加净收益 $= 0-(-0.324-0.96-0.4+2.88) = -1.196$(万元)

因为提供现金折扣后增加的净收益小于 0，所以中小企业不应该向客户提供现金折扣。

(三) 收账政策

收账政策是指客户超过信用期限而仍未付款或拒付账款时中小企业采取的收账策略。中小企业在向客户提供商业信用时，必须考虑三个问题：一是客户不讲信用拖欠账款或拒付账款的概率有多大？二是怎样最大限度地防止客户拖欠账款？三是一旦账款遭到拖欠甚至拒付时，中小企业应采取怎样的对策？前两个问题主要靠信用调查和严格的信用审批制度，第三个问题则必须通过指定完善收账方针，采取有效收账措施予以解决。

中小企业如果采取积极的收账政策，就会减少应收账款的坏账损失，但会增加收账成本；反之，采取消极的收账政策，虽不会发生收账成本，但会增加应收账款的平均占用资金，增加坏账损失。因此，当中小企业应收账款被拖欠或拒付时，应该先分析其原因。如果是由于中小企业的信用标准及信用审批制度存在问题，则应立即加以改进，防止此类情况再次发生；如果是信息收集有误或对方的信息收集不全，而导致对对方的信用等级评定有问题，则应重新收集有关最新信息并重新评定其信用等级；对于偶然的拖欠，可以先通过信函、电话、电传或派员前往等方式进行催收，力争问题能得到妥善的解决，当然有时也需要作出必要让步。如果双方经过多次协商仍然无法达成协议，可以考虑通过法律途径解决问题。

无论采取何种方式催收账款，都需要付出一定的代价，即收账费用。一般来说，收账费用支出越多，坏账损失越少，但它们之间并不存在线性关系。在制定收账政策时，应权衡增加收账费用与减少应收账款机会成本和坏账损失之间的得失。

【业务实例 6-8】某中小企业不同收账政策条件下的有关资料如表 6.3-2 所示。

表 6.3-2　收账政策资料表

项目	现行收账政策	建议收账政策
年收账费用(元)	20 000	250 000
应收账款平均收现期(日)	45	30
坏账损失率	4%	3%

该中小企业当年销售额为 2 400 000 元(全部赊销)，变动成本率为 40%，不计收账政策对销售收入的影响。该中小企业应收账款的机会成本率为 10%。

要求：根据以上资料分析选择收账政策。

解析：在现行收账政策与建议收账政策下，中小企业的销售额都一样，只要比较两种方案下相关费用，选择费用小的收账政策。

现行收账政策下：

$$应收账款机会成本=2\ 400\ 000\times\frac{45}{360}\times40\%\times10\%=12\ 000(元)$$

应收账款的坏账损失 $=2\ 400\ 000\times4\%=96\ 000$(元)

收账费用 $=20\ 000$(元)

费用成本之和 $=12\ 000+96\ 000+20\ 000=128\ 000$(元)

建议收账政策下：

$$应收账款机会成本=2\ 400\ 000\times\frac{30}{360}\times40\%\times10\%=8\ 000(元)$$

应收账款的坏账损失 $=2\ 400\ 000\times3\%=72\ 000$(元)

收账费用＝25 000（元）

费用成本之和＝8 000+72 000+25 000＝105 000（元）

建议收账政策下相关成本与费用之和小于现行政策下相关成本与费用之和，应采用建议收账政策。

三、应收账款的日常管理

应收账款的管理除了确定合理的信用政策之外，还要做好应收账款的日常管理，采取有力的措施对应收账款进行分析和控制，及时发现问题、解决问题。这些措施主要包括调查及评价客户信用、监控应收账款、应收账款收现保证率分析和应收账款保理等。

（一）调查及评价客户信用

信用调查是指收集和整理反映客户信用状况的有关资料的工作。信用调查是中小企业应收账款日常管理的基础，是正确评价客户的前提条件。中小企业对客户进行调查可通过直接调查法和间接调查法进行。直接调查就是调查人员与被调查单位直接接触，通过当面采访、询问、观看等方式获取信用资料，但如果被调查单位不配合，调查工作难以开展。间接调查是通过被调查单位及其他单位保存的有关原始记录和核算资料，加工整理获得被调查单位的信用资料。如被调查单位的财务报表，信用评估机构、银行、税务、工商等部门对其信用的记录和评级等。

（二）监控应收账款

应收账款一旦发生，赊销中小企业就必须考虑如何按期足额收回的问题，要注意跟踪分析。应收账款的账龄分析是通过分析不同应收账款的账龄及其占的比重，掌握逾期账款的客户有哪些，比重有多大，以便对不同拖欠时间的账款及不同品质的客户，采取不同的信用政策和收账政策。

（三）应收账款收现保证率分析

应收账款收现保证率是指在一定会计期间内必须收现的应收账款占全部应收账款的

你听我说：应收账款的日常管理

比重。所谓必须收现的应收账款是指在一定会计期间内，为了保证中小企业正常的现金流转，特别是满足具有刚性约束的纳税及偿付不能展期的到期债务的需要，而必须通过应收账款收现来补充的现金，其数值等于当期必要的现金支付总额与当期其他稳定可靠的现金流入总额之间的差额。即：

必须收现的应收账款＝当期必要的现金支出－当期其他稳定可靠的现金流入总额

应收账款收现保证率＝必须收现的应收账款÷全部应收账款

其中，当期其他稳定可靠的现金流入总额是指从应收账款收现以外可以取得的其他稳定可靠的现金流入数额，主要包括短期有价证券变现净额和可随时取得的银行贷款额等。

中小企业当期现金支付需要量与当期应收账款之间存在密切的关系，中小企业的应收账款的回收是现金的主要来源，但是应收账款的收现期往往不稳定，与现金需要时间也往往不一致，所以，必须确定一个应收账款收现的最低标准，以保证中小企业的现金需要。

（四）应收账款保理

应收账款保理是中小企业将赊销形成的未到期应收账款，在满足一定条件的情况下，转让给保理商，以获得流动资金，加快资金的周转。理论上讲，保理可以分为买断型保理（非回购型保理）和非买断型保理（回购型保理）、有追索权保理和无追索权保理、明保理和暗保理、折扣保理和到期保理。有追索权的保理是指供应商将债权转让给保理商，如果购货商拒绝付款或无能力付款，保理商有权向供应商进行追索的保理。保理商具有全部"追索权"，坏账风险由供应商承担。而无追索权的保理是指保理商将销售合同完全买断，并承担全部的收款风险的保理。这种保理方式下，坏账风险由保理商承担。明保理是保理商和供应商需要将销售合同被转的情况通知购货商，并签订保理商、供应商、购货商之间的三方合同。暗保理是指供应商为了避免让客户知道自己因流动资金不足而转让应收账款，并不将债权转让情况通知客户，货款到期时仍由销售商出面催款，再向保理商还借款的保理方式。折扣保理又称为融资保理，即销售合同到期前，保理商将剩余未收到部分先预付给销售商，一般不超过全部合同的70%—90%。到期保理保理商不提供预付账款融资，在赊销到期时才支付，届时不管货款是否收到，保理商都必须向销售商支付货款。应收账款保理实质是一种利用未到期应收账款作为抵押获得保理商（通常为银行）短期借款的一种融资方式。

【业务实例6-9】A公司是一家小型玩具制造商，2019年11月的销售额为40万元，12

月销售额为45万元,根据公司市场部的销售预测,预计2020第一季度1-3月的月销售额分别为50万元、75万元和90万元。根据公司财务部一贯招待的收款政策,销售额的收款进度为销售当月收款60%,次月收款20%,第三个月收款10%。公司预计2020年3月有30万元的资金缺口,为了筹措所需资金,公司决策将3月全部应收账款进行保理,保理资金回收比率为80%。要求:

(1)测算2020年2月的现金收入合计。

(2)测算2020年3月应收账款保理资金回收额。

(3)测算2020年3月应收账款保理收到的资金能否满足当月资金需求。

解析:

(1)2月现金收入合计=45×10%+50×30%+57×60%=64.5(万元)

(2)3月应收账款=75×10%+90×40%=43.5(万元)

3月应收账款保理资金回收额=43.5×80%=34.8(万元)

(3)3月应收账款保理资金回收额大于3月资金缺口,因此,3月应收账款保理资金回收额能满足当月资金需求。

▶ 任务实施

此次任务可以通过如下途径实现:

(1)计算新旧信用政策下的边际贡献差

新旧信用政策下边际贡献差=9 000×(1-60%)-10 000×(1-60%)=-400(万元)

(2)计算新旧信用政策下的机会成本差

原信用政策下应收账款占用资金=10 000/360×60×60%=1 000(万元)

新信用政策下应收账款占用资金=9 000/360×(70%×10+30%×30)×60%=240(万元)

新旧信用政策下的机会成本差=(240-1 000)×10%=-76(万元)

(3)计算新旧信用政策下收账费用差

新旧信用政策下收账费用差=40-50=-10(万元)

(4)计算新旧信用政策下坏账损失差

新旧信用政策下坏账损失差=90-500=-410(万元)

(5)计算新旧信用政策下现金折扣差

新旧信用政策下现金折扣差＝9 000×0.7×0.02－10 000×0.5×0.02＝26(万元)

(6)计算变更信用政策净收益

变更信用政策净收益＝－400－(－76－10－410+26)＝70(万元)大于0

因此,2023年公司应该选择新的信用政策。

▶ 任务小结

企业需要制定信用政策,确定信用期和现金折扣,使因应收账款增加的收益大于因应收账款增加的成本。企业还应制定适当的收账政策,做好调查及评价客户信用、监控应收账款、应收账款收现保证率分析和应收账款保理等日常管理工作。

任务四　管理存货

▶ 任务导入

戴尔的零库存

戴尔公司是实施零库存管理模式的典型成功实例。“坚持直销,摒弃库存,与客户结盟”便是戴尔公司有名的“黄金三原则”。戴尔公司的装配车间没有设置仓储空间,原配件由供应商直接运送至装配线,生产出的产品也直接配送给指定客户,原配件和产成品均采用零库存制。订单由客户传至戴尔公司的控制中心,控制中心负责将任务分解,并通过企业间信息网分派给第三方物流企业,通知其将一级供应商生产完工的配件送至戴尔公司;与此同时,控制中心还会迅速地将订单分配到各个生产线上。生产线上装配好的整机包装好后,被运送到特定的区域进行分区配送。从整个生产流程来看,从零部件被送进戴尔公司到产成品的运出,通常只需要四至六个小时的时间。

请思考:戴尔的零库存给中小企业什么样的启示?

案例来源:张睿涵.零库存管理模式探究——以戴尔公司为例[J].中外企业家,2020,683(21):78.

▶ 任务分析

存货是企业的重要资产之一。在很多的企业中,存货种类繁多,占用资金比重大。存货资金占用管理的优劣,对整个企业的财务状况和经营成果影响极大。存货管理是营运资金管理的重要环节,是企业实现经营目标、维护流动资产安全与完整、保证财务收支合法、会计信息真实的一种内部协调、相互制约和监督的控制系统。如何管理好存货,要从学习以下知识开始。

▶ 知识准备

存货是指中小企业在生产经营过程中为销售或者生产耗用而储备的物资。存货主要包括中小企业库存的原材料、辅助材料、包装物、低值易耗品、在产品、半成品、和库存商品等。一般来说,存货的流动资产所占的比重为40%—60%,存货管理水平的高低对中小企业生产经营的顺利与否有直接的影响,并且最终会影响到中小企业的收益、风险和流动性的综合水平。因此,存货管理在整个流动资产管理中具有重要的地位。

一、存货管理目标

中小企业持有充足的存货,不仅有利于生产过程的顺利进行、节约采购费用与生产时间,而且能够迅速满足客户订货的需要,避免因存货不足带来的机会损失。然而,存货的增加必然要占用中小企业更多的资金,将使中小企业付出更大的机会成本,而且存货的储存与管理费用也会增加,影响中小企业的获利能力的提高。因此,存货管理的目标就是要在充分发挥存货作用的前提下,不断降低存货成本,以最低的存货成本保障中小企业生产经营的顺利进行。

二、存货的成本

存货成本包括取得成本、储存成本和缺货成本。

(一)取得成本

取得成本是指为取得存货支出的成本,分为购置成本和订货成本。

1. 购置成本

购置成本是指为购买存货本身支出的成本,即存货本身的价值。

$$购置成本=购置数量\times采购单价$$

在无商业折扣的情况下,购置成本是不随采购次数等变动而变动的,是存货决策的一项无关成本。

2. 订货成本

订货成本是指取得订单的成本,如办公费、差旅费、邮资、电报电话费、运输费等支出。

微课视频:
存货管理

订货成本中有一部分与订货次数无关,如常设采购机构的基本开支等,称为固定的订货决策成本,这类固定性的订货成本与决策无关。订货成本中另一部分与订货次数有关,如差旅费、邮电费等,称为订货的变动成本。这类变动性的订货成本,是决策的相关成本。

与决策相关的订货成本=订货次数×每次订货的相关成本

(二) 储存成本

储存成本是指存货在储存过程中发生的支出。包括仓库折旧费、存货占用资金所应计的利息、保险费用、存储破损和变质损失等。储存成本有一部分与存货储存数量无关,如仓库员工的固定工资、仓库的折旧费等,称为固定成本。这类固定成本与决策无关。储存成本中另一部分与存货储存数量成比例的成本,如存货占用资金的应计利息、存货损失、存货保险费等,称为变动成本。这类变动的储存成本是决策中的相关成本。

与存货决策相关的储存成本=存货的平均库存量×单位储存相关成本

(三) 缺货成本

缺货成本是指由于存货不足而造成的损失,如材料供应中断造成的停工损失、产品库存短缺造成的延迟发货的信誉损失及丧失销售机会损失、材料缺货而采用替代材料的额外支出。缺货成本中有些是机会成本,只能作大致的估算。当中小企业允许缺货时,缺货成本随平均成本的减少而增加,它是存货决策的相关成本。

本书中涉及的模型的假设条件都不允许缺货,因此不考虑缺货成本的计算。

三、存货控制方法

如何取得存货、管理存货,使存货在使用和周转过程中相关成本最小、效益最大,这就是存货的控制。存货控制的方法有多种,本书从以下几个方面研究存货控制的方法。

(一) 存货经济批量采购控制

存货的经济批量是指能使一定时期存货的总成本达到最低的采购数量。

经济批量模型以相关的假设为前提,经济批量基本模型以如下假设为前提:

(1)中小企业一定时间的进货总量可以较为准确地作出预测(年需要量可确定);

(2)存货的耗用或销售比较均匀;

(3)存货的价格稳定,且不存在商业折扣,进货日期完全由中小企业自行决定,并且每当存货量降为零时,下一批存货能马上到位;

(4)仓储条件及所需资金不受限制;

(5)不允许出现缺货情形;

(6)所需存货市场供应充足,不会因买不到所需存货而影响其他方面。

经济批量模型中的相关总成本是由两项相关成本合成的,这两项成本是变动订货成本和变动储存成本。因为不允许缺货,所以缺货成本为0。

假设:Q 为存货的经济批量;A 为某种存货的全年需要量;B 为平均每次进货费用;C 为单位变动储存成本。TC_0 为相关订货成本,TC_1 为相关储存成本。TC 为存货相关总成本。则:

相关订货成本:$TC_0=\frac{A}{Q}\times B$

相关储存成本:$TC_1=C\times\frac{Q}{2}$

存货的年相关总成本:$TC=\frac{A}{Q}\times B+C\times\frac{Q}{2}$

存货控制就是要寻求最优的订货量 Q^*,使全年存货相关总成本达到最小值 TC^*。这个 Q^* 就是经济订货批量,或称经济批量。

最优经济批量:$Q^*=\sqrt{\frac{2AB}{C}}$

最小相关总成本:$TC^*=\sqrt{2ABC}$

存货相关总成本:$TC=\frac{A}{Q}\times B+C\times\frac{Q}{2}$

对函数求导,$TC'=-\frac{AB}{Q^2}+\frac{C}{2}$

令 $TC'=0$,得最优经济批量:$Q^*=\sqrt{\frac{2AB}{C}}$

将 Q^* 的值代入 TC 计算公式,得最小相关总成本:$TC^*=\sqrt{2ABC}$

全年最佳进货次数 $N=\frac{A}{Q}=\sqrt{\frac{AC}{2B}}$

假设存货的购买单价为 P,则经济批量的资金平均占用额 $W=Q\times P\div 2$

【业务实例 6-10】某中小企业每年耗用 A 材料 14 400 千克，该材料的单位采购价格为 10 元，每千克材料年储存成本平均为 2 元，平均每次进货费用为 400 元。

要求：作出经济批量采购决策。

解析：依条件：$A=14\ 400$ 千克，$B=400$ 元，$C=2$ 元

则：$Q=\sqrt{\dfrac{2AB}{C}}=\sqrt{\dfrac{2\times14\ 400\times400}{2}}=2\ 400$（千克）

$TC=\sqrt{2ABC}=\sqrt{2\times14\ 400\times400\times2}=4\ 800$（元）

$N=\dfrac{A}{Q}=\dfrac{14\ 400}{2\ 400}=6$（次）

$W=\dfrac{Q}{2}\times P=\dfrac{2\ 400}{2}\times10=12\ 000$（元）

由此可见，该材料的最佳采购经济批量为 2 400 千克。

以上经济批量决策是在许多假设的前提下作出的，通常称为基本经济批量决策。下面考虑放宽部分假设条件情况下的经济批量决策问题。

1. 存在数量折扣情况下的经济批量决策

为了鼓励客户购买更多的商品，销售中小企业通常会给予不同程度的价格优惠，即实行数量折扣。购买得越多，所获得的价格优惠越大。此时，进货中小企业对经济批量的确定，除了考虑相关的订货成本和储存成本外，还应该考虑存货的购置成本。因为此时存货购置成本的大小与进货数量有着直接联系，属于决策的相关成本。

存货相关总成本公式为：

存货相关总成本＝取得成本＋相关储存成本

＝存货的进价＋相关订货成本＋相关储存成本

存货的进价＝年需要量×单价＝$A\times P$

相关订货成本 TC_0＝年进货次数×每次进货费用＝$\dfrac{A}{Q}\times B$

相关储存成本 TC_1＝年平均库存×单位储存成本＝$\dfrac{Q}{2}\times C$

实际数量折扣的经济批量具体确定步骤如下：

第一步，按照基本经济批量模型确定经济进货批量。

第二步，计算按经济批量进货时的存货相关总成本（含存货进货成本）。

第三步,计算按给予数量折扣的进货批量时的存货相关总成本。

如果给予数量折扣的进货批量是一个范围,如进货数量在 1 000—1 999 千克之间可享受价格优惠,此时应按给予数量折扣的最低进货批量,即按 1 000 千克计算存货相关总成本。

第四步,比较不同进货批量的存货相关总成本,最低存货相关总成本对应的进货批量,就是实行数量折扣的最佳经济进货批量。

【业务实例 6-11】某中小企业全年需用零件 10 000 件,每次变动性订货成本为 50 元,每件零件年平均变动性储存成本为 4 元。对零件的消耗是均匀的且可以瞬时进货。当采购量小于 600 件时,单价为 10 元;当采购量大于或等于 600 件,但小于 1 000 件时,单价为 9 元;当采购量大于或等于 1 000 件时,单价为 8 元。

要求:计算最优采购批量及全年最小相关总成本。

解析:

(1)经济批量

$$Q_1=\sqrt{\frac{2\times50\times10\ 000}{4}}=500(\text{件})$$

这时零件单价为 10 元

$$\text{相关总成本}:TC_1=10\times10\ 000+\sqrt{2\times50\times10\ 000\times4}=102\ 000(\text{元})$$

(2)当 $Q=600$ 件时,单价为 9 元:

$$\text{相关总成本}:TC_2=9\times10\ 000+50\times\frac{10\ 000}{600}+4\times\frac{600}{2}=92\ 033.33(\text{元})$$

(3)当 $Q=1\ 000$ 件时,单价为 8 元:

$$\text{相关总成本}:TC_3=8\times10\ 000+50\times\frac{10\ 000}{1\ 000}+4\times\frac{1\ 000}{2}=82\ 500(\text{元})$$

由上面的计算结果可知,最优采购批量 1 000 件,对应的全年最小相关总成本为 82 500 元。

2.采购需要时间情况下的采购决策

在上述基本存货经济批量中假设采购不需要时间,这在实际中很难做到,因此必须提前进行采购。在中小企业尚有存货的情况下,中小企业提前进行采购,此时的库存量称为再订货点。它等于采购需用时间与每日平均需用量的乘积。

【业务实例 6-12】某中小企业每日需用甲材料 100 千克，采购该材料需要时间为 10 天，则该材料的订货点为 1 000 千克，即当该材料尚有 1 000 千克时就应当组织采购，等到下批采购的甲材料到达时，原有库存刚好用完。

解析：订货点库存量 = 采购需用时间×每日平均需用量

$$= 10\times 100 = 1\ 000(\text{千克})$$

3. 陆续到货情况下的经济批量决策

经济批量模型中有六项基本假设，其中一项是每当存货量降为零时，下一批存货能马上全部到位。然而，该假设不一定符合实际。为此，我们分析讨论存货陆续到达情况下的最优决策。

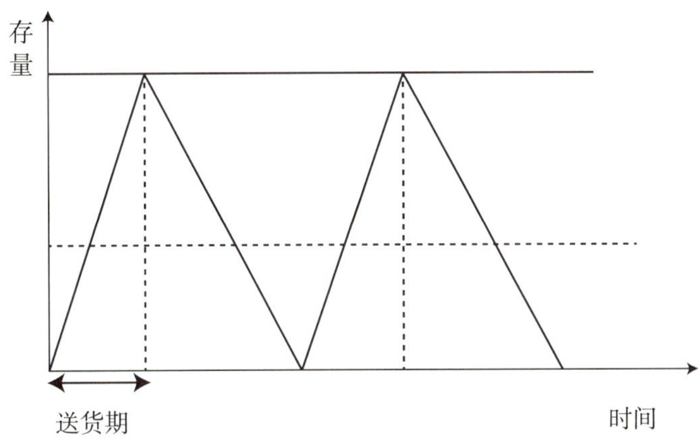

图 6.4-1　存货陆续到货供应和使用示意图

假设存货每日到货量为 m，每日耗用量为 n，每日增加储存 $m-n$，共到货 $\frac{Q}{m}$ 天。

则最大的库存量：$\widetilde{Q}=(m-n)\times\frac{Q}{m}=(1-\frac{n}{m})\times Q$

相关储存成本：$TC_1=\frac{\widetilde{Q}}{2}\times C=\frac{1}{2}\times(1-\frac{n}{m})\times Q\times C$

而相关订货成本：$TC_0=\frac{A}{Q}\times B$

相关总成本为：$TC=TC_0+TC_1=\frac{A}{Q}\times B+\frac{1}{2}\times(1-\frac{n}{m})\times Q\times C$

对总成本求导，得 $TC'=-\frac{AB}{Q^2}+\frac{1}{2}(1-\frac{n}{m})\times C$

令 $TC'=0$，得：$Q^*=\sqrt{\dfrac{2AB}{C\times(1-\frac{n}{m})}}$

最小相关总成本为：$TC^*=\sqrt{2ABC\times(1-\frac{n}{m})}$

【业务实例 6-13】某中小企业全年需要 A 原料 2 700 千克，每次订货的变动订货成本为 100 元，每千克 A 原料年平均变动储存成本为 6 元。每次订货后每天运达 A 原料 25 千克，而该企业每天生产消耗 A 原料 9 千克。

要求：计算最优订货批量及全年最小相关总成本。

解：最优订货批量：$Q^*=\sqrt{\dfrac{2AB}{C\times(1-\frac{n}{m})}}=\sqrt{\dfrac{2\times100\times2\ 700}{6\times(1-\frac{9}{25})}}=375$（千克）

最小相关总成本：

$TC^*=\sqrt{2ABC\times(1-\frac{n}{m})}=\sqrt{2\times100\times2\ 700\times6\times(1-\frac{9}{25})}=1\ 440$（元）

（二）存货储存期管理控制

为了加快存货的流转，中小企业应该尽量缩短存货的储存期，尤其是应该缩短产品或商品的储存期。这是因为，储存存货会占用资金和增加仓储管理费，而且在市场变化很快的情况下，储存期过长有可能导致中小企业的产品或商品滞销，而给中小企业带来巨大的损失。因此，尽力缩短存货储存期、加速存货周转，是提高中小企业经济效益、降低中小企业经营风险的重要手段。

中小企业储存存货而发生的费用，按照其与储存时间的关系可以分为固定储存费用与变动储存费用两类。前者与存货储存期的长短无直接关系，后者则与存货储存期的长短有密切关系，如存货资金占用费和存货储存管理费等。它们与利润存在以下关系：

利润＝毛利－销售税金及附加－固定储存费－变动储存费

　　＝毛利－销售税金及附加－固定储存费－每日变动储存费×储存期

由上式可得：

存货保本储存期＝（毛利－销售税金及附加－固定储存费）/每日变动费用

存货保利储存期＝（毛利－销售税金及附加－固定储存费－目标利润）/每日变动费用

对存货储存期进行管理，可以及时为经营决策者提供存货的储存状态信息，以便决策者对不同的存货采取相应的措施。一般来说,凡是已过保本期的产品或商品大多属于积压滞销的存货,中小企业应该采取降价促销的办法,尽快将其推销出去;对超过保利期但未超过保本期的存货,应当分析原因,找出对策,力争在保本期内将其销售出去;对于尚未超过保利期的存货,中小企业应当密切监督,防止发生过期损失。中小企业每隔一段时间应对各类产品的销售状况作出总结,调整中小企业未来的产品结构,提高存货的周转速度和投资收益。

【业务实例 6-14】某商品流通中小企业购进甲商品 4 000 件,单位进价(不含增值税)60 元,单位售价 80 元(不含增值税),经销该商品的固定费用为 30 000 元,销售税金及附加 2 000 元,每日变动储存费用为 400 元,中小企业目标利润为 20 000 元。

要求:

(1)计算该批存货的保本储存期、保利储存期;

(2)计算假设存货实际储存期为 60 天时的实际获利额。

解析:

(1)该批存货的保本储存期:

=[(80-60)×4 000-2 000-30 000]÷400=120(天)

(2)若该中小企业欲获 20 000 元的利润:

则:保利储存期=[(80-60)×4 000-2 000-30 000-20 000]÷400=70(天)

(3)若该存货实际储存期为 60 天:

则:实际获利额=20 000-400×(60-70)= 24 000(元)

(三)存货 ABC 分类管理控制

存货 ABC 分类管理就是将存货按照一定的标准分成 A、B、C 三类,然后,按照各类存货的重要程度分别采取不同的方法进行管理。这样,中小企业就可以分清主次,突出管理重点,提高存货管理的整体效率。存货的划分标准主要有两个:一是金额标准,二是数量标准。金额标准是主要标准。其中 A 类存货标准是:存货金额很大,存货的品种数量很少;B 类存货标准是:存货金额较大,存货的品种数量较多;C 类存货标准是:存货金额较小,存货的品种数量繁多。

因每个中小企业的生产特点不同,每个中小企业对存货的具体划分标准各不相同,但是,一般来说,存货的划分标准大体如下:A 类高价值存货,品种数量占库存的 5%—20%,但价值占全部库存的 60%—80%;B 类中等价值库存,品种数量占全部库存的 20%—

30%，价值占全部库存的 15%—30%；C 类低价值库存，品种数量多，占整个库存的 60%—70%，价值占全部存货的 5%—15%。

存货划分为 A、B、C 三类后，可采取不同的管理方法进行控制。A 类存货应进行重点管理控制，经常检查这类存货的库存情况，严格控制该类存货的支出，中小企业应对其按照每一个品种分别进行管理；B 类存货的金额相对较小，数量也较多，可以通过划分类别的方式进行管理，或者按照其在生产中的重要程度和采购难易程度分别采用 A 或 C 类存货的管理方法；C 类存货占用的资金比重小，品种数量多，可以只对其进行总量控制和管理。

（四）存货的归口分级管理控制

存货的归口分级管理控制是加强存货日常管理的重要方法，其基本原则是“谁使用谁管理，谁管理谁负责”。这一管理方法主要包括以下内容：

1. 实行集中统一管理

可以促进供产销相互协调，实现资金使用的综合平衡以及存货流转的顺畅进行，加速中小企业资金周转。财务部门的统一管理主要包括以下几个方面的工作：

（1）根据国家财务制度和财经法规，结合中小企业的具体情况，制定中小企业资金管理的各种制度；

（2）认真测算中小企业存货资金需要量，并及时足额筹措资金；

（3）对各单位的资金运用情况进行检查和分析，及时发现问题，处理问题，并按照已制定的资金管理制度，对相关部门进行考核评估。

2. 实行资金的归口管理

根据使用资金和管理资金相结合、物资管理和资金管理相结合的原则，存货资金由哪个部门使用就归哪个部门管理。具体来说，各项资金归口管理的分工一般如下：

（1）原材料、燃料、包装物等资金归供应部门管理；

（2）在产品和自制半成品资金归生产部门管理；

（3）产成品资金归销售部门管理；

（4）工具用具占用的资金归工具部门管理；

（5）修理用备件占用资金归各动力部门管理。

3. 实行资金的分级管理

资金的分级管理是在资金归口管理的前提下，各归口管理部门根据具体情况，进一步

对各资金计划指标进行分解,分配给所属单位或个人,层层落实,实行分级管理。具体来说,可按下列方式进行分解:

(1)原材料资金计划指标可分配给供应计划、材料采购、仓库保管和整理准备各业务组管理;

(2)在产品资金计划指标可分配给各车间和半成品库管理;

(3)产成品资金计划指标可分配给销售、仓库保管和产成品发运等各业务组管理。

▶ 任务实施

此次任务可以通过如下途径实现:

(1)阅读资料,思考存货管理在营运资金管理中的重要地位。

(2)阅读教材,思考戴尔的零库存优势是如何形成的。

(3)分析戴尔的零库存对中小企业存货管理的启示。

提示:戴尔是如何实现低库存的呢?主要是精确预测客户需求;评选出具有最佳专业、经验及品质的供应商;保持畅通、高效的信息系统;最关键的还是保持戴尔对供应商产生强势影响力。这样,戴尔就能突破供给和需求不匹配的市场经济常态的限制,打造出自己的低库存优势。

▶ 任务小结

存货是指企业在生产经营过程中为销售或生产耗用而储备的物资。对于多数企业来说,保持适当的存货是必要的。企业可以利用经济批量模型、商业折扣模型、陆续到货模型确定存货的最佳持有量。企业也可利用保险储备和存货 ABC 控制法对存货进行管理。

技能提升训练

▶ 训练目标

通过模拟企业存货管理训练,提升存货管理方法的运用能力。

▶ 实施流程

1. 阅读背景资料

上海东方公司是一家亚洲地区的玻璃套装门分销商,套装门在香港生产然后运至上海。公司管理当局预计年度需求量为 10 000 套。套装门的购进单价为 395 元(包括运费,下同)。与订购和储存这些套装门相关的资料如下:

(1)去年的订单共 22 份,总处理成本 13 400 元,其中固定成本 10 760 元,预计未来成本性态不变;

(2)虽然对于香港源产地商品进入大陆已经免除关税,但是对于每一张订单都要经双方海关的检查,其费用为 280 元;

(3)套装门从生产商运抵上海后,接收部门要进行检查,为此雇佣一名检验人员,每月支付工资 3 000 元,每个订单的抽检工作需要 8 小时,发生的变动费用每小时 2.5 元;

(4)公司租借仓库来存储套装门,估计成本为每年 2 500 元,另外加上每套门 4 元;

(5)在储存过程中会出现破损,估计破损成本平均每套门 28.5 元;

(6)占用资金利息等其他储存成本每套门 20 元;

(7)从发出订单到货物运到上海需要 6 个工作日;

(8)为防止供货中断,东方公司设置了 100 套的保险储备;

(9)东方公司每年经营 50 周,每周营业 6 天;

(10)公司拟采购一批零件,全款为 100 万元,供应商规定的付款条件为:10 天内付款,支付 98 万元,30 天内付款,支付 100 万元,假设银行短期贷款利率为 20%。若你是财务人员,怎样计算下列指标:

1. 经济批量与批量相关的存货总成本;

2. 存货剩多少时,发出订货指令;

3. 储备存货的总成本;

4. 是否提前支付采购零件款。

资料来源:刘平,杨浩. 财务管理[M]. 成都:四川大学出版社,2020.

2. 计算相关指标

(1)每次相关订货成本;

(2)单位变动储存成本;

(3)经济订货批量;

(4)每年相关总成本;

(5)再订货点;

(6)每年与储存存货相关的总成本;

(7)放弃现金折扣的机会成本。

思考与练习

一、单项选择题

1. 某中小企业以长期融资方式满足非流动资产、永久性流动资产和部分波动性流动资产的资金需要，短期融资仅满足剩余的波动性流动资产的资金需要，该中小企业所采用的流动资产融资策略是(　　)。

A. 激进融资策略　B. 保守融资策略　C. 折中融资策略　D. 期限匹配融资策略

2. 某公司存货周转期为 160 天，应收账款周转期为 90 天，应付账款的周转期为 100 天，则该公司现金周转期为(　　)天。

A. 30　B. 60　C. 150　D. 260

3. 在存货分析模式下最佳货币资金持有量出现在(　　)时。

A. 置存成本大于交易成本　B. 置存成本小于交易成本

C. 置存成本等于交易成本　D. 置存成本和交易成本之和最大

4. 信用标准是(　　)的重要内容。

A. 信用条件　B. 信用政策　C. 收账政策　D. 信用期限

5. 陆续到货模型中，中小企业该项存货最大库存量是(　　)。

A. 一次进货量　B. 全部需求量

C. 一天到货量　D. 进货期内累计增加的库存量

6. 下列项目中属于持有现金的机会成本的是(　　)。

A. 现金管理人员工资　B. 现金安全措施费用

C. 现金被盗损失　D. 现金的再投资收益

7. 成本分析模式中(　　)是无关成本。

A. 机会成本　B. 管理成本　C. 短缺成本　D. 持有成本

8. 以下各项与存货有关的成本费用中，不影响经济订货批量的是(　　)。

A. 常设机构的基本开支　B. 采购人员的差旅费

C. 存货资金的占用费　D. 存货的保险费

9. 存货控制法中，A 类物资属性是(　　)。

A. 金额大、数量多　B. 金额小、数量少

C. 金额大、数量少　D. 金额小、数量多

10. 要获得商业折扣模型的最优解，必须先计算(　　)的订货批量。

A. 经济批量模型　　B. 陆续到货模型

C. 最小单价段　　D. 最大单价段

二、多项选择题

1. 下列各项措施中，能够缩短现金周转期的有(　　)。

A. 减少对外投资　　B. 延迟支付货款

C. 加速应收账款的回收　　D. 加速产品的生产和销售

2. 货币资金包括(　　)。

A. 银行存款　　B. 应收款项　　C. 其他货币资金　　D. 库存现金

3. 置存货币资金的原因是为了满足(　　)。

A. 国家政策性需要　　B. 交易性需要

C. 预防性需要　　D. 投机性需要

4. 最佳货币资金持有量确定的成本分析模式涉及(　　)。

A. 机会成本　　B. 管理成本　　C. 转换成本　　D. 短缺成本

5. 货币资金日常管理应注意(　　)。

A. 缩短收款时间　　B. 推迟付款日期

C. 利用闲置资金　　D. 尽量不用货币资金

6. 下列各项中，属于中小企业利用商业信用进行筹资的方式有(　　)。

A. 应付票据　　B. 应付账款　　C. 融资租赁　　D. 预收账款

7. 经济批量模型的假设包括(　　)。

A. 存货单价不变　　B. 不允许缺货

C. 存货消耗均匀　　D. 订货瞬时到达

8. 确定放弃现金折扣而发生的信用成本时，需要考虑的因素有(　　)。

A. 数量折扣百分比　　B. 现金折扣百分比

C. 折扣期　　D. 信用期

9. 在短期借款的利息计算和偿还方法中，中小企业实际负担利率高于名义利率的有(　　)。

A. 收款法付息　　B. 贴现法付息

C. 存在补偿性余额的信用条件　　D. 加息法付息

10. 存货成本中与订货批量紧密相关的项目是(　　)。

A. 购置成本　　B. 变动成本　　C. 订货成本　　D. 储存成本

三、判断题

1. 营运资金就是流动资产。(　　)
2. 置存货币资金的成本包括持有成本、转换成本、短缺成本、管理成本。(　　)
3. 增加收账费用,就会减少坏账损失,当收账费用增加到一定程度时,就不会发生坏账损失。(　　)
4. 存货的取得成本是由购置成本和订货成本两部分构成的,这两部分成本都是实际发生的,都是存货控制决策中的相关成本。(　　)
5. 流动资金在中小企业正常经营中是必需的,中小企业的流动资金,特别是其中的货币资金越多越好。(　　)
6. 成本分析模式下当机会成本、管理成本和短缺成本之和最小时的货币资金持有量是最佳的。(　　)
7. 判断中小企业是否延长信用期限,应将延长信用期后增加的销售利润与增加的机会成本、管理成本和坏账成本进行比较。(　　)
8. 存货 ABC 控制中,C 类物资是指数量少、价值低的物质。(　　)
9. ABC 控制的要点是把中小企业的存货物资按其金额大小划分为 A、B、C 三类,然后根据重要性在控制管理中分别对待。(　　)
10. 存货管理的目标是在保证生产或销售经营需要的前提下,最大限度地降低存货成本。(　　)

四、计算题

1. 某中小企业预计明年货币资金总需求为 50 万元,拟用短期有价证券变现取得,每次买卖证券的经纪费用为 400 元,证券年利率为 1%。

要求:确定货币资金最佳持有量及最小相关总成本。

2. 某商业中小企业购进甲商品 10 000 件,不含税进价 35 元,单位售价 58.5 元,经销该商品的固定储存费用为 20 000 元,销售税金及附加 30 000 元,每日变动储存费为 100 元,增值税税率为 17%。

要求:(1)计算该批商品的保本储存期;

(2)若该中小企业欲获利 50 000 元,计算其保利储存期。

项目七
中小企业利润分配管理

► 学习目标

（一）知识目标

1. 理解中小企业利润分配的内容、原则、程序；
2. 了解股利的种类和发放程序；
3. 了解各种股利分配政策及其优缺点；
4. 理解股票分割与回购；
5. 了解剩余股利政策、正常股利和额外股利政策的应用条件。

（二）能力目标

1. 能合理分配利润；
2. 能正确应用股利分配政策。

► 学习任务

任务一　认识利润分配管理；

任务二　制定股利政策；

任务三　识别股票股利、股票分割与股票回购。

任务一　认识利润分配管理

▶ 任务导入

汽配厂的利润分配

某汽车配件厂，因经营不善，2018 年发生亏损 600 万元，2019 年至 2020 年每年实现利润 250 万元，2021 年该企业实现利润 350 万元，同时产生营业外支出行政罚款 30 万元，所得税税率 25%。

请思考：企业应如何进行利润分配管理？2022 年初该企业应如何分配该年度企业利润？分配与未分配科目的余额是多少？

案例来源：原创

▶ 任务分析

每个企业都需要面对利润分配管理问题，利润分配管理的实质就是确定给投资者分红与企业留用利润的比例并进行有效管理的过程。利润分配对于维护企业与各相关利益主体的财务关系、提升企业价值具有重要意义。如何管理利润分配，要从以下知识学起。

▶ 知识准备

一、利润分配管理内涵

（一）概念

利润分配有广义和狭义两种概念。广义的利润分配是指对企业收入和利润进行分配的过程；狭义的利润分配是指，按照国家财务制度规定的分配形式和分配顺序，在企业和投资者之间对企业净利润进行分配。

（二）实质

利润分配管理就是确定给投资者分红与企业留用利润的比例并进行有效管理的过程。中小企业通过经营活动取得收入后，要按照补偿成本、缴纳所得税、提取公积金、向投资者分配利润等顺序进行分配,对于企业来说利润分配不仅是资产保值、保证简单再生产的手段,也是资产增值、实现扩大再生产的工具,通过利润分配还可以满足国家政治职能与经济职能的需要,同时也是处理所有者和经营者等各方面的物质利益关系的基本手段。

二、利润分配管理意义

利润分配管理作为现代企业财务管理的重要内容之一,对于维护企业与各相关利益主体的财务关系、提升企业价值具有重要意义。具体而言,中小企业利润分配管理的意义表现在以下四个方面:

(一)集中体现了企业所有者、经管者与劳动者之间的利益关系

中小企业所有者是企业权益资金的提供者,按照谁出资、谁受益的原则,其应得的投资收益需通过企业的收益分配来实现,而获得投资收入的多少取决于企业盈利状况及利润分配政策。通过利润分配,企业家能实现预期的收益,提高企业的信誉程度,有利于增强中小企业未来融通资金的能力。

中小企业的债权人在向企业投入资金的同时也承担了一定的风险。企业的利润分配中应体现对债权人利益的充分保护,不能损害债权人的利益。除了按时支付到期本金、利息外,中小企业在进行收入分配时也要考虑债权人未偿付本金的保障程度,否则将在一定程度上削弱企业的偿债能力,从而降低企业的财务弹性。

员工是价值的创造者,是中小企业收入和利润的源泉。通过薪资的支付以及各种福利的提供,可以提高员工的工作热情,使其为企业创造更多的价值。因此,为了正确、合理地处理好中小企业各方利益相关者的需求,必须对企业所实现的利润进行合理的分配。

(二)中小企业维持简单再生产和实现扩大再生产的基本条件

中小企业在生产经营过程中所投入的各类资金,会随着生产经营活动的进行不断地发生消耗和转移,形成成本费用,最终构成商品价值的一部分。销售收入的取得,为企业成本费用的补偿提供了前提,为企业简单再生产的正常进行创造了条件。通过对利润分配的管理,中小企业能形成一部分自行安排的资金,可以增强企业生产经营的财力,有利于企业适应市场需要扩大再生产。

（三）中小企业优化资本结构、降低资本成本的重要措施

留存收益,是企业重要的权益资金来源。留存收益的多少影响中小企业积累的多寡,从而影响权益与负债的比例,即资本结构。利润分配管理是中小企业优化资本结构、降低资本成本的重要措施。

（四）为国家建设提供重要资金来源

在中小企业正常的生产经营活动中,不仅为自己创造了价值,还为社会创造了一定的价值,即利润。利润代表企业的新创财富,是企业收入的重要构成部分。除了满足中小企业自身的生产经营性积累外,通过利润分配,国家税收也能够集中一部分企业利润,税收由国家有计划地分配使用,实现国家政治职能和经济职能,为社会经济的发展创造良好条件。

三、利润分配管理基本内容

（一）利润分配的内容

中小企业通过经营活动取得收入后,要按照补偿成本、缴纳所得税、提取公积金、向投资者分配利润等顺序进行分配。所以,利润分配的内容就是企业利润的构成及其去向的问题。

1. 营业利润

营业利润是指企业在一定期间从事生产经营活动所取得的利润,是企业利润中最基本、最重要的组成部分。其计算公式为:

营业利润=营业收入-营业成本-税金及附加-销售费用-管理费用-财务费用-资产减值损失-信用减值损失+公允价值变动收益(-公允价值变动损失)+投资收益(-投资损失)+资产处置收益(-资产处置损失)+其他收益

2. 利润总额

利润总额是指企业在一定时期内通过生产经营活动所实现的最终财务成果。其计算公式为:

利润总额=营业利润+营业外收入-营业外支出

3. 净利润

净利润是一个企业经营的最终成果,是指企业当期利润总额减去所得税后的金额,即企业的税后利润。其计算公式为:

$$净利润=利润总额-所得税费用$$

（二）利润分配的基本原则

中小企业利润分配的过程与结果，关系到所有者的合法权益能否得到保护，企业能否长期、稳定发展。为此，中小企业必须加强利润分配的管理和核算。在利润分配过程中，应遵循以下原则：

1. 依法分配原则

为规范企业的利润分配行为，国家制定和颁布了若干法规，这些法规规定了企业利润分配的基本要求、一般程序和重大比例。中小企业的利润分配必须依法进行，这是正确处理企业各项财务关系的关键。

2. 兼顾各方面利益原则

中小企业除依法纳税外，创始者作为资本投入者、企业的所有者，依法享有净利润的分配权。企业的债权人，在向企业投入资金的同时也承担了一定的风险，企业的利润分配中应当体现出债权人利益的充分保护，不能伤害债权人的利益。另外，企业的员工是企业净利润的直接创造者，企业的利润分配应当考虑员工的长远利益。因此，企业进行利润分配时，应当统筹兼顾，维护各利益相关团体的合法权益。

3. 分配与积累并重原则

中小企业除按规定提取法定盈余公积金以外，可适当留存一部分利润作为积累。这部分积累的净利润不仅可以为企业扩大生产筹措资金，增强企业发展能力和抵抗风险的能力，同时，还可以供未来年度进行分配，起到以丰补歉、平抑利润分配数额波动、稳定投资报酬率的作用。

4. 投资与收益对等原则

中小企业利润分配收益的大小应与投资比例相适应，即投资与收益对等原则，这是正确处理企业与投资者利益关系的立足点。投资者因其投资行为而享有收益权，投资收益应同其投资比例对等，企业在向投资者分配利润时应本着平等一致的原则，按照投资人投入资本的比例来分配，不允许发生任何一方随意多分多占的现象，这样才能从根本上实现收益分配中的公开、公平、公正，保护投资者的利益，提高投资者的积极性。

5. 资本保全原则

资本保全原则是计量企业经营成果所必须遵循的财务概念。该原则要求企业在进行利润分配时应首先保证资本完整，不能因为利润分配的原因而减少了企业的资本。根据这一原则，中小企业只有在所有者投入企业的资本不受侵犯的前提下，才能确认利润，并据以进行分配。

（三）利润分配的程序

企业实现的利润弥补亏损以后，首先要缴纳所得税，其次要对净利润进行分配。中小企业进行利润分配的程序如下：

1. 弥补企业以前年度亏损

企业在提取法定公积金之前，应先用当年利润弥补以前年度亏损。企业某一年度的亏损可以用未来五年的税前利润连续弥补，超过五年未弥补的亏损则用税后利润弥补。其中，税后利润弥补亏损可以用当年实现的净利润，也可以用盈余公积金转入。

2. 计算提取法定盈余公积金

盈余公积金是中小企业的税后留存收益，主要用于企业的生产经营发展。中小企业的盈余公积金一般分为法定盈余公积金和任意盈余公积金两类。计算提取法定盈余公积金的基数是弥补了年初累计亏损后的本年净利润，企业不能在没有累计盈余的情况下提取法定盈余公积金。

3. 提取任意盈余公积金

任意盈余公积金的提取基数与计算提取法定盈余公积金基数相同。

4. 向股东（投资者）分配股利（利润）

根据《中华人民共和国公司法》的规定，公司弥补亏损和提取公积金后所余税后利润，可以向股东（投资者）分配股利（利润），其中有限责任公司股东按照实缴的出资比例分取红利，全体股东约定不按照出资比例分取红利的除外；股份有限公司按照股东持有的股份比例分配，但股份有限公司章程规定不按持股比例分配的除外。

知识加油站

中小企业的利润分配管理应注意正确处理企业与国家的利益分配关系和企业与员工的利益分配关系。在正确处理企业与国家之间的利益关系上，中小企业与会计资料完整、财务核算规范的大企业相比，偷税漏税现象普遍比较严重，从短期来看，通过偷税漏税能使更多的收益流入企业所有者手里；但从长远来看，对企业的发展是不利的，偷税漏税可能使企业遭受行政处罚甚至刑事处罚，从而影响企业形象，还可能引发财务危机，甚至直接导致企业关闭。在处理企业与国家的关系上，中小企业应按照税法的要求，照章纳税，以树立企业良好的社会形象，从而增强消费者对企业产品的认可度。企业可加强会计核算，通过学习和运用税法进行税收筹划，合理降低企业税负，企业可注重对经济政策的学习研究，以充分利用国家出台的优惠扶持政策。

在正确处理企业与员工的利益分配关系上，据调查，大多数中小企业员工的薪酬，尤其是福利不及大企业，企业对这种现象的解释往往是中小企业正处于创业或成长期，资金需求较大，资金紧张，企业无力支付具有竞争力的薪酬和提供较好的福利。但这只是表面现象，从深层次来看是很多中小企业所有者更注重自己的收益，而没有认识到让员工更多地分享企业经营成果，对企业长期发展稳定的重要性。中小企业提高员工的薪酬和福利水平，至少要缩小和大企业的差距，这有利于企业引进人才，稳定员工队伍，让企业员工切身地感受到自己的收益与企业的收益紧紧连在一起，这将极大增强员工的归属感，从而激发员工的工作热情和潜力。正确处理利益分配关系不仅会增强企业的竞争力，而且即使企业出现暂时的困难，甚至是财务危机，也会有更多的员工愿与企业共渡难关。

▶ 任务实施

此次任务可以通过如下途径实现：

（1）通过阅读“汽配厂的利润分配”案例，思考企业应如何进行利润分配管理？2022年初该企业应如何分配该年度企业利润？分配与未分配科目的余额是多少？

（2）通过阅读教材和文献查询，掌握利润分配原则，对汽配厂利润分配管理给出建议。

（3）计算该汽配厂 2021 年利润，思考 2022 年营业外支出行政罚款税收调增还是调减？

2022年初税前利润：250×2－600＋350＋30＝280

2022年初税后利润：280×75%＝210

(4)思考利润分配的内容，小组讨论未分配利润可如何进行分配，派出代表进行分享。

▶ 任务小结

中小企业通过经营活动取得收入后，要按照补偿成本、缴纳所得税、提取公积金、向投资者分配利润等顺序进行分配，利润分配管理作为现代企业财务管理的重要内容之一，对于维护企业与各相关利益主体的财务关系、提升企业价值具有重要意义。企业利润的构成包括营业利润、利润总额和净利润。在利润分配过程中，应遵循依法分配原则、兼顾各方面利益原则、分配与积累并重原则、投资与收益对等原则、资本保全原则。中小企业进行利润分配的程序包括弥补企业以前年度亏损、计算提取法定盈余公积金、提取任意盈余公积金、向股东(投资者)分配股利(利润)。

任务二　制定股利政策

▶ 任务导入

格力电器的股利分配

成立于1991年的珠海格力电器股份有限公司主营家电产业,拥有众多知名品牌,旗下产品数量众多。公司在2016年达成千亿元营业收入成就,净利润达到了154亿元。广为人知的格力旗下的“格力”牌空调,已经入驻千家万户,成为人们生活的一部分;除了国内,格力电器的业务也遍布海外。

1996—2017年,格力电器分红总额达到418.05亿元。在这20多年的前半部分、格力总共分红36.7亿元。2012—2015年,格力分红总额为255.6亿元,达到之前10年的7倍,这得益于稳定增长的股利分配政策。为了表现这个数据的现实意义,我们选择同为家电行业的美的和海尔公司来作比较。美的公司2012—2015年的分红总额为127亿元,海尔公司则更低,仅有50.4亿元。格力在分红金额上已经遥领先于同行业的竞争对手。2017年格力电器突然宣布不发放股利,这一政策一出立刻在股票市场引起轩然大波,无数股东反响强烈,当天股价直接跌停,让人难以相信这是那个2016年之前都保持稳定股利发放的、受到投资者追捧的“良心公司”,股民对于格力的信心一降再降。但是,格力电器2017年的业绩并非它不发放股利的原因。2017年的营业额和净利润都达到了历史新高,两者数据相较于上年增幅全部超过35%,如果仅看表面数据我们难以联想出不发放现金红利的理由。除此之外,与同行业的其他公司进行比较,依旧以美的和海尔为例,格力公司的各项数据都要领先这两家公司,完全处于行业顶端。

在对数据进行分析之后,我们可以很明显看出,公司决定停发股利,并非经营失败,也非可分配利润为负,概念的数据完全支持稳定增长鼓励政策的继续实施,但是,公司高层的决定却违背常理。我们由此推测出,公司下一步的目标可能是长远发展,将股利转化为投资,巨额的股利作为留存收益,为公司提供充足的现金,以保证公司后续的扩张发展,这实际上是一种更加长远的利益。

请思考:企业制定股利政策时,要考虑哪些因素?为什么有些企业会发放高现金股利?

案例来源：田方正，李铭宇，李永军．上市公司股利分配政策研究——以格力电器为例[J]．河北企业，2022，391(02)：142-144.

▶ 任务分析

股利政策是指在法律允许的范围内，企业是否发放股利，发放多少股利以及何时发放股利的方针与对策。股利发放的多寡、是否稳定、是否增长等，往往是大多数投资者推测公司经营状况好坏、发展前景优劣的依据。如何制定股利政策，要从以下知识学起。

▶ 知识准备

股利政策是指在法律允许的范围内，企业是否发放股利，发放多少股利以及何时发放股利的方针与对策。股利政策的最终目标是企业价值最大化，股利往往可以向市场传递一些信息，股利发放的多寡、是否稳定、是否增长等，往往是大多数投资者推测公司经营状况好坏、发展前景优劣的依据，因此股利政策关系到企业在市场上、在投资者心中的形象。成功的股利政策，有利于提高企业的市场价值。

一、股利分配理论

中小企业的股利分配方案既取决于企业的股利政策，又取决于决策者对股利分配的理解与认识，即股利分配理论。股利分配理论是指人们对股利分配的客观规律的科学认识与总结，其核心问题是股利政策与公司价值的关系问题。在市场经济条件下，股利分配要符合财务管理目标。人们对股利分配与财务目标之间关系的认识存在不同的流派与观念，还没有一种公认的权威观点和结论。

但主要有以下两种较流行的理论：

微课视频：股利政策选择

你听我说：股利政策的理论发展

（一）股利无关论

股利无关论认为，在一定的假设条件限制下，股利政策不会对企业的价值或股票的价格产生任何影响，投资者不关心企业股利的分配。企业市场价值的高低，是由企业所选择的投资决策的获利能力和风险组合所决定的，而与企业的利润分配政策无关。由于企业对股东的分红只能采取派现或股票回购等方式，因此，在完全有效的资本市场上，股利政策的改变就仅仅意味着股东的收益在现金股利与资本利得之间分配上发生变化。如果投资者按理性行事，这种改变不会影响企业的市场价值以及股东的财富。

该理论是建立在完全资本市场假设之上的，假定条件包括：

(1)市场具有强式效率，没有交易成本。没有任何一个股东的实力足以影响股票价格。

(2)不存在任何企业或个人所得税。

(3)不存在任何筹资费用。

(4)企业的投资决策与股利决策彼此独立，即投资决策不受股利分配的影响。

(5)股东在股利收入和资本增值之间并无偏好。

（二）股利相关论

与股利无关理论相反，股利相关理论认为，企业的股利政策会影响股票价格和公司价值。主要观点有以下几种：

(1)“手中鸟”理论。“手中鸟”理论认为，用留存收益再投资，给投资者带来的收益具有较大的不确定性，并且投资的风险随着时间的推移会进一步加大，因此，厌恶风险的投资者会偏好确定的股利收益，而不愿将收益留存在企业内部去承担企业的投资风险。该理论认为，企业的股利政策与企业的股票价格是密切相关的，即当企业支付较高的股利时，企业的股票价格会随之上升，公司价值将得到提高。

(2)信号传递理论。信号传递理论认为，在信息不对称的情况下，企业可以通过股利政策向市场传递有关企业未来获利能力的信息，从而会影响企业的股价。一般来讲，预期未来获利能力强的企业，往往愿意通过相对较高的股利支付水平把自己同预期获利能力差

趣味动画：
“手中鸟”理论

的企业区别开来，以吸引更多的投资者。对于市场上的投资者来讲，股利政策的差异或许是反映企业预期获利能力的有价值的信号，如果企业能连续保持较为稳定的股利支付水平，那么投资者就可能对企业未来的盈利能力与现金流量抱有乐观的预期。另外，如果企业的股利支付水平在过去一个较长的时期内相对稳定，而现在却有所变动，投资者会把这种现象看作企业管理当局将改变企业未来收益率的信号，于是股票市价会对股利的变动做出反应。

(3)所得税差异理论。所得税差异理论认为，由于普遍存在的税率以及纳税时间的差异，资本利得收益比股利收益更有助于实现收益最大化目标。企业应当采用低股利政策。一般来说，对资本利得收益征收的税率低于对股利收益征收的税率；再者，即使两者没有税率上的差异，由于投资者对资本利得收益的纳税时间选择更具有弹性，投资者仍可以享受延迟纳税带来的收益差异。

(4)代理理论。代理理论认为，股利政策有助于减缓管理者与股东之间的代理冲突，即股利政策是协调股东与管理者之间代理关系的一种约束机制。该理论认为，股利的支付能够有效地降低代理成本。首先，股利的支付削弱了管理者对自由现金流量的支配权，这在一定程度上可以抑制企业管理者的过度投资或在职消费行为，从而保护外部投资者的利益；其次，较多的现金股利发放，减少了内部融资，导致公司进入资本市场寻求外部融资，从而使公司接受资本市场上更多的、更严格的监督，这样便可通过资本市场的监督减少代理成本。因此，高水平的股利政策降低了企业的代理成本，但同时增加了外部融资成本。理想的股利政策应当使两种成本之和最小。

二、股利政策类型

股利政策由企业在不违反国家有关法律、法规的前提下，根据企业具体情况制定，既要保持相对稳定，又要符合企业财务目标和发展目标。股利政策的核心内容是确定支付股利与留用利润的比率，即股利发放率。确定一个最佳的股利发放率应考虑四个因素：一是投资者对股利或资本利得的偏好；二是企业的投资机会；三是目标或最佳的资本结构；四是外部资本的可供性和成本。根据对以上四个因素的不同考虑，中小企业财务管理中常见的股利政策主要有以下几种类型：

（一）剩余股利政策

1. 剩余股利政策的含义

剩余股利政策是指企业在有良好的投资机会时，根据一定的目标资本结构测算出投资所需的权益资本，先从盈余中留用，然后将剩余的盈余作为股利予以分配的政策。剩余股利政策的理论依据是股利无关理论。根据股利无关理论，在完全理想的资本市场中，企业的股利政策与普通股每股市价无关，故而股利政策只需随着企业投资、融资方案的制定而自然确定。剩余股利政策的基本步骤如下：

(1)确定企业的目标资本结构，以使在此结构下的综合资金成本最低。

(2)确定在最优资本结构下投资项目所需权益资本数额。

(3)最大限度使用公司留存收益来满足投资方案所需权益资本。

(4)投资方案所需权益资本已经满足后，若有剩余盈余，则再将其作为股利发放给股东。

> 练一练
>
> 某公司 2021 年净利润为 1 000 万元，下一年计划投资支出 1 400 万元，假设该公司的最佳资本结构为 40%的负债和 60%的权益资本，该公司拟采取剩余股利政策，则该公司的股利发放额和股利支付率分别为多少？
>
> 解析：根据最佳资本结构的要求，下一年公司需权益资本数额为
>
> 1 400×60%＝840 万元
>
> 净利润 1 000 万元，首先满足下一年所需权益资本，剩余 160 万元可以作为股利发放，股利支付率为 160/1 000＝16%。

2. 剩余股利政策的优点

留存收益优先满足再投资的权益资金需要，有助于降低再投资的资金成本，保持最佳的资本结构，实现企业价值的长期最大化。

拓展阅读：
贾二卖杏

3. 剩余股利政策的缺点

(1)若完全遵循执行剩余股利政策,股利发放额就会每年随着投资机会和盈利水平的波动而波动。

(2)在盈利水平不变的前提下,股利发放额与投资机会的多寡呈反方向变动;而在投资机会维持不变的情况下,股利发放额将与公司盈利呈同方向变动。剩余股利政策不利于投资人安排收入与支出,也不利于企业树立良好的形象,一般适用于中小企业初创阶段。

(二) 固定或稳定增长的股利政策

1. 固定或稳定增长的股利政策的含义

固定或稳定增长的股利政策是指企业将每年发放的股利固定下来,并使其在较长时间内保持不变,只有当企业确信未来收益能够维持在更高水平时才宣布增加股利的政策。其基本特点是,无论经济情况与企业经营的好坏,都不降低股利的发放额,让每年的股利收益支付额均稳定在某一特定水平。只有当确信未来利润将显著且不可逆转地提高时,才会增加每年度的股利发放额。通常固定股利政策适用于盈利稳定或处于成长期的中小企业。

2. 固定或稳定增长的股利政策的优点

(1)稳定的股利向市场传递公司正常发展的信息,有利于树立企业良好的形象,增强投资者对企业的信心,稳定股票的价格。

(2)稳定的股利有利于投资者安排股利收入和支出。

(3)稳定的股利政策可能会不符合剩余股利理论,但为了将股利维持在稳定水平上,即使推迟某些投资方案或暂时偏离目标资本结构,也可能要比降低股利或降低股利增长率更为有利。

3. 固定或稳定增长的股利政策的缺点

(1)股利支付与盈余脱节。即使盈余较低,也要支付固定的股利,这可能会导致资金短缺,财务状况恶化。

(2)不能像剩余股利政策那样保持较低的资本成本。

(三) 固定股利支付率政策

1. 固定股利支付率政策的含义

固定股利支付率政策是指企业将每年净利润的某一固定百分比作为股利分派给股

东,该百分比通常称为股利支付率。股利支付率一经确定,一般不得随意变更。在固定股利支付率政策下,只要企业的税后利润一经计算确定,所派发的股利也就相应确定。由于企业每年面临的投资机会、筹资渠道都不同,各年股利额会视企业经营的好坏而上下波动,获得较多盈余的年份股利额高,获得盈余少的年份股利额就低。

由于该股利政策的股利支付水平不稳定,因此一成不变地奉行固定股利支付率政策的企业在实际中并不多见,固定股利支付率政策只是较适用于那些处于稳定发展且财务状况也较稳定的中小企业。

2. 固定股利支付率政策的优点

(1)采用固定股利支付率政策,股利与企业盈余紧密配合,体现了“多盈多分、少盈少分、无盈不分”的股利分配原则。

(2)由于企业的获利能力在年度间是经常变动的,因此每年的股利也应当随着企业收益的变动而变动。采用固定股利支付率政策,公司每年按固定的比例从税后利润中支付现金股利,从企业的支付能力的角度来看,这是一种稳定的股利政策。

3. 固定股利支付率政策的缺点

(1)大多数企业每年的收益很难保持稳定不变,导致年度间的股利额波动较大,由于股利的信号传递作用,波动的股利很容易给投资者带来经营状况不稳定、投资风险较大的不良印象,进而成为影响股价的不利因素。

(2)容易使企业面临较大的财务压力。这是因为企业实现的盈利多,并不能代表企业有足够的现金流用来支付较多的股利额。

(3)合适的固定股利支付率的确定难度比较大。

(四)低正常股利加额外股利政策

1. 低正常股利加额外股利政策的含义

低正常股利加额外股利政策是指公司在一般情况下每年只支付固定数额的较低的股利,在盈余增长较多的年度再根据实际情况向股东分派额外股利的政策。但额外股利并不固定化,不意味着公司永久地提高了规定的股利率。

低正常股利加额外股利政策是介于固定股利政策和固定股利支付率政策之间的一种股利政策。在一般情况下,公司每年发放的是固定的、数额较低的股利;如果公司的业绩好,那么除了按期支付给股东固定的股利外,还要附加额外的股利。该股利政策适用于盈利与现金流量较为波动的企业,通常被大多数中小企业采用。

2. 低正常股利加额外股利政策的优点

(1)赋予企业较大的灵活性,使企业在股利发放上留有余地,并具有较大的财务弹性。企业可根据每年的具体情况,选择不同的股利发放水平,以稳定和提高股价,进而实现公司价值的最大化。

(2)使那些依靠股利度日的股东每年可以得到虽然较低但稳定的股利收入,从而吸引住这部分股东。

3. 低正常股利加额外股利政策的缺点

(1)各年度之间企业盈利的波动使得额外股利不断变化,造成分派的股利不同,这容易给投资者造成收益不稳定的感觉。

(2)当企业在较长时间持续发放额外股利后,可能会被股东误认为"正常股利",一旦取消,传递出的信号可能会使股东认为这是公司财务状况恶化的表现,进而导致股价下跌。

相对来说,对那些盈利随着经济周期而波动较大的公司或者企业,盈利与现金流量很不稳定时,低正常股利加额外股利政策是一种不错的选择。

知识加油站

中小企业宜采取稳健的、适度偏低的收益分配政策,在平时做好积聚财力的准备。这样有利于抓住时机实现发展。

中小企业在收益分配前必须对企业的内外多种因素综合起来考虑,如债务条款、现金流量、筹资能力、投资机会等,根据企业所处的环境考虑以后的发展,制定收益分配政策。

在知识经济时代,企业间的竞争主要是人才的竞争,只有留住企业的优秀人才,才能保证企业未来的发展动力,所以在分配时还要重视人力资本的收益分配,如何通过制定适合的分配政策来激励企业留住优秀人才也是中小企业应该研究的课题。

趣味动画:
股利支付程序

三、影响股利政策的因素

股利分配涉及企业各方面的利益,受多方面因素的影响:

(一) 法律因素

为了保护债权人和股东的利益,有关法律、法规对企业的利润分配经常做出以下约束。

1. 资本保全约束

资本保全约束规定企业不能用资本(包括实收资本和资本公积等)发放股利。

股利的支付不能减少法定资本,目的是维持企业资本的完整性、保障债权人及其他利益相关者的利益。

2. 资本积累约束

为了制约企业支付股利的任意性,企业税后利润必须先按10%提取法定盈余公积金。当盈余公积金累计额已达到注册资本的50%时,可以不再提取。此外,鼓励企业提取任意公积金。股利只能从企业的可供分配利润中支付。企业年度累计净利润为正数时才形成可供分配的利润,以前年度亏损必须足额弥补。

3. 偿债能力约束

基于对债权人利益的保护,如果一个企业已经无力偿付负债或股利支付会导致企业失去偿债能力,则不能支付股利。

(二) 企业自身因素

企业自身的经营情况与经营能力,影响其股利政策。

1. 现金流量

现金流量对于企业非常重要,是企业顺利开展经营活动、提高企业获利能力的重要保障。一般情况下,企业的盈利与现金流量并不完全同步,有时企业的利润增加,但并不一定拥有可供分配的现余流量。企业在进行利润分配时,首先要保障企业的正常的生产经营活动对现金流量的需求,再按照利润的分配顺序进行利润的分配。

2. 筹资能力

筹资能力是影响企业股利政策的一个重要因素。企业在分配现金股利时,应当根据自身的筹资能力来确定股利支付水平。如果企业筹资能力较强,在资本市场上筹集资本较易,就可采取较宽松的股利政策,适当提高股利支付水平;如果企业筹资能力较弱,就应采取较紧缩的股利政策,少发放现金股利,增加留用利润。

3. 盈利状况

企业是自主经营、自负盈亏、独立核算的经济实体,如果企业不盈利,则会面临经济困难甚至倒闭破产。企业利润的分配很大程度上取决于其盈利状况。企业的盈利能力越强,则股利的支付能力就越好;企业盈利能力越差,则股利的支付能力就越差。

4. 投资机会

企业的投资机会与未来的盈利直接相关。良好的投资机会能给企业带来发展的机遇。当然,企业的投资机会越多,需要的资金数量就会越大。这会给企业带来更多的财务压力,企业可以采取低股利支付水平的分配政策;反之,如果企业的投资机会少,对资金的需求量小,那么就可以采取高股利的分配政策,以稳定现有的投资者,吸引更多的新投资者。如果企业将留存收益用于再投资,所得的报酬低于股东个人单独将股利收入投资于其他投资机会所得的报酬,企业就不应多留留存收益,而是应该向股东多发放股利,提高股东的收益。

5. 资本成本

资本成本是企业筹集和使用资本的代价。与发行新股或举借债务相比,保留盈余不需花费筹资费用,是一种比较经济的筹资渠道。因此,从资本成本角度考虑,如果中小企业有扩大资金的需要,则应当采取低股利政策。

6. 生命周期

企业的生命周期分为创业期、成长期、成熟期和衰退期四个阶段。创业期的企业往往尚未盈利或盈利很少,同时需要大量的资金用于产品生产、开拓市场,因此一般不发放现金股利。成长期的企业通过一段时间的经营发展后盈利逐步增加,但仍处于扩展阶段,资本性支出往往较大,一般不会有较大的资金结余,因此一般不发放现金股利或采用低股利支付率政策。成熟期的企业盈利能力比较强、盈利水平相对稳定,一般会增加现金股利的分配。衰退期的企业通常销售收入减少,经营业绩下降,经营活动产生的现金流量下降,企业所获取的利润降低甚至开始亏损企业这时可能会采用特殊的股利政策。

(三) 股东因素

企业的股利政策是由代表股东利益的董事会提出,最终由股东大会决定的。因此,股东从自身经济利益需要出发,对企业的股利分配往往产生较大影响。

1. 追求稳定的收入

许多股东进行投资是希望从企业获取稳定的收益,因此要求企业能够支付较稳定的股利,让企业尽量少地留存利润。企业增加留存收益引起股价上涨从而获得资本利得是有较大风险的,因此现在分配给股东比未来获取资本利得的风险小一些,即使是现在较少的收益,也强于未来不确定的较高的收益。

2. 股权控制权的要求

企业支付较高的股利往往会导致企业的留存收益减少,这意味着如果企业将来需要较多的资金时发行新股的可能性会大大增加。而发行新股必然牺牲企业的控制权,这是拥有企业控制权的股东不愿看到的局面。因此,大多数控股股东会倾向于现有的较低的股利支付水平。

3. 规避所得税

股利政策必须考虑股东的所得税负担。多数国家的股利所得税税率都高于资本利得所得税税率。在我国,现金股利收入的税率是20%,但股票交易尚未征收资本利得税。因此,低股利支付政策可以给股东带来更多的资本利得收入,达到避税的目的。

(四) 其他因素

除了上述因素以外,还有其他因素会影响企业股利政策选择。

1. 债务合同约束

一般来说,企业的股利支付水平越高,则留存收益越少,企业面临破产的风险就越大,最终损害的是债权人的利益。因此,债权人为了保护自身的利益不受侵害,往往会在债务契约、租赁合同中加入借款企业股利政策的限制性条款,以保障自身的合法权益。

2. 股利政策的惯性

一般而言,股利政策的重大调整,会造成投资者的不稳定因素,让投资者改变投资企业,可能导致股价下跌。此外,由于股利收入是一部分股东生产和消费资本的来源,因此多数投资者不愿意持有股利变动幅度较大的股票。因此,股利政策要保持一定的连续性和稳定性。

3. 通货膨胀的影响

通货膨胀是流通中的货币数量超过经济实际需要量而引起的货币贬值,表现为物价全面而持续地上涨。通货膨胀使企业资本的购买力下降,维持现有的经营规模需不断地追加投入,因此,企业需要将较多的税后利润用于内部积累。在通货膨胀时期企业股利政策往往偏紧。

▶ 任务实施

此次任务可以通过如下途径实现：

（1）阅读“格力电器的股利分配”案例，思考企业在制定股利政策时，要考虑的主要因素是什么？发放高现金股利的企业具有哪些特点？

（2）通过访谈法，请教相关专家对格力电器股利分配的理解和观点。

（3）通过小组讨论分析，结合案例内容，总结对股利分配的理解，派出代表在课堂上进行汇报分析。

▶ 任务小结

股利政策是指在法律允许的范围内，企业是否发放股利，发放多少股利以及何时发放股利的方针与对策。中小企业财务管理中常见的股利政策主要有剩余股利政策、固定或稳定增长的股利政策、固定股利支付率政策以及低正常股利加额外股利政策。股利分配涉及企业各方面的利益，受多方面因素的影响如法律因素、企业自身因素、股东因素和其他因素。

任务三　识别股票股利、股票分割与股票回购

▶ 任务导入

大华公司的股利政策

大华是一家互联网公司，从事网上贸易、互联网金融服务等业务。公司创建于 2009 年。2009 年，大华公司从投资机构融资 2 500 万美元，到 2011 年年底，注册用户超越 100 万人。2012 年年底，公司实现全年正现金流入。2014 年，大华公司从数家一线投资机构融资 8 200 万美元，同年推出网上第三方支付平台。2013—2017 年，大华公司的营业收入平均增长为 60%，2017 年公司在海外上市。随着电子商务、互联网金融市场竞争日益激烈，投资者对大华公司能否保持持续增长仍然怀疑。为了增强投资者的信心特别是吸引更多的机构投资者，2020 年，大华公司宣布分配季度股利，每股支付现金股利 0.25 美元，同时按 1 : 2 的比例进行股票拆分。市场对大华公司首次分配股利反应强烈，随后连续的几天，大华公司股票连续大涨。2020 年以来，大华公司一直坚持每年支付大约每股 1.5 美元的股利。

请思考：大华公司为什么在 2020 年进行首次发放股利，并进行股票拆分？2020 年以后，大华公司应采用何种股利政策？

案例来源：网络

▶ 任务分析

股利是指股份公司按发行的股份分配给股东的利润，是股份公司所有权的一部分，也是发行的所有权凭证，是股份公司为筹集资金而发行给各个股东作为持股凭证并借以取得股息和红利的一种有价证券。识别股票股利、掌握股票分割与股票回购要点，要从以下知识学起。

▶ 知识准备

一、股票股利

根据我国上市公司的信息披露管理条例,我国的上市公司必须在每个会计年度结束的120天内公布年度财务报告,且在年度报告中要公布利润分配预案,所以我国上市公司的分红派息工作一般都集中在次年的二、三季度进行。

(一) 股利的种类

1. 现金股利

现金股利是上市公司以货币形式支付给股东的股息红利,也是最普通最常见的股利形式,我们常说每股派息多少元,就是现金股利。上市公司发放现金股利主要出于三个原因:投资者偏好,减少代理成本,传递公司的未来信息。现金股利适用于企业现金较充足、分配股利后企业的资产流动性能达到一定的标准,并且有广泛有效的筹资渠道的企业。

2. 股票股利

股票股利是公司以增发股票的方式所支付的股利,也就是通常所说的送红股。股票股利并不直接增加股东的财富,不导致公司资产的流出或负债的增加,因而不是公司资金的使用,同时也并不因此而增加公司的财产,但股票股利会引起所有者权益各项目的结构发生变化。

3. 财产股利

财产股利是以除现金以外的其他资产支付的股利,主要是以公司所拥有的其他公司的有价证券(如其他公司债券、股票等)来作为股利发放给股东。

4. 负债股利

负债股利是以负债方式支付的股利,通常以公司的应付票据支付给股东,有时也以发行公司债券的方式支付股利。财产股利和负债股利实际上是现金股利的替代。这两种股利方式目前在我国公司实务中较少使用,但并非法律所禁止。

知识加油站

红利、红股、转增股、配股

红利,包括现金红利和股票红利两种形式,其分配来源是企业当年和以往年度的未分配利润。现金股利是向投资者发放现金作为其投资的回报,分配现金股利后,股份制企业的未分配利润减少,股东权益等额减少,股票价格会有一定程度的下降,股东资金账户的资金增加。

红股即股票股利。

转增股是指将企业的公积金转化为股本的形式。转增股后,企业的所有者权益总额未发生变化,只是股本总额增加,股数增加。股东拥有的股票数虽然增加了,但股价往往会同比例下降,因此对股东财富不会产生实质性影响。

配股是股份公司的老股东可以根据原持有股数的一定比例按照配股价购买股份公司新发行的股票,配股价通常低于市场价。配股本身不是分红,而是一种筹资方式,是上市公司的一次股票发行行为,公司股东可以自由选择是否购买所配售的股票。

(二) 股利发放程序

1. 股利宣告日

上市公司分派股利时,首先要由公司董事会制定分红预案,包括本次分红的数量与方式,股东大会召开的时间、地点及表决方式等。以上内容由公司董事会向社会公开发布。董事会将股利支付情况予以公告的日期即为股利宣告日。

2. 股权登记日

股权登记日是由公司在宣布分红方案时确定的一个具体日期。凡是在此指定日期收盘之前取得了公司股票,成为公司在册股东的投资者都可以作为股东享受公司发放的股利;在此日之后取得股票的股东则无权享受已宣布发放的股利。

3. 除息除权日

在除息日,股票的所有权和领取股息的权利分离,股利权利不再从属于股票,所以在这天购入公司股票的投资者不能享有已宣布发放的股利。另外,由于失去了附息的权利,除息日的股价会下跌,下跌的幅度约等于分派的股息。

4. 股利发放日

在股利发放日,公司按公布的分红方案向股权登记日在册的股东实际支付股利。

案例分享

某公司 2021 年 4 月 15 日公布上年度的分红方案:“本公司董事会在 2021 年 4 月 15 日的会议上决定,本年度发放每股 0.3 元的股利;本公司将于 2021 年 5 月 10—15 日将上述股利支付给本公司的股东,股权登记日为 2021 年 4 月 25 日;股利宣告日为 2021 年 4 月 15 日;除息日为 2021 年 4 月 26 日;股利支付日为 2021 年 5 月 10—15 日。”

二、股票分割

(一) 股票分割的概念

股票分割又称拆股,即将一股股票拆分成多股股票的行为。股票分割一般只会增加发行在外的股票总数,但不会对公司的资本结构产生任何影响。股票分割与股票股利非常相似,都是在不增加股东权益的情况下增加了股份的数量。不同的是,股票股利虽不会引起股东权益总额的改变,但股东权益的内部结构会发生变化,而股票分割之后,股东权益总额及其内部结构都不会发生任何变化,变化的只是股票面值。

练一练

某上市公司 2021 年年末资产负债表上的股东权益账户情况如表 7.3-1 所示。

表 7.3-1　2021 年年末股东权益表

单位:万元

股本(面值 10 元,200 万股)	2 000
资本公积	1 000
盈余公积	500
未分配利润	800
股东权益合计	4 300

要求:

(1)假设股票市价为 20 元,该公司宣布发放 10%的股票股利,即现有股东每持有 10 股可获赠 1 股普通股。发放股票股利后,股东权益有何变化?(假设按面值发放股票股利)

(2)假设该公司按照 1∶2 的比例进行股票分割。股票分割后,股东权益有何变化?每股净资产是多少?

趣味动画:
什么是股票分割

解:(1)发放股票股利后股东权益情况如表7.3-2所示。

表7.3-2　发放股票股利后股东权益表

单位:万元

股本(面值10元,220万股)	2 200
资本公积	1 000
盈余公积	500
未分配利润	600
股东权益合计	4 300

(2)股票分割后股东权益情况如表7.3-3所示。

表7.3-3　股票分割后股东权益表

单位:万元

股本(面值5元,400万股)	2 000
资本公积	1 000
盈余公积	500
未分配利润	800
股东权益合计	4 300

(二)股票分割的作用

1. 降低股票价格

股票分割会使每股市价降低,买卖该股票所需资金量减少,从而可以促进股票的流通和交易。流通性的提高和股东数量的增加,会在一定程度上加大对公司股票恶意收购的难度。此外,降低股票价格可以为公司发行新股做准备,因为股价太高会使许多潜在投资者力不从心而不敢轻易对公司股票进行投资。

2. 传递发展良好信号

股票分割可以向市场和投资者传递“公司发展前景良好”的信号,有助于提高投资者对公司股票的信心。

三、股票回购

(一)股票回购的含义及方式

股票回购是指上市公司出资将其发行在外的普通股以一定价格购买回来予以注销或

作为库存股的一种资本运作方式。《中华人民共和国公司法》规定，公司有下列情形之一的，可以收购本公司股份：

(1)减少公司注册资本；

(2)与持有本公司股份的其他公司合并；

(3)将股份用于员工持股计划或者股权激励；

(4)股东因对股东大会做出的公司合并、分立决议持异议，要求公司收购其股份；

(5)将股份用于转换上市公司发行的可转换为股票的公司债券；

(6)上市公司为维护公司价值及股东权益所必需情形收购本公司股票的。

属于减少公司注册资本收购本公司股份的，应当自收购之日起 10 日内注销；属于与持有本公司股份的其他公司合并和股东因对股东大会做出的公司合并、分立决议持异议，要求公司收购其股份的，应当在 6 个月内转让或者注销；属于其余三种情形的，公司合计持有的本公司股份数量不得超过本公司已发行股份总额的 10%，并应当在 3 年内转让或者注销。

上市公司将股份用于员工持股计划或者股权激励、将股份用于转换上市公司发行的可转换为股票的公司债券以及为维护公司价值及股东权益所必需情形收购本公司股票的，应当通过公开的集中交易方式进行。上市公司以现金为对价，采取要约方式、集中竞价方式回购股份的，视同上市公司现金分红，纳入现金分红的相关比例计算。

（二）股票回购的动机

在证券市场上，股票回购的动机多种多样，主要有以下几点：

1. 现金股利的替代

现金股利政策会对公司产生未来的派现压力，而股票回购不会。当公司有富余资金时，通过购回股东所持股票将现金分配给股东，这样，股东就可以根据自己的需要选择继续持有股票或出售以获得现金。

趣味动画：
什么是股票回购

2. 改变公司的资本结构

无论是现金回购股份还是举债回购股份,都会提高公司的财务杠杆水平,改变公司的资本结构。公司认为权益资本在资本结构中所占比例较大时,为了调整资本结构而进行股票回购,可以在一定程度上降低整体资本成本。

3. 传递公司信息

由于信息不对称和预期差异,证券市场上的公司股票价格可能被低估,而过低的股价会对公司产生负面影响。一般情况下,投资者会认为股票回购意味着公司认为其股票价值被低估而采取的应对措施。

4. 基于控制权的考虑

控股股东为了保证其控制权不被改变,往往采取直接或间接的方式来回购股票,从而巩固既有的控制权。另外,股票回购使流通在外的股份数变少,股价上升,从而可以有效地防止恶意收购。

(三)股票回购的影响

股票回购对上市公司的影响主要表现在以下几个方面:

(1)符合股票回购条件的多渠道回购方式,允许公司选择适当时机回购本公司股份,将进一步提升公司调整股权结构和管理风险的能力,提高公司整体质量和投资价值。

(2)因实施持股计划和股权激励的股票回购,形成资本所有者和劳动者的利益共同体,有助于提高投资者回报能力;将股份用于转换上市公司发行的、可转换为股票的公司债券实施的股票回购,也有助于拓展公司融资渠道,改善公司资本结构。

(3)当市场不理性,公司股价严重低于股份内在价值时,为了避免投资者损失,适时进行股份回购,减少股份供应量,有助于稳定股价,增强投资者信心。

(4)股票回购时若用大量资金支付回购成本:一方面,容易造成资金紧张,降低资产流动性,影响公司的后续发展;另一方面,在公司没有合适的投资项目又持有大量现金的情况下,回购股份能更好地发挥货币资金的作用。

(5)上市公司通过履行信息披露义务和公开的集中交易方式进行股份回购,有利于防止操纵市场、内幕交易等利益输送行为。

▶ 任务实施

此次任务可以通过如下途径实现：

(1)阅读"大华公司的股利政策"案例，思考企业一般在什么情况下会进行股票拆分？股利政策有哪些常见类型和做法？

(2)通过文献检索法查看专家、学者对中小企业股利、股票分割和股票回购的理解。

(3)通过小组讨论分析大华公司今后可能的股利政策做法以及原因，派出代表在课堂上进行汇报分析。

▶ 任务小结

股利分为现金股利、股票股利、财产股利和负债股利 4 种。股利发放按照股利宣告日、股权登记日、除息除权日、股利发放日的程序进行。股票分割又称拆股，即将一股股票拆分成多股股票的行为。股票分割能够起到降低股票价格、传递发展良好信号的作用。股票回购是指上市公司出资将其发行在外的普通股以一定价格购买回来予以注销或作为库存股的一种资本运作方式。在证券市场上，股票回购的动机多种多样，主要有以下几点：现金股利的替代；改变公司的资本结构；传递公司信息；基于控制权的考虑。股票回购对上市公司的影响有利有弊。

技能提升训练

▶ 训练目标

通过模拟训练,提升企业利润分配管理能力。

▶ 实施流程

流程1　阅读背景资料

宜宾五粮液股份有限公司2021年度分配方案实施公告

本公司及董事会全体成员保证信息披露的内容真实、准确、完整,没有虚假记载、误导性陈述或重大遗漏。

一、通过分配方案的股东大会届次和日期

1. 宜宾五粮液股份有限公司(下称“公司”或“本公司”)2021年度利润分配方案已经于2022年5月27日召开的2021年度股东大会审议通过,具体内容:以公司现有总股本3 881 608 005股为基数,向全体股东每10股派现金30.23元(含税),分配总额固定,共分配金额11 734 100 999.12元(含税)。

2. 自分配方案披露至实施期间,公司总股本未发生变化。

3. 本次实施的分配方案与股东大会审议通过的分配方案一致。

4. 本次实施分配方案距离股东大会审议通过的时间未超过两个月。

二、分配方案

本公司2021年度利润分派方案:以公司现有总股本3 881 608 005股为基数,向全体股东每10股派30.23元现金(含税;扣税后,通过深股通持有股份的香港市场投资者、QFII、RQFII以及持有首发前限售股的个人和证券投资基金每10股派27.207元;持有首发后限售股、股权激励限售股及无限售流通股的个人股息红利税实行差别化税率征收,本公司暂不扣缴个人所得税,待个人转让股票时,根据其持股期限计算应纳税额。

三、股权登记日、除息日

股权登记日:2022年6月28日。

除息日:2022 年 6 月 29 日。

四、分红派息对象

本次分派对象:截至 2022 年 6 月 28 日下午深圳证券交易所收市后,在中国证券登记结算有限责任公司深圳分公司(以下简称“中国结算深圳分公司”)登记在册的本公司全体股东。

五、分红派息方法

1. 本公司此次委托中国结算深圳分公司代派的 A 股股东现金红利将于 2022 年 6 月 29 日通过股东托管证券公司(或其他托管机构)直接划入其资金账户。

2. 以下 A 股股东的现金红利由本公司自行派发:

序号	股东账号	股 东 名 称
1	08×××××637	宜宾发展控股集团有限公司
2	08×××××737	四川省宜宾五粮液集团有限公司
3	08×××××626	宜宾五粮液股份有限公司——第一期员工持股计划
4	08×××××091	国泰君安证券资管——中国银行——国泰君安君享五粮液 1 号集合资产管理计划

在权益分派业务申请期间(申请日 2022 年 6 月 17 日至登记日 2022 年 6 月 28 日),如因自派股东证券账户内股份减少而导致委托中国结算深圳分公司代派的现金红利不足的,一切法律责任与后果由本公司自行承担。

六、有关咨询办法

1. 咨询机构:公司董事会办公室。

2. 咨询电话:0831-3567989、3566938、3567000。

3. 传真电话:0831-3555958。

七、备查文件

1. 第五届董事会 2022 年第 6 次会议决议及公告;

2. 2021 年度股东大会决议及公告;

3. 登记公司确认有关分红派息具体时间安排的文件。

特此公告

宜宾五粮液股份有限公司董事会

2022 年 6 月 22 日

流程 2　思考并分析以下问题

将全班分成 8 个小组，每组推选一名同学担任组长，共同分析以下问题：

(1)结合本案例，谈谈股利分配过程中依次经过的几个日期。

(2)发放现金股利的基本条件是什么？

(3)资本公积金转增股本与发放股票股利有区别吗？为什么？

(4)股票股利对企业和股东有什么好处？对股东财富有何影响？

(5)发放股票股利能否改变企业的财产价值和股东的股权结构？

(6)你对该公司 2021 年的股利政策作何评价？

(7)收集该公司以往的股利政策资料，与 2021 年有何区别？原因何在？

流程 3　总结汇报并进行互评

(1)完成讨论后，各组安排 1—2 名同学作总结发言，各组相互交流思想；

(2)教师对各组讨论结果进行点评，并给予相应的成绩评定；

(3)各小组互评。

思考与练习

一、单选题

1. 造成股利波动较大，给投资者公司不稳定的感觉，对于稳定股票价格不利的股利分配政策是（　　）。

A. 剩余股利政策　　B. 固定或稳定增长的股利政策

C. 固定股利支付率政策　　D. 低正常股利加额外股利政策

2. 我国上市公司不得用于支付股利的权益资本是（　　）。

A. 资本公积　　B. 任意盈余公积

C. 法定盈余公积　　D. 上年未分配利润

3. 相对于其他股利政策而言，既可以维持股利的稳定性，又有利于优化结构的股利政策是（　　）。

A. 剩余股利政策　　B. 固定或稳定增长的股利政策

C. 固定股利支付率政策　　D. 低正常股利加额外股利政策

4. 股利政策对公司的市场价值（或股票价值）不会产生影响，这种观点是（　　）。

A. 股利重要论　　B. 股利传播信息论

C. 股利无足轻重论　　D. 剩余股利政策

D. 固定股利

5. 将股利正式发放给股东的日期，是指（　　）。

A. 股利宣告日　　B. 股权登记日　　C. 除息除权日　　D. 股利发放日

6. 不属于发放股票股利优点的是（　　）。

A. 可将现金留存公司用于追加投资，减少筹资费用

B. 能增强经营者对公司未来的信心

C. 便于今后配股融通更多资金和刺激股价

D. 会引起公司每股收益下降，每股市价下跌

7. 某公司现有发行在外的普通股为 100 000 股，每股面额 1 元，资本公积 3 000 000 元，未分配利润 8 000 000 元，股票市价 20 元；若按 10% 的比例发放股票股利并按市价折算，公司资本公积的报表列示将为：（　　）。

A. 1 000 000 元　　B. 2 900 000 元　　C. 4 900 000 元　　D. 3 000 000 元

8. 在以下股利政策中，有利于稳定股票价格，从而树立公司良好形象，但股利的支付与会公司盈余相脱节的股利政策是（　　）。

A. 低正常股利加额外股利政策　　B. 固定或稳定增长的股利政策

C. 固定股利支付率政策　　D. 剩余股利政策

9. 股利所有权与股票本身分离的日期指的是（　　）。

A. 股利宣告日　　B. 股权登记日

C. 除息除权日　　D. 股利支付日

10. 享有税收优惠的养老基金投资者表现出偏好高股利支付率的股票，希望支付较高且稳定的现金股利，这种观点体现的股利理论是（　　）。

A. 税差理论　　B. 客户效应理论

C. “一鸟在手”理论　　D. 代理理论

二、多选题

1. 公司实施剩余股利政策，意味着（　　）。

A. 公司接受了股利无关理论

B. 公司可以保持理想的资本结构

C. 公司统筹考虑了资本预算、资本结构和股利政策等财务基本问题

D. 兼顾了各类股东、债权人的利益

2. 企业选择股利政策通常需要考虑的因素有（　　）。

A. 企业所处的成长与发展阶段　　B. 企业支付能力的稳定情况

C. 企业获利能力的稳定情况　　D. 目前的投资机会

3. 下列说法正确的有（　　）。

A. 为了应付通货膨胀，公司多采用低股利政策

B. 为了更好约束经营者的背离行为，公司多采用高股利政策

C. 为了更好地为股东合理避税，公司多采用高股利政策

D. 依据股利相关论，高股利政策有助于增加股东财富

4. 比较流行的三种股利政策是（　　）。

A. 股利重要论　　B. 股利传播信息论

C. 股利无足轻重论　　D. 剩余股利政策

E. 股利分配论

5. 实际生活中投资者和公司经理人员对股利政策都十分重视。有三个方面可以解释这个现象，是(　　)。

A. 顾客效应　　B. 信息暗示

C. 降低代理成本的要求　　D. 市场效应

E. 政府要求

6. 股利支付的类型有(　　)。

A. 剩余股利政策　　B. 固定股利支付率政策

C. 稳定增长股利政策　　D. 固定股利政策

E. 低股利政策

7. 股利决策涉及的内容很多，主要包括(　　)。

A. 股利支付程序中各日期的确定　　B. 股利支付比率的确定

C. 股利支付方式的确定　　D. 支付现金股利所需现金的筹集

E. 公司利润分配顺序的确定

8. 企业所处的成长和发展阶段不同，相应采用的股利分配政策也不同，下列说法正确的有(　　)。

A. 剩余股利政策一般适用于公司初创阶段和衰退阶段

B. 固定或稳续增长的股利政策一般适用于公司的成熟阶段

C. 低正常股利加额外股利政策一般适用于公司的高速发展阶段

D. 固定股利支付率政策一般适用于公司的高速发展阶段

9. 下列关于股利理论的表述中，正确的有(　　)。

A. 股利无关论认为股利的支付股利比率不影响公司的价值

B. 客户效应理论认为，边际税率较低的投资者更倾向于低股利支付率的股票

C. “手中鸟”理论所强调的为了实现股东价值最大化的目标，企业应实行高股利分配率的股利政策

D. 代理理论认为，中小股东更希望采用留多存少分配的股利分配政策

10. 下列各项中，属于固定或稳定增长的股利政策的优点的有(　　)。

A. 固定或稳定的股利向市场传递公司经营业绩正常或稳定增长的信息，有利于树立公司良好的形象，增强投资者对公司的信心，从而使公司股票价格保持稳定或上升

B. 股利支付与盈余紧密相连

C. 有利于投资者安排股利收入和支出

D. 像剩余股利政策那样保持较低的资本成本

三、判断题

1. 根据“无利不分”原则,当企业出现年度亏损时,不得分配利润。( )

2. 固定股利支付率政策的主要缺点,在于公司股利支付与其盈利能力相脱节,当盈利较低时仍要支付较高的股利,容易引起公司资金短缺、财务状况恶化。( )

3. 采用固定股利支付率政策分配利润时,股利不受经营状况的影响,有利于公司股票价格的稳定。( )

4. 采用剩余股利分配政策的优点是有利于保持理想的资本结构,降低企业的加权平均资本成本。( )

5. 固定股利政策的一个主要缺点是当企业盈余较少甚至亏损时,仍须支付固定数额的股利,可能导致企业财务状况恶化。( )

四、计算题

1. 某公司 2021 年税后利润为 600 万元,2022 年初公司讨论决定股利分配的数额。预计 2022 年需要再增加投资 800 万元,公司的目标资本结构是权益资金占 60%,债务资本占 40%,2021 年公司继续采用剩余股利政策,则公司应分配的股利是多少?

2. 某公司成立于 2020 年 1 月 1 日,2020 年度实现的净利润为 1 200 万元,2021 年分配现金股利 700 万元。2021 年实现的净利润为 1 000 万元(不考虑计提法定公积金的因素)。2022 年计划增加投资,所需资本为 800 万元。假定公司目标资本结构为权益资本占 60%,长期债务资本占 40%。当年利润下年分配股利。要求:

(1)在保持目标资本结构的前提下,计算 2022 年投资方案所需的权益资本和需要从外部借入的长期债务资本。

(2)在保持目标资本结构的前提下,如果公司执行剩余股利政策。计算 2021 年度应分配的现金股利。

(3)在不考虑目标资本结构的前提下,如果公司执行固定股利政策,计算 2021 年度应分配的现金股利、可用于 2021 年投资的留存收益和需要额外筹集的资本。

(4)在不考虑目标资本结构的前提下,如果公司执行固定股利支付率政策,计算该公司的股利支付率和 2021 年度应分配的现金股利。

(5)假定公司 2022 年面临着从外部融资的困难,只能从内部筹资,不考虑目标资本结构,计算在此情况下 2021 年度应分配的现金股利。

项目八
中小企业财务控制

▶ 学习目标

（一）知识目标

1. 了解财务控制的概念、特征和种类；
2. 熟悉责任中心的类型；
3. 掌握标准成本的制定和成本差异的计算方法。

（二）能力目标

1. 能够进行成本中心、利润中心和投资中心评价；
2. 能编制责任报告；
3. 能计算成本差异。

▶ 学习任务

任务一　了解财务控制基本知识；

任务二　理解责任控制方法；

任务三　掌握标准成本控制方法。

任务一　了解财务控制基本知识

▶ 任务导入

汉斯公司的成功之路

汉斯公司是总部设在德国的大型包装品供应商,它按照客户要求制作各种包装袋、包装盒等,其业务遍及西欧各国。出于降低信息和运输成本、占领市场、适应各国不同税收政策等考虑,公司采用了在各国商业中心城市分别设厂,由一个执行部集中管理一国境内各工厂生产经营的组织和管理方式。由于各工厂资产和客户(收益来源)的地区对应性良好,公司决定将每个工厂都作为一个利润中心,采用总部→执行部→工厂分级控制的财务控制方式。实践证明,汉斯公司的财务控制制度是切实有效的。其下属工厂在各自所处的商业中心城市的包装品市场上均占有较大的份额,公司的销售收入和利润呈现稳定增长态势。公司总部也从烦琐日常管理中解脱出来,主要从事战略决策、公共关系、内部资源协调、重大筹资投资等工作,公司内部的资源在科学调配下发挥了最大的潜能。

请思考:汉斯公司的财务控制手段有哪些?汉斯公司将每个工厂作为一个利润中心的做法属于哪种财务控制方法?

案例来源:杨荣华,曾颖,李翔. 汉斯公司的财务控制制度[J]. 财务与会计,2000(09):55-56.

▶ 任务分析

财务控制是保证实现财务管理目标的关键,如果没有财务控制,其他财务管理环节都将失去意义。财务控制可分为一般控制和应用控制、收支控制和现金控制、定额控制和定率控制等。要理解并分析汉斯公司将每个工厂作为一个利润中心的原因,需要先学习财务控制方法。

▶ 知识准备

一、财务控制的概念与特征

（一）概念

财务控制是指按照一定的程序和方法，确保企业及其内部机构和人员全面落实及实现财务预算的过程。在企业的经济控制系统中，财务控制系统是最具有连续性、系统性和综合性的子系统。

（二）特征

1. 以价值控制为手段

财务控制以实现财务预算为目标。财务预算所包括的现金预算、预计利润表和预计资产负债表，都是以价值形式予以反映的。财务控制必须借助价值手段进行。

2. 以综合经济业务为控制对象

财务控制以价值为手段，可以将不同部门、不同层次和不同岗位的各种业务活动综合起来，实行目标控制。

3. 以日常现金流量控制为主要内容

因为日常财务活动过程表现为组织现金流量的过程，所以，控制现金流量成为日常财务控制的主要内容。在财务控制过程中要以现金预算为依据，通过编制现金流量表来考核评价现金流量的运行状况。

二、财务控制的分类

（一）按照财务控制的内容分类

1. 一般控制

一般控制是指对企业财务活动的内部环境所实施的总体控制，因而亦称基础控制或环境控制。它包括组织控制、人员控制、财务预算、业绩评价、财务记录等多项内容。这类

微课视频：
财务控制认知

拓展阅读：
宜家的成功之道

控制的特征是并不直接地作用于企业的财务活动，而是通过应用控制对企业活动产生影响。

2. 应用控制

应用控制是指直接作用于企业财务活动的具体控制，亦称业务控制。例如，业务处理程序中的批准与授权、审核和复核以及为保证资产安全而采用的限制接近等多项控制。这类控制的特征在于它们构成了业务处理程序一部分，并都具有防止和纠正一种或几种错弊的作用。

（二）按照财务控制的功能分类

按照财务控制的功能可将财务控制分为预防性控制、侦查性控制、纠正性控制、指导性控制和补偿性控制。判断一项控制措施到底属于哪种类型，主要是看采取这项控制措施的设计意图。

（三）按照财务控制的时间分类

1. 事先控制

事先控制也称原因控制，指财务收支活动尚未发生之前所进行的财务控制。例如，财务收支活动发生之前的申报审批制度，产品设计成本的规划等。

2. 事中控制

事中控制也称过程控制，是指财务收支活动发生过程中所进行的控制。例如，对各项收入的去向和支出的用途进行监督，对产品生产进程中发生的成本进行约束等。

3. 事后控制

事后控制也称结果控制，是指对财务收支活动的结果所进行的考核及其相应的奖罚。例如，按财务预算的要求对各责任中心的财务收支结果进行评价，并以此实施奖罚标准。

（四）按照财务控制的主体分类

财务控制按照实施控制的主体可分为出资者财务控制、经营者财务控制和财务部门的财务控制。出资者财务控制是资本所有者对经营者财务收支活动进行的控制，其目的是实现资本保全和资本增值。经营者财务控制是为了实现财务预算目标而对企业及各责任中心的财务收支活动所进行的控制。财务部门的财务控制是财务部门对企业日常财务活动的控制，其目的是保证企业现金的供给。

（五）按照财务控制的对象分类

1. 收支控制

收支控制是对企业和各责任中心的财务收入活动和财务支出活动所进行的控制。收支控制旨在提高收入、减少支出和实现企业利润最大化。

2. 现金控制

现金控制是对企业和各责任中心的现金流入和现金流出活动所进行的控制，目的是实现现金流入与流出的基本平衡，既要防止因现金短缺而可能出现的支付危机，也要防止因现金沉淀而可能出现的机会成本增加。

（六）按照财务控制的手段分类

1. 定额控制

定额控制是指对企业和责任中心采用绝对额指标进行控制。一般而言，对激励性指标确定最低控制标准，对约束性指标确定最高控制标准。

2. 定率控制

定率控制是指对企业和责任中心采用相对比率指标进行控制。一般而言，定率控制具有投入与产出对比、开源与节流并重的特征。比较而言，定额控制没有弹性，定率控制具有弹性。

（七）按照财务控制的依据分类

1. 预算控制

预算控制是指以财务预算为依据，对预算执行主体的财务收支活动进行监督、调整的一种控制形式。预算控制能够使决策目标具体化、系统化、定量化，能够明确规定企业有关生产经营人员各自的职责及相应的奋斗目标，其量化指标可以作为日常控制和考核的依据。预算控制以目标为导向，由于实现目标能够获得相应的奖励，因此具有激励性。

2. 制度控制

制度控制是指通过制定企业内部会计控制制度和有关的规章制度，并以此为依据对企业的财务收支活动进行的一种控制形式。制度控制通常规定能做什么，不能做什么，因此具有防护性特征。

三、财务控制的方法

（一）职务分离控制

职务分离控制是指将处理某种经济业务所涉及的职责分派给不同的人员，防止不相容的职务由同一个人兼任。目的是合理分配每个人员相应的职责，使单个人员不得包办任何事务的全过程，每个人员的职责能相互牵制，以便及时发现员工在履行职责过程中产生的错误和舞弊行为。

知识加油站

不相容职务

不相容职务通常包括：可行性研究与决策审批；决策审批与执行；执行与监督检查等。根据财务控制的要求，应当明确不相容职务相分离的要求，即一个人不能兼任同一部门财务活动中的不同职务。不相容职务包括：授权批准、业务经办、会计记录、财产保管、稽核检查等职务。

（二）授权审批控制

授权、审批同样可以实现对企业各项活动的控制。授权通常包括一般授权和特别授权两种方式。

1. 一般授权

一般授权主要是对日常业务活动的授权，如企业对各职能部门权限范围和职责的规定属于一般授权。通常必须控制好一般授权的度，如该层次的授权过大，则风险不易控制，过小则效率降低。一般授权适用于经常发生的数额较大的交易，如赊销时的价格表与信用额度。

2. 特别授权

特别授权适用于管理当局认为某些个别交易必须经过审批的情形，如对外投资、资产处置、资金调度、资产重组、收购兼并、担保抵押、财务承诺、关联交易等重大经济业务事项的决策权，以及超过一般授权限制的常规交易，都需要特别授权。特别授权只涉及特定的经济业务处理，它不是经常发生的业务，应由较高管理层掌握。

（三）财产保全控制

财产保全方面的控制措施包括：专人保管、定期盘点、记录保护、财产保险。

（四）全面预算控制

全面预算控制是最主要的财务控制方式，它以全面预算为依据，对企业的财务收支和现金流量进行控制。全面预算控制包括预算执行过程的监督、预算差异的分析与调整和预算业绩的考核。

（五）业绩评价控制

业绩评价的控制主要通过奖罚制度来实现，具体包括：建立合理的奖罚制度、形成严格的考评机制、将过程考核与结果考核结合起来。

（六）内部审计控制

内部审计控制就是确认、评价企业内部控制有效性的过程，包括确认和评价企业控制设计和控制运行缺陷和缺陷等级，分析缺陷形成原因，提出改进内部控制建议。内部审计不仅是财务控制的有效手段，也是保证会计资料真实、完整的重要措施。

▶ 任务实施

此次任务可以通过如下途径实现：

(1)通过阅读“汉斯公司的成功之路”案例，思考汉斯公司的财务控制手段有哪些？汉斯公司将每个工厂作为一个利润中心的做法属于哪种财务控制方法？

(2)通过文献查询，收集有关汉斯公司财务控制的详细资料。

(3)阅读教材理解财务控制的概念、特征、内容和方法，掌握财务控制的基本知识；

(4)通过小组讨论分析汉斯公司财务控制的手段、方法及意义。

▶ 任务小结

财务控制是指按照一定的程序和方法，确保企业及其内部机构和人员全面落实及实现财务预算的过程。财务控制具有以价值控制为手段、以综合经济业务为控制对象、以日常现金流量控制为主要内容三大特征。按照不同的分类标准，财务控制可分为一般控制和应用控制，事先控制、事中控制、事后控制，收支控制和现金控制，定额控制和定率控制等。财务控制的方法有职务分离控制、授权审批控制、财产保全控制、全面预算控制、业绩评价控制和内部审计控制。

任务二　理解责任控制方法

▶ 任务导入

公司业绩如何考核

星源公司是一家从事防静电产品生产的企业，下设三个分公司：星火、星辰和星海。星火公司主要为星辰公司提供半成品。由于半成品特殊，没有市场价格可供参考。星辰公司的产品可以既对外销售，也可以出售给星海公司用于高级产品的加工，星海公司业务比较分散，除可以利用星辰公司产品进一步加工成高级产品外，还涉足房地产，旅行社等项目，星海公司对产品有自主定价权，只需报总公司备案即可。

请思考：从管理的角度，应该如何考核此三个公司的业绩呢？

案例来源：原创

▶ 任务分析

星火、星辰和星海三家公司的业务体系有所不同，但是从管理的角度，可以从成本中心、利润中心和投资中心三个方面考核公司业绩。要做好责任控制，需要从以下知识学起。

▶ 知识准备

一、责任中心的含义与特征

（一）责任中心的含义

企业为了能够进行有效的控制及内部协调，通常按统一领导、分级管理的原则在其内

微课视频：
责任中心的财务控制

部合理划分责任单位，明确各责任单位应承担的经济责任、应有的权利义务和利益，促使各责任单位尽其责任协同配合。责任中心就是承担一定经济责任，并享有一定权力和利益的企业内部（责任）单位。

（二）责任中心的特征

责任中心是一个责、权、利相结合的实体。具有承担经济责任的条件，具有履行经济条件责任中各条款的行为能力，反之也能对其后果承担责任。责任中心所承担的责任和行使的权力都应是可控的。

责任中心具有相对独立经营业务和财务收支活动。它是确定经济责任的客观对象，是责任中心得以存在的前提条件。责任中心不仅要划清责任而且要单独核算，划清责任是前提，单独核算是保证。只有既能划清责任又能进行单独核算企业内部单位，才能作为责任中心。

二、责任中心的类型

责任中心是分权管理的产物，企业实行分权管理，逐级下放权责后，企业所属各部门就成为多个责任中心。责任中心的设置既是有效实施财务控制的重要手段，又是实施分权管理的必要形式。根据企业内部责任中心的权责范围及业务活动的特点不同，它可以分为成本中心、利润中心和投资中心三类。

（一）成本中心

1. 含义

成本中心是对成本或费用承担责任的责任中心，它不会形成收入，所以这类中心对成本和费用负责，不对收入、利润和投资负责。因此，成本中心只考评成本费用而不考评收益，且成本中心只对其可控成本承担责任。

知识加油站

根据责任主体能否控制，成本费用分为可控成本与不可控成本。凡是责任中心能控制其发生及其数量的成本称为可控成本；不能控制其发生及其数量的成本称为不可控成本。

成本的可控与否是相对而言的，这与责任中心所处管理层次的高低、管理权限及控制范围的大小和经营期间的长短有直接关系。对于一个企业整体来说，几乎所有的成本都是可控的，而对于企业下属各层次、各部门乃至个人来说，则既有各自的可控成本，又有各自的不可控成本。某项成本就某一责任中心来看是不可控的,而对另一责任中心可能是可控的,这不仅取决于该责任中心的业务内容,也取决于该责任中心所管辖的业务内容的范围。

成本中心的应用范围最广,但凡企业发生成本、费用支出,并对成本负责的部门,都可成为成本中心。例如,工业企业上至厂一级单位,下至车间、班组,甚至个人都有可能成为成本中心。由于成本中心的规模层次不同,其控制和考核的内容也不尽相同,但基本上都是逐级控制,并层层负责的成本中心体系。其职责就是用一定的成本去完成规定的具体任务。

2. 成本中心的类型

(1)技术性成本中心。技术性成本中心(或标准成本中心)是指发生的成本数额通过技术分析可以相对可靠地估算出来。例如,产品生产过程中发生的直接材料、直接人工、间接制造费用等。这种成本的发生可以为企业提供一定的物质成果,在技术上投入量与产出量之间有着密切的联系。技术性成本可以通过弹性预算予以控制。

(2)酌量性成本中心。酌量性成本中心(或费用中心)是指费用是否发生以及发生数额的多少是由管理人员的决策所决定的或投入和产出之间没有密切关系的责任单位。例如,研究开发费用、广告宣传费用、职工培训费用等。这种费用发生主要是为企业提供一定的专业服务,投入可以计量,但产出无法用货币计量,投入量与产出量之间没有直接关系。酌量性成本的控制应着重于预算总额的审批上。

(二)利润中心

1. 含义

利润中心是指既对成本负责又对收入和利润负责的区域,它有独立或相对独立的收入和生产经营决策权。利润中心往往处于企业内部的较高层次,一般具有独立的收入来源和独立的经营权。利润中心对成本的控制是联系着收入进行的,它强调相对成本的节约。

2. 类型

(1)自然利润中心。自然利润中心是可以直接向企业外部销售产品并取得收入的利润中心。这类责任中心一般具有产品销售权、价格制定权、材料采购权和生产决策权,具有很大的独立性,其功能同独立企业相近,能独立进行成本控制,取得收入。最典型的利润中心就是公司内的事业部。

(2)人为利润中心。人为利润中心是指对企业内部责任单位提供产品或劳务而取得“内部销售收入”的利润中心。这类责任中心一般具有相对独立的经营管理权,即能够自主决定本利润中心生产的产品品种和产量、作业方法、人员调配和资金使用等。但这些部门提供的产品或劳务主要在企业内部转移,一般不直接对外销售产品。

(三) 投资中心

1. 含义

投资中心是指既对成本、收入和利润负责,又对投资效果负责的责任中心。投资中心是企业内部最高层次的责任中心,它在企业内部具有强大的决策权,也承担最大的责任。

2. 投资中心与利润中心的区别

由于投资中心的目的是获利,因而投资中心也是利润中心。但投资中心与利润中心又有所不同,二者的区别如表 8.2-1 所示。

表 8.2-1　投资中心与利润中心的区别

区别项目	投资中心	利润中心
权利不同	有投资决策权	没有投资决策权
考核办法不同	进行投入与产出比较	不进行投入与产出比较
组织形式不同	一般是独立法人	可以是也可以不是独立法人

三、责任中心考核指标的计算与分析

(一) 成本中心

由于成本中心只对成本负责,所以对其评价和考核的主要内容是责任成本,即通过对各责任成本中心的实际责任成本与预算责任成本进行比较,以评价各成本中心责任预算的执行情况。成本中心的考核指标主要采用相对指标和比较指标,包括成本(费用)变动额和成本(费用)变动率两个指标。

趣味动画:
什么是责任成本控制

其计算公式：

成本(费用)变动额=实际责任成本(费用)-预算责任成本(费用)

成本(费用)变动率=成本(费用)变动额÷预算责任成本(费用)×100%

在进行成本中心考核时，当预算产量与实际产量不一致时，应注意按弹性预算的方法先行调整预算指标，再按上述公式进行计算。调整时计算公式如下：

预算责任成本(费用)=实际产量×单位预算责任成本

【业务实例 8-1】甲公司内部的一车间为成本中心，生产甲产品，预算产量 6 500 件，单位成本 100 元；实际产量 6 700 件，单位成本 95 元。请计算该成本中心的成本变动额和变动率，并说明指标的内在含义。

【解析】由于预算产量与实际产量不一致，因此需按弹性预算的方法先调整预算指标。甲公司一车间的成本考核指标为：

预算责任成本(费用)=6 700×100=670 000(元)

成本(费用)变动额=6 700×95-670 000=-33 500(元)

成本(费用)变动率=-33 500÷670 000=-5%

由上述计算可知，该成本中心实际成本较之预算责任成本减少了 33 500 元，下降了 5%，说明该中心超额完成了责任成本预算。

（二）利润中心

与成本中心相比，利润中心的权力和责任要大一些。它不仅要考虑到收入的增长，同时还要考虑成本的降低。利润中心追求的是收入的增长超过成本的增长。

对利润中心的考核通常有两种方式可供选择：

(1)利润中心只计算可控成本，不计算共同成本或不可控成本。这种方式主要适用于共同成本难以合理分摊的情况。人为利润中心适合采用这种方式。考核指标计算公式如下：

利润中心边际贡献总额=该利润中心销售收入总额-该利润中心可控成本总额(变动成本总额)

(2)利润中心既计算可控成本，也计算共同成本或不可控成本。这种情况下，共同成本易于分割，自然利润中心一般采用这种方式。若采用变动成本法，考核指标计算公式如下：

利润中心边际贡献总额

=该利润中心销售收入总额-该利润中心变动成本总额

利润中心负责人可控利润总额

=该利润中心边际贡献总额-该利润中心负责人可控固定成本

利润中心可控利润总额

=该利润中心负责人可控利润总额-该利润中心负责人不可控固定成本

公司利润总额

=各利润中心可控利润总额之和-公司不可分摊的各种管理费用、财务费用等

【业务实例 8-2】某公司某部门是一个人为利润中心，本期实现销售收入 20 000 元，已销商品变动成本和变动销售费用 13 000 元，该部门可控固定间接费用 900 元，该部门不可控固定间接费用 1 000 元，分配的工资管理费用 1 200 元，计算用于评价利润中心的各指标。

部门(利润中心)边际贡献总额=20 000-13 000=7 000（元）

部门经理(利润中心负责人)可控利润总额=7 000-900=6 100（元）

部门(利润中心)可控利润总额=6 100-1 000=5 100(元)

通过对上面例题进行分析，可以看出以边际贡献作为考核指标不够全面，可能导致部门管理尽可能多地支出固定成本以减少变动成本支出。这样虽然边际贡献变大，但会增加总成本；以部门可控边际贡献来评价业绩相对较好，它反映了部门经理在其权限和控制范围内有效使用银行存款的能力；以部门边际贡献评价业绩，更适合评价该部门对企业利润和管理费用的贡献，但不适合对于部门经理的评价，因为有一部分固定成本是部门经理很难改变的。

（三）投资中心考核指标的计算与分析

投资中心是既对成本、收入和利润负责，又对投资效果负责的责任中心，相对于成本中心和利润中心，投资中心的管理决策自主权最大，有权决定资金的投放和扩大或缩小现有的生产能力。因此，除考核利润指标外，投资中心主要考核能集中反映利润与投资额之间关系的指标，包括投资利润率和剩余收益。

1. 投资利润率

投资利润率又称投资收益率，是指投资中心所获得的利润与投资额之间的比率，其计算公式为：

$$投资利润率=利润\div投资额\times100\%$$

投资报酬率反映投资中心的投资获利能力，同时又综合反映投资中心经营活动的各个方面，是评价和考核投资中心经营成果的一个综合性较强的指标。为便于进一步说明影响投资利润率的基本因素，将其按如下方式展开：

投资利润率＝（成本费用÷销售收入）×（利润÷成本费用）×（销售收入÷投资额）×100%

＝销售成本率×成本费用利润率×资本周转率

从上述公式可以看出，为了提高投资利润率，应该增加销售，同时尽可能减少成本。有效地使用资产以减少资产的占用，提高资产周转率。

总体来说，投资利润率的主要优点是能促使管理者像控制费用一样控制资产占用或投资额的多少，综合反映一个投资中心的全部经营成果，比较不同投资额的投资中心的业绩大小，具有横向可比性，应用范围广。但是该指标也有其局限性，最为主要的表现就是使用投资利润率往往会使投资中心只顾本身利益，而放弃对整个企业有利的投资项目，造成投资中心的近期目标与整个企业的长远目标相背离。

【业务实例 8-3】假设某个部门现有资产 500 万元，年净利润 80 万元，投资利润率为 16%。部门经理目前面临一个投资利润率为 10%的投资机会，投资额为 40 万元，每年净利润 4 万元。企业投资利润率为 8%。尽管对整个企业来说，由于该项目投资利润率高于企业投资利润率，应当利用这个投资机会，但是它却使这个部门的投资利润率由过去的 16%降至 15.56%。

投资利润率＝（80+4）÷（500+40）×100%＝15.56%

同样道理，当情况与此相反，假设该部门现有一项资产价值 40 万元，每年获利 4 万元，投资利润率 10%，该部门经理却愿意放弃该项资产，以提高部门投资利润率。

投资利润率＝（80−4）÷（500−40）×100%＝16.52%

当使用投资利润率作为业绩评价标准时，部门经理可以通过加大公式分子或减小公式的分母来提高这个比率。这样做，会失去不是最有利但可以扩大企业总净利润的项目。从引导部门经理采取与企业总体利益一致的决策来看，投资利润率并不是一个很好的指标。

因此，为了使投资中心的局部目标与企业的总体目标保持一致，弥补投资利润率这一指标的不足，还可以采用剩余收益指标来评价、考核投资中心的业绩。

2. 剩余收益

剩余收益是指投资中心获得的利润扣减其最低投资利润后的余额，剩余收益是个绝对数正指标，这个指标越大，说明投资效果越好。其计算公式为：

剩余收益=利润-投资额(或净资产占用额)×预期最低投资利润率

=投资额×(投资利润率-预期最低投资利润率)

这里所说的规定或预期的最低利润率是指企业为保证其生产经营正常、持续进行所必须达到的最低收益水平。

以剩余收益作为投资中心经营业绩评价指标，各投资中心只要投资利润率大于预期最低投资利润率，即剩余收益大于零，则该项投资项目就是可行的，从而可以避免投资中心单纯追求利润而放弃一些对企业总体目标有利的投资项目，有利于提高资金使用效率，使投资中心的决策行为同企业总体目标一致。

【业务实例 8-4】某企业有若干个投资中心，平均投资利润率为 13%，其中甲投资中心的投资利润率为 20%，该中心的经营资产平均余额为 200 万元。预算期甲投资中心有一个追加投资的机会，投资额为 100 万元，预计利润为 16 万元。投资利润率为 16%。

要求：①假定预算期甲投资中心接受了上述投资项目，分别用投资利润率和剩余收益指标来评价考核甲投资中心追加投资后的工作业绩。②分别从整个企业和甲投资中心的角度，说明是否应当接受这一追加投资项目。

解析：

甲投资中心接受投资后的评价指标分别为：

投资利润率=(200×20%+16)÷(200+100)×100%=18.67%

剩余收益=16-100×13%=3(万元)

从投资利润率指标看，甲投资中心接受投资后的投资利润率为 18.67%，低于该中心原有的投资利润率 20%，追加投资使甲投资中心的投资利润率指标降低了。从剩余收益指标看，甲投资中心接受投资后可增加剩余收益 3 万元，表明追加投资使甲投资中心有收益。

②如果从整个企业的角度看，该追加投资项目的投资利润率为 16%，高于企业的投资利润率 13%，剩余收益为 3 万元。无论从哪个指标看，企业都应当接受该项追加投资。

如果从甲投资中心看，该追加投资项目的投资利润率为 18.67%，低于该中心的投资利润率 20%，若仅用这个指标来考核投资中心的业绩，则甲投资中心不会接受这项追加投资(因为这将导致甲投资中心的投资利润率指标由20%降至18.67%)。但若以剩余收益指标来考核投资中心的业绩,则甲投资中心会因为剩余收益增加了3万元,而愿意接受该项追加投资。

通过上例可以看出,利用剩余收益指标考核投资中心的工作业绩,能使个别投资中心的局部利益与企业整体利益达成一致,避免投资中心出现本位主义倾向。

需要注意的是,以剩余收益作为评价指标,所采用的投资利润率的高低对剩余收益的影响很大,通常应以整个企业的平均投资利润率作为最低利润率。

四、各责任中心的关系

责任中心根据其控制区域和权责范围的大小,分为成本中心、利润中心和投资中心三种类型。它们各自不是孤立存在的,每个责任中心承担各自的经管责任。最基层的成本中心应就其经营的可控成本向其上层成本中心负责;上层的成本中心应就其本身的可控成本和下层转来的责任成本一并向利润中心负责;利润中心应就其本身经营的收入、成本(含下层转来成本)和利润(或边际贡献)向投资中心负责;投资中心最终就其经管的投资利润率和剩余收益向总经理和董事会负责。所以,企业各种类型和层次的责任中心形成了一个“连锁责任”网络,这就促使每个责任中心为保证经营目标一致而协调运转。

五、责任预算与责任报告

(一) 责任预算

责任预算是以责任中心为主体,以其可控成本、收入、利润和投资等为对象编制的预算。责任预算是企业总预算的补充和具体化。

责任预算的编制程序有两种基本类型,且与企业组织结构有着密切关系:

第一种是以责任中心为主体,将企业总预算在各责任中心之间层层分解而形成各责任中心的预算。这种方式能使各责任中心目标与企业总目标一致,便于统一指挥和协调,

拓展阅读:
令出必行

但可能会使各责任中心的工作积极性和创造性有所消减。集权组织结构形式的企业往往采用这种方法。

第二种是各责任中心自行列示各自的预算指标、由下而上、层层汇总,最后由企业专门机构或人员进行汇总和调整,确定企业总预算。这种方式有利于发挥各责任中心的积极性,并且考虑了各责任中心的实际能力,但是各责任中心往往只从自身角度出发考虑问题,使各责任中心之间难以协调,加大了工作难度,影响了预算的质量和编制的及时性。分权组织结构形式的企业往往采用这种方法。

(二）责任报告

责任报告是根据责任会计记录编制的,反映责任预算实际执行情况、揭示责任预算与实际执行差异的内部会计报告。它是对各个责任中心执行责任预算情况的系统概括和总结。责任中心的业绩评价和考核应通过编制责任报告来完成,责任报告亦称业绩报告、绩效报告。

责任报告的形式主要有报表、数据分析和文字说明等。用责任报告揭示差异时,还必须对重大差异进行定量分析和定性分析。定量分析旨在确定差异的发生程度;定性分析旨在分析差异产生的原因,并根据这些原因提出改进建议。

责任中心是逐级设置的,责任报告也应自下而上逐级编报,在企业的不同管理层次上,责任报告的侧重点应有所不同。最低层次的责任中心的责任报告应当最详细,随着层级的升高,责任报告的内容应以更为概括的形式来表现。可以说,责任预算是由总括到具体,责任报告是由具体到总括。责任报告应能突出产生差异的重要影响因素。

【业务实例 8-5】某公司 2021 年的责任报告如表 8.2-2、表 8.2-3、表 8.2-4 所示。

表 8.2-2　成本中心 2021 年责任报告

单位:元

项目	实际责任成本	预算责任成本	差额
下属责任中心转来的责任成本			
第一车间	11 400	11 000	+400
第二车间	13 700	14 000	-300
	25 100	25 000	+100
本成本中心的可控成本			
间接人工	1 580	1 500	+80

（续表）

项目	实际责任成本	预算责任成本	差额
管理人员工资	2 750	2 800	-50
设备维修费	1 300	1 200	+100
	5 630	5 500	+130
本责任中心的责任成本合计	30 730	30 500	+230

由表 8.2-2 可知，该成本中心实际责任成本较之预算责任成本增加 230 元，上升了 0.8%，主要是该成本中心的可控成本增加 130 元和下属责任中心转来的责任成本增加 100 元所致，究其根本原因则是设备维修费超支 100 元和第一车间责任成本超支 400 元，没有完成责任成本预算。第二车间责任成本减少 300 元，表明责任成本控制有初步成效。

表 8.2-3　某利润中心责任报告

单位：万元

项目	实际利润	预算利润	差额
销售收入	250	240	+10
变动成本			
变动生产成本	154	148	+6
变动销售成本	34	35	-1
变动成本合计	188	183	+5
边际贡献	62	57	+5
固定成本			
直接发生的固定成本	16.4	16	+0.4
上级分配的固定成本	13	13.5	-0.5
固定成本合计	29.4	29.5	-0.1
营业利润	32.6	27.5	+5.1

由表 8.2-3 中的数据计算可知，该利润中心的实际利润超额完成预算 5.1 万元，如果剔除上级分配的固定成本这一因素，利润超额完成 4.6 万元。

表 8.2-4　某投资中心责任报告

项目		实际值	预算值	差额
营业利润(万元)	①	600	450	+150
平均经营资产(万元)	②	3 000	2 500	+500
投资报酬率(%)		20	18	+2
按最低投资报酬率 15%计算的投资报酬(万元)	Ⓡ=Ⓡ×15%	450	375	+75
剩余收益(万元)	Ⓡ=KD-Ⓡ	150	75	+75

由表 8.2-4 中的数据计算可知,该投资中心的投资报酬率和剩余收益指标都超额完成了预算,表明该投资中心投资业绩比较好。

六、内部转移价格

(一) 含义

内部转移价格是指企业内部各责任中心之间进行内部结算和内部责任结转时所使用的计价标准。例如,上道工序加工完成的产品转移到下道工序继续加工或辅助生产部门为基本生产车间提供劳务,都是一个责任中心向另一个责任中心“出售”产品或提供劳务,都必须采用内部转移价格进行结算。又如,某工厂生产车间与材料采购部门是两个成本中心,若生产车间所耗用的原材料由于质量不符合原定标准,发生超过消耗定额的不利差异,也应由生产车间以内部转移价格结转给采购部门。

采用内部转移价格进行内部结算,可以使企业内部的两个责任中心处于类似于市场交易中买卖两方的地位,可促使双方降低成本费用,提高产品或劳务的质量,争取获得更多的利润。

在其他条件不变的情况下,内部转移价格的变化,会使买卖双方或供求双方的收入或内部利润呈相反方向变化。但从整个企业角度看,双方一增一减,数额相等、方向相反,企业利润总额不变,变动的只是企业内部各责任中心的收入或利润的分配份额。

(二) 制定原则

制定内部转移价格有助于明确划分各责任中心的经济责任,考核业绩,协调各责任中心的业务活动,也有助于企业经营者做出正确的经营决策。所以,制定内部转移价格应注重企业全局利益,以企业全局利益最大化为标准,且在制定的同时要坚持公平原则、自主原则和重要性原则。

（三）责任成本内部结转

责任成本内部结转又称“责任转账”,是指在生产经营过程中,对于不同原因造成的各种经济损失,由承担损失的责任中心对实际发生或发现损失的责任中心进行损失赔偿的账务处理过程。责任转账的目的是划清各责任中心的成本责任,使不应承担损失的责任中心在经济上得到合理补偿。进行责任转账的依据是各种准确的原始记录和合理的费用定额。在合理计算出损失金额后,应编制责任成本转账表,作为责任转账的依据。责任转账的方式有直接的货币结算方式和内部银行转账方式。前者是以内部货币直接支付给损失方,后者只是在内部银行所设立的账户之间划转。

▶ 任务实施

此次任务可以通过如下途径实现:

(1)通过星源公司的责任控制案例阅读,从管理的角度思考星源公司,应该如何考核其三个分公司的业绩。

(2)通过阅读教材和文献查询,理解三种不同类型的责任中心,即成本中心、利润中心和投资中心的含义和三者之间的关系,并掌握责任中心考核指标的计算与分析方法。

(3)结合案例内容,通过小组讨论分析考核此三个公司的业绩方法:对星火公司以成本中心进行业绩考核;对星辰公司以利润中心进行业绩考核;对星海公司以投资中心进行业绩考核。

▶ 任务小结

责任中心是承担一定经济责任,并享有一定权力和利益的企业内部(责任)单位。根据企业内部责任中心的权责范围及业务活动的特点不同,它可以分为成本中心、利润中心和投资中心三类。成本中心是对成本或费用承担责任的责任中心,它不会形成收入,所以这类中心对成本和费用负责,不对收入、利润和投资负责。利润中心是指既对成本负责又对收入和利润负责的区域,它有独立或相对独立的收入和生产经营决策权。投资中心是指既对成本、收入和利润负责,又对投资效果负责的责任中心。它们各自不是孤立存在的,每个责任中心承担各自的经管责任。最基层的成本中心应就其经营的可控成本向其上层成本中心负责;上层的成本中心应就其本身的可控成本和下层转来的责任成本一并向利润中心负责;利润中心应就其本身经营的收入、成本(含下层转来成本)和利润(或边际贡献)向投资中心负责;投资中心最终就其经管的投资利润率和剩余收益向总经理和董事会负责。

任务三　掌握标准成本控制方法

▶ 任务导入

百安居(B and Q)的节俭之道

百安居制定的成本管理体系在它的日常运营中处处体现着节俭的精细化哲学。百安居对金额可以量化的成本部分用财务预算制度进行明确的控制,每一笔支出都要有据可依,执行情况会与考核挂钩,严格划分可控费用(人事、水电、包装、耗材等)84 项和不可控费用(固定资产折旧、店租金、利息、开办费摊销)53 项。尽管单店日销售额曾突破千万元,营运费用仍被细化到几乎不能再细的地步,有的甚至单月费用不及 100 元。

每个月、每个季度、每一年都会由财务汇总后发到管理者的手中,超支和异常的数据会用红色特别标识,管理者会对报告中的红色部分相当留意,在会议中,相关部门需要对超支的部分做出解释。百安居对于那些难以金额化的成本部分,采用标准操作规范(SOP),将如何节俭用制度固化下来取得了良好的效果。

百安居使用一套成型的操作流程和营运控制手册,该手册从电能、水、印刷用品、劳保用品、电话、办公用品、设备和商店易耗品八个方面提出控制成本的方法。比如将用电的节俭规定到了以分钟为单位。

请思考:百安居如何进行成本控制?

案例来源:毕爽. 探析企业降低成本[J]. 现代商业,2011(20):97-98.

▶ 任务分析

从管理角度来看,对成本加强控制要比单纯进行成本计算更为重要,企业管理者不仅要了解成本的实际水平,还要了解这样的实际水平是否接近一种有效率的生产经营水平,以便能及时地对成本加强控制。百安居从办公用品、人力成本、工作流程、企业文化等各个方面做好财务控制,值得中小企业创业与经营者学习。成本控制不等于抠门,要学会成本控制需要掌握以下知识与技能。

▶ 知识准备

一、标准成本与标准成本系统

成本控制的基本点是:将生产过程的实际成本与代表成本管理目标值的某些基准数据相比较,了解其差距,进而采取有效的控制措施。

(一) 标准成本的类型

所谓标准成本,是指通过事先仔细测定、以每单位产品为基础表述的、在可达到的或可接受的业绩水平上的应有成本,也就是成本管理的目标值。标准成本可分为如下三种类型。

1. 基本的标准成本

它是以实施标准成本第一年度或选定某一基本年度的实际成本作为标准成本,用以衡量以后各年度的成本高低,以观察成本的升降趋势。这一类型的标准成本一经制定,多年保持不变,它可以使各个时期的成本以同一的标准为基础进行比较。但是随着时间的推移,产品的生产技术和企业经营情况会发生变化,使原有的标准成本显得日益过时,不能很好地发挥对成本管理的控制作用。所以,这一类型的标准成本在实际工作中较少采用。

2. 理想的标准成本

它是以现有的技术、设备在最好的经营管理条件下所发生的成本水平作为标准成本。采用这种标准成本,意味着实际发生的成本应达到现有条件理想的最低限度,不允许任何浪费存在。这种标准成本一般难以达到,所以,在实际工作中很少采用。

3. 正常的标准成本

它是根据企业的正常生产能力,以有效经营条件为基础而制定的标准成本。可以根据企业过去较长时期内实际数据的平均值,并估计未来的变动趋势来制定,由于在制定这种标准成本时,把那些在现实条件下难以完全避免的超额耗费也计算在内,所以这种标准成本的实现,对管理人员和工人来说是经过努力可以达到的。因而这种标准成本在成本管理工作中能充分发挥其应有的作用,在实际工作中得到了最广泛的应用。

(二) 标准成本系统

标准成本系统由标准成本、差异分析和差异处理三个部分组成。对于实际发生的成本,根据标准成本这一预定的尺度,将其分解为体现标准的部分和偏离标准的部分,可使企业管理者和员工加强成本意识,研究差异,确定其产生原因,并尽可能采取措施对成本加强控制。由此可见,标准成本系统是对成本进行计划和控制的有效工具,成为引导管理者不断改进成本的指示器。根据成本的组成,产品的标准成本包括直接材料标准成本、直接人工标准成本和制造费用标准成本,分别适用于对直接材料、直接人工和制造费用的计划和控制。

(三) 实施标准成本控制的步骤

实施标准成本控制的步骤大致如下:

(1)制定单位产品标准成本;

(2)根据实际产量和成本标准计算产品的标准成本;

(3)汇总计算实际成本;

(4)计算标准成本与实际成本的差异;

(5)通过标准成本卡和实际成本的比较,分析成本差异原因;

(6)向成本负责人提供成本控制报告。

二、标准成本的制定

制定标准成本,首先确定直接材料和直接人工的标准成本,其次确定制造费用的标准成本,最后确定单位产品的标准成本。

(一) 直接材料标准成本的制定

直接材料标准成本是由直接材料价格和直接材料用量两项标准决定的。

1. 直接材料价格标准的制定

直接材料价格标准通常采用企业编制的计划价格。企业在制定计划价格时,通常是以订货合同的价格为基础,并考虑到将来各种变动情况按各种材料分别计算的。

2. 直接材料用量标准的制定

直接材料用量标准是指单位产品耗用原料及主要材料的数量多少,通常也称为材料消耗定额。

制定了直接材料价格标准和直接材料用量标准后,可利用下述公式计算出单位产品的直接材料标准成本:

某单位产品耗用某种直接材料的标准成本 = 价格标准×用量标准

某单位产品的直接材料标准成本 = Σ该种产品所耗用的各种直接材料标准成本

【**业务实例** 8-6】直接材料标准成本制定实例见表 8.3-1。

表 8.3-1　直接材料标准成本

标准	材料 A	材料 B
价格标准：		
发票单价(元)	3.00	12.00
装卸检验费(元)	0.10	0.50
每千克标准价格(元)	3.10	12.50
用量标准：		
图纸用量(千克)	9.0	6.0
允许损耗量(千克)	0.5	0.1
单位产品标准用量(千克)	9.5	6.1
成本标准(元)	29.45	76.25
单位产品直接材料标准成本(元)	105.70	

(二)直接人工标准成本的制定

直接人工标准成本是由直接人工用量和直接人工价格两项标准决定的。

1. 直接人工用量标准的制定

直接人工用量标准是单位产品的工时用量标准，也称工时消耗定额。确定单位产品所需的直接人工时，需要按产品的加工工序分别进行，然后加以汇总。

2. 直接人工价格标准的制定

直接人工价格标准，即标准工资率。它可能是预定的工资率，也可能是正常的工资率。如果采用计件工资制，标准工资率是用预计支付生产工人工资总额除以标准工时总数或者是预定的小时工资；如果采用月工资制，需要根据月工资总额和可用工时总量来计算标准工资率。

制定了直接人工用量标准和直接人工价格标准后，可利用下述公式计算出单位产品的直接人工标准成本：

单位产品的直接人工标准成本 = 小时工资率标准 × 工时用量标准

【**业务实例** 8-7】直接人工标准成本制定实例见表 8.3-2。

表 8.3-2　直接人工标准成本

标准	第一车间	第二车间
小时工资率： 基本生产工人人数(人) 每人每月工时(小时) 出勤率(%) 每人平均可用工时(小时) 每月总工时(小时) 每月工资总额(元) 每小时工资(元)	30 204(25.5 天×8 小时/天) 98 200 6 000 6 000 1.0	60 204(25.5 天×8 小时/天) 98 200 12 000 18 000 1.5
单位产品工时： 理想作业时间(小时) 调整设备时间(小时) 工间休息(小时) 其他(小时) 单位产品工时合计(小时)	 2.5 0.3 0.1 0.1 3.0	 1.6 — 0.1 0.1 1.8
车间直接人工标准成本(元)	3.0	2.7
单位产品直接人工标准成本(元)	5.7	

(三) 制造费用标准成本的制定

制造费用标准成本是按部门分别编制,然后将同一产品涉及的各部门单位制造费用标准加以汇总,得出的整个产品制造费用标准成本。各部门的制造费用标准成本分为变动制造费用标准成本和固定制造费用标准成本两部分。

1. 变动制造费用标准成本的制定

变动制造费用的用量标准通常采用单位产品直接人工工时标准,它在直接人工标准成本制定时已经确定。有的企业采用机器工时或者其他用量标准。

变动制造费用的价格标准是每一工时变动制造费用的标准分配率,它根据变动制造费用预算和直接人工标准总工时计算求得,其计算公式如下:

变动制造费用标准分配率=变动制造费用预算总数÷直接人工标准总工时

确定用量标准和价格标准之后,两者相乘即可得出变动制造费用标准成本,其计算公式如下:

变动制造费用标准成本=单位产品直接人工标准工时×变动制造费用标准分配率

各车间变动制造费用标准成本确定之后，可汇总出单位产品的变动制造费用标准成本。

2. 固定制造费用标准成本的制定

如果企业采用变动成本计算，固定制造费用不计人产品成本，则单位产品的标准成本中不包括固定制造费用标准成本。在这种情况下，不需要制定固定制造费用标准成本，对制造费用的控制通过预算管理来进行。

如果采用完全成本计算，固定制造费用要计入产品成本，则需要确定其标准成本。

固定制造费用的用量标准与变动制造费用的用量标准相同，包括直接人工工时、机器工时、其他用量标准等，并且两者要保持一致，以便进行差异分析。这个标准的数量在制定直接人工用量标准时已经确定。

固定制造费用的价格标准是其每小时的标准分配率，它根据固定制造费用预算和直接人工标准总工时来计算求得，计算公式如下：

固定制造费用标准分配率＝固定制造费用预算总额÷直接人工标准总工时

确定用量标准和价格标准之后，两者相乘即可得出固定制造费用标准成本，其计算公式如下：

固定制造费用标准成本＝单位产品直接人工标准工时×固定制造费用标准分配率

【业务实例 8-8】制造费用标准成本制定实例见表 8.3-3、表 8.3-4。

表 8.3-3　变动制造费用标准成本

部门	第一车间	第二车间
变动制造费用预算：		
运输费用（元）	900	2 500
电力消耗（元）	500	2 900
材料消耗（元）	1 600	2 000
间接人工费用（元）	3 400	4 200
燃料费用（元）	500	1 600
其他费用（元）	300	600
合计（元）	7 200	13 800
生产量标准（人工工时）	6 000	12 000
变动制造费用标准分配率	1.20	1.15
直接人工用量标准（人工工时）	3.00	1.80
部门变动制造费用标准成本（元）	3.60	2.07
单位产品变动制造费用标准成本（元）	5.67	

表 8.3-4　固定制造费用标准成本

部门	第一车间	第二车间
固定制造费用预算:		
折旧费(元)	600	2 600
管理人员工资(元)	800	2 100
间接人工费用(元)	700	1 700
保险费(元)	400	500
其他费用(元)	200	300
合计(元)	2 700	7 200
生产量标准(人工工时)	6 000	12 000
固定制造费用标准分配率	0.45	0.60
直接人工用量标准(人工工时)	3.00	1.80
部门固定制造费用标准成本(元)	1.35	1.08
单位产品固定制造费用标准成本(元)	2.43	

将以上确定的直接材料、直接人工和制造费用的标准成本按产品加以汇总,就可以确定有关产品完整的标准成本。通常企业编制"单位产品标准成本卡"(见表 8.3-5),反映产品标准成本的具体构成。在每种产品生产之前,它的标准成本卡要送达有关人员,包括生产部门、会计部门、仓库负责人等,作为领料、派工和支出其他费用的依据。

【业务实例 8-9】根据例 8-5 至例 8-7 的资料制定单位产品标准成本卡,如表 8.3-5 所示。

表 8.3-5　单位产品标准成本卡

成本项目	用量标准	价格标准	标准成本
直接材料:			
A 材料	9.5 千克	3.10 元/千克	29.45 元
B 材料	6.1 千克	12.50 元/千克	76.25 元
合计			105.70 元
直接人工:			
第一车间	3 小时	1.00 元/小时	3.00 元
第二车间	1.8 小时	1.50 元/小时	2.70 元
合计			5.70 元
变动制造费用:			
第一车间	3 小时	1.20 元/小时	3.60 元
第二车间	1.8 小时	1.15 元/小时	2.07 元
合计			5.67 元

（续表）

成本项目	用量标准	价格标准	标准成本
固定制造费用： 第一车间 第二车间 合计	 3 小时 1.8 小时	 0.45 元/小时 0.60 元/小时	 1.35 元 1.08 元 2.43 元
单位产品标准成本	119.50 元		

三、标准成本差异分析

由于产品的标准成本是一种预计成本（或称目标成本）生产过程发生的实际成本可能因种种原因而与标准成本不相符合，二者的差额就是标准成本差异。直接材料、直接人工和制造费用的标准成本差异可根据其各自的特点进行系统的分析，借以查明差异形成的原因和责任者，以便为及时采取有效措施，发展有利差异、消除不利差异提供重要信息。

（一）直接材料标准成本差异分析

如前所述，直接材料的标准成本是由标准用量与标准价格组成的，在为每单位产品编制标准成本时，对于其中所包含的每一项目都有详细的说明，通过将所耗用的材料的实际数量、所支付的材料的实际价格同预先确定的标准用量、标准价格相对照，可以将差异分解为材料价格差异和材料数量差异。其计算公式如下：

材料价格差异＝实际数量×（实际价格－标准价格）

材料数量差异＝（实际数量－标准数量）×标准价格

【业务实例 8-10】根据表 8.3-6 中直接材料成本有关资料，计算直接材料成本的差异（差异后标的“F”代表有利差异，“U”代表不利差异）。

表 8.3-6 直接材料成本有关资料

项目	标准成本	实际发生	差异
直接材料数量（千克）	20 000	21 870	
直接材料单价（元/千克）	3.00	2.90	
直接材料成本（元）	60 000	63 423	3 423U

有关计算如下：

材料价格差异－实际数量×（实际价格－标准价格）

＝21 870×（2.90－3.00）＝－2 187F

材料数量差异=（实际数量-标准数量）×标准价格

=(21 870 -20 000) ×3.00=5 610U

直接材料价格差异与数量差异之和,应当等于直接材料成本的总差异。

验算如下:

直接材料成本差异=实际成本-标准成本 =63 423 -60 000 =3 423U

直接材料成本差异=价格差异+数量差异=-2 187 +5 610=3 423U

例 8.3-6 中,价格差异是有利的,因为直接材料的实际价格比标准价格低;而数量差异是不利的,因为实际生产投入了比标准数量多的直接材料。

（二）直接人工标准成本差异分析

直接人工标准成本差异是指直接人工实际成本与标准成本之间的差额。它被区分为"价差"和"量差"两部分。价差是指实际工资率脱离标准工资率,其差额按实际工时计算确定的金额,又称为工资率差异。量差是指实际工时脱离标准工时,其差额按标准工资率计算确定的金额,又称为人工效率差异。其计算公式如下:

工资率差异=实际工时×(实际工资率-标准工资率)

人工效率差异=(实际工时-标准工时)×标准工资率

【业务实例 8-11】根据表 8.3-7 中直接人工成本有关资料,计算直接人工成本的差异(差异后标的"F"代表有利差异,"U"代表不利差异)。

表 8.3-7　直接人工成本有关资料

项目	标准成本	实际发生	差异
直接人工小时数(小时)	8 000	7 500	
直接人工工资率(元/小时)	8.50	8. 80	
直接人工成本(元)	68 000	66 000	2 000F

有关计算如下:

工资率差异=实际工时×(实际工资率-标准工资率)

=7 500×(8.80-8.50)= 2 250U

人工效率差异=(实际工时-标准工时) ×标准工资率

=(7 500-8 000)×8.50=-4 250F

实际支付的工资率高于标准工资率，使直接人工工资率形成了不利差异。但直接人工效率差异是有利的，因为实际生产投入的人工小时少于标准人工小时。

工资率差异与人工效率差异之和，应当等于人工成本总差异。

验算如下：

人工成本差异＝实际人工成本－标准人工成本

＝66 000－68 000

＝－2 000F

人工成本差异＝工资率差异＋人工效率差异

＝2 250－4 250

＝－2 000F

工资率差异形成的原因复杂而且难以控制，包括直接生产工人升级或降级使用、奖励制度未产生实效、工资率调整、加班或使用临时工、出勤率变化等。一般来说，工资率差异应归属于人事劳动部门管理，差异的具体原因会涉及生产部门或其他部门。

人工效率差异的形成原因包括工作环境不良、工人经验不足、工人劳动情绪不佳、新工人上岗太多、机器或工具选用不当、设备故障较多、作业计划安排不当、产量太少无法发挥批量节约优势等。它主要是生产部的责任，但也不是绝对的。例如，材料质量不好，也会影响生产效率。

（三）变动制造费用差异分析

变动制造费用差异是指实际变动制造费用与标准变动制造费用之间的差额。它可以分解为“价差”和“量差”两部分。价差是指变动制造费用的实际小时分配率脱离标准，按实际工时计算的金额，反映耗费水平的高低，故称为耗费差异。量差是指实际工时脱离标准工时，按标准的小时费用率计算确定的金额，反映工作效率变化引起的费用节约或超支，故称为变动制造费用效率差异。计算公式如下：

变动制造费用耗费差异

＝实际工时×(变动制造费用实际分配率－变动制造费用标准分配率)

变动制造费用效率差异＝(实际工时－标准工时)×变动制造费用标准分配率

【**业务实例 8-12**】根据表 8.3-8 中变动制造费用有关资料，计算变动制造费用的差异（差异后标的“F”代表有利差异，“U”代表不利差异）。

表 8.3-8　变动制造费用有关资料

项目	静态预算	实际产量下标准工时计算的弹性预算	实际发生的制造费用
产量（件）	8	10	
标准直接人工工时（小时）	3 200	4 000	
变动制造费用（元）	6 400	8 000	9 000

有关计算如下：

变动制造费用标准分配率＝6 400÷3 200＝2.00（元/小时）

变动制造费用实际分配率＝9 000÷4 000＝2.25（元/小时）

变动制造费用耗费差异

＝实际工时×（变动制造费用实际分配率－变动制造费用标准分配率）

＝4 000 ×（2.25－2.00）＝1 000U

变动制造费用效率差异＝（实际工时－标准工时）×变动制造费用标准分配率

＝（4 000－3 200）×2.00＝1 600U

变动制造费用耗费差异和效率差异之和，应当等于变动制造费用差异。

验算如下：

变动制造费用差异＝实际变动制造费用－标准变动制造费用

＝9 000－ 6 400＝2 600U

变动制造费用差异＝变动制造费用耗费差异＋变动制造费用效率差异

＝1 000+1 600＝2 600U

变动制造费用的耗费差异，是实际支出与按实际工时和标准费率计算的预算数之间的差额。由于后者是在承认实际工时是必要的前提下计算出来的弹性预算，因此该项差异反映耗费水平即每小时业务量支出的变动制造费用脱离了标准。耗费差异是部门经理的责任，他们有责任将变动制造费用控制在弹性预算限额之内。变动制造费用效率差异，是由于实际工时脱离了标准，多用工时导致的费用增加，因此其形成原因与人工效率差异相同。

（四）固定制造费用差异分析

固定制造费用的差异分析与各项变动成本差异分析不同，其分析方法有二因素法和三因素法两种。

1. 二因素法

二因素法将固定制造费用差异分为耗费差异和能量差异。耗费差异是指固定制造费用的实际金额与固定制造费用预算金额之间的差额。固定费用与变动费用不同，不因业务量而变，故差异分析有别于变动费用。在考核时不考虑业务量的变动，以原来的预算数作为标准，实际数超过预算数即视为耗费过多。其计算公式为：

固定制造费用耗费差异=固定制造费用实际数-固定制造费用预算数

能量差异是指固定制造费用预算与固定制造费用标准成本的差额，或者说是实际业务量的标准工时与生产能量的差额用标准分配率计算的金额。它反映未能充分使用现有生产能量而造成的损失。其计算公式如下：

固定制造费用能量差异=固定制造费用预算数-固定制造费用标准成本

=固定制造费用标准分配率×生产能量-固定制造费用标准分配率×实际产量标准工时=(生产能量-实际产量标准工时)×固定制造费用标准分配率

【**业务实例** 8-13】根据表 8.3-9 中固定制造费用有关资料，计算固定制造费用差异(差异后标的“F”代表有利差异，“U”代表不利差异)。

表 8.3-9　固定制造费用有关资料

项目	静态预算	实际产量下标准工时计算的弹性预算	实际发生的工时及制造费用
产量(件)	500	400	
标准或实际直接人工工时(小时)	1 000	800	890
固定制造费用(元)	1 500	1 200	1 424

有关计算如下：

固定制造费用标准分配率=1 500÷1 000=1.5(元/小时)

固定制造费用耗费差异=固定制造费用实际数-固定制造费用预算数

=1 424-1 500=-76F

固定制造费用能量差异=(生产能量-实际产量标准工时)×固定制造费用标准分配率

=(1 000-800)×1.5=300U

验算如下：

固定制造费用差异=实际固定制造费用-标准固定制造费用

=1 424-1 200=224U

固定制造费用差异=固定制造费用耗费差异+固定制造费用能量差异

=-76+300=224U

2. 三因素法

三因素法将固定制造费用差异分为耗费差异、效率差异和闲置能量差异三部分。耗费差异的计算与二因素法下相同。另外，要将二因素法中的“能量差异”进一步分为两部分：一部分是实际工时未达到标准能量而形成的闲置能量差异，另一部分是实际工时脱离标准工时而形成的效率差异。其计算公式如下：

闲置能量差异=固定制造费用预算-实际工时×固定制造费用标准分配率

=(生产能量-实际工时)×固定制造费用标准分配率

效率差异=(实际工时-实际产量标准工时)×固定制造费用标准分配率

案例分享

苹果成本控制调查

富可敌国——当苹果披露的现金及有价证券达762亿美元，超过美国财政部账户时，人们这样感叹。大量的现金储备，当然要归功于iPad和iPhone的畅销，同时，苹果的责任中心成本控制亦功不可没。调研机构iSuppli日前发报告称，iPad的设备硬件零部件成本控制在业界远超其他竞争对手。该机构分析师韦恩·兰姆称，iOS软件和iPad的硬件的结合可以使每台设备的硬件成本降至最低。成本低，价格却不便宜，这让业界对苹果的“暴利”产生了疑问。但《每日经济新闻》记者对苹果一家代工厂调查发现，苹果对生产成本的控制的确有其过人之处，甚至连一根灯管的用电成本也“不放过”。该工厂专门针对苹果设计的一份成本节约方案显示，其中一条是通过关闭工作桌上的灯管来节约成本。方案称，每个工作桌上原本有两根灯管，关闭一根后，每条生产线每个月可以节约101.46美元。

不难发现，给苹果代工似乎并不是一个好差事。但上述管理人员表示，“给苹果代工的部门效益最好，主要是量大”。

【业务实例8-14】依据例8-13的资料，利用三因素法计算固定制造费用差异(差异后标的“F”代表有利差异，“U”代表不利差异)。

耗费差异=固定制造费用实际数-固定制造费用预算数

=1 424-1 500=-76F

闲置能量差异=(生产能量-实际工时)×固定制造费用标准分配率

=(1 000-890)×1.5=165U

效率差异=(实际工时-实际产量标准工时)×固定制造费用标准分配率

验算如下:

固定制造费用差异=实际固定制造费用-标准固定制造费用

=1 424-1 200=224U

固定制造费用差异=耗费差异+闲置能量差异+效率差异

=-76+165+135=224U

三因素法下的闲置能量差异(165 元)与效率差异(135 元)之和为 300 元,与二因素法下的“能量差异”相同。

▶ 任务实施

此次任务可以通过如下途径实现:

(1)通过阅读“百安居的节俭之道”案例,思考百安居如何进行成本控制。

(2)通过阅读教材和文献检索,理解百安居标准成本控制的做法。

(3)通过小组分工协作,梳理总结百安居再标准成本控制上的经典做法和借鉴意义,派出代表进行分析。

▶ 任务小结

标准成本是指通过事先仔细测定、以每单位产品为基础表述的在可达到的或可接受的业绩水平上的应有成本,也就是成本管理的目标值。标准成本可分为三种类型:基本的标准成本、理想的标准成本和正常的标准成本。标准成本系统由标准成本、差异分析和差异处理三个部分组成。实施标准成本控制的步骤有六步。标准成本的制定包括直接材料标准成本的制定、直接人工标准成本的制定和制造费用标准成本的制定。标准成本差异分析包括直接材料标准成本差异分析、直接人工标准成本差异分析和变动制造费用差异分析。

技能提升训练

训练目标

通过模拟企业投资决策，掌握财务控制相关内容，能看懂投资方案，会进行企业投资决策。

实施流程

1. 阅读案例材料，具体如下：

【业务实例 8-15】龙华公司 2021 年下设甲、乙两个投资中心，企业的资金成本为 10%。两投资中心均有一投资方案可供选择，预计产生的影响如表 8.4-1 所示：

表 8.4-1　龙华公司投资中心有关投资情况表

项目	甲投资中心		乙投资中心	
	追资前	追资后	追资前	追资后
部门资产（万元）	50	100	100	150
部门边际贡献（万元）	4	8.6	15	20.5
投资利润率（%）	8	8.6	15	
剩余收益（万元）				

2. 从投资中心的考核指标类型、优缺点出发，应考虑的事项如下：

（1）投资中心的考核指标有几种？

（2）各种指标的计算公式？并填写在表 8.4-1 中的空白处。

（3）各种指标的结果有何不同？如何判断是否应追加投资？

3. 就两投资中心是否应追加投资进行决策。

思考与练习

一、单选题

1. 下列说法中错误的是(　　)。

A. 内部转移价格使得企业内部供需双方的收入或内部利润呈反方向变化

B. 当各责任中心成本发生的地点与应承担责任的地点不同时,应当进行责任转账

C. 内部转移价格会影响到企业的利润总额

D. 当责任成本在发生的地点显示不出来,需要在下道工序或环节才能发现时,需要进行责任转账

2. 下列各项中不属于制定内部转移价格原则的是(　　)。

A. 全局性原则　　B. 真实性原则　　C. 自主性原则　　D. 重要性原则

3. 下列说法错误的是(　　)。

A. 对企业来说,几乎所有的成本都是可控的

B. 变动成本是可控的,固定成本都是不可控的

C. 某项成本就某一责任中心看是不可控的,而对另外的责任中心可能是可控的

D. 某些成本从短期看是不可控的,从较长期看可能是可控的

4. 下列说法中错误的是(　　)。

A. 成本中心对可控的成本或费用承担责任

B. 利润中心既对可控的成本负责又对可控的收入和利润负责

C. 投资中心只对投资效果负责

D. 投资中心既对成本、收入和利润负责,又对投资效果负责

5. 下列说法中正确的是(　　)。

A. 按照财务控制的内容,财务控制可分为一般控制和应用控制

B. 按照财务控制的依据,财务控制可分为财务收支控制和现金控制

C. 按照财务控制的对象,财务控制可分为定额控制和定率控制

D. 按照财务控制的手段,财务控制可分为预算控制和制度控制

6. 企业在利用激励性指标对责任中心进行定额控制时,所选择的控制标准是(　　)。

A. 最高控制标准　　B. 最低控制标准

C. 平均控制标准　　D. 弹性控制标准

7. 在采用定额控制方式实施财务控制时,对约束性指标应选择的控制标准是(　　)。

A. 弹性控制标准　　B. 平均控制标准

C. 最高控制标准　　D. 最低控制标准

8. 在下列各项中,不属于责任成本基本特征的是(　　)。

A. 可以预计　　B. 可以计量

C. 可以控制　　D. 可以对外报告

9. 进行责任成本内部结转实质,就是将责任成本按照经济损失责任归属结转给(　　)。

A. 发生损失的责任中心　　B. 发现损失的责任中心

C. 承担损失的责任中心　　D. 下游的责任中心

10. 企业的各责任中心中权力最大的是(　　)。

A. 成本中心　　B. 自然利润中心

C. 人为利润中心　　D. 投资中心

二、多选题

1. 使用双重转移价格的假设前提是(　　)。

A. 内部转移的产品或劳务有外部市场

B. 供应方有剩余生产能力

C. 能够制定准确的标准成本

D. 供应方的单位变动成本要低于市价

2. 以下关于剩余收益的计算公式中正确的是(　　)。

A. 剩余收益=利润-投资额×规定或预期的最低投资收益率

B. 剩余收益=利润-总资产占用额×规定或预期总资产息税前利润率

C. 剩余收益=息税前利润-总资产占用额×规定或预期的总资产息税前利润率

D. 剩余收益=息税前利润-净资产占用额×规定或预期的最低投资收益率

3. 财务控制的特征包括(　　)。

A. 以价值形式为控制手段

B. 以不同岗位、部门和层次的不同经济业务为综合控制对象

C. 仅以某一部门或者单位的业务为控制对象

D. 以控制日常现金流量为主要内容

4. 下列各种财务控制中属于按照财务控制的功能进行划分的是(　　)。

A. 事前控制　　B. 预防性控制

C. 经营者财务控制　　D. 指导性控制

5. 需要利用内部转移价格在有关责任中心之间进行责任结转的有(　　)。

A. 因供应部门外购材料的质量问题造成的生产车间超定额耗用成本

B. 因上一车间加工缺陷造成的下一车间超定额耗用成本

C. 因生产车间生产质量问题造成的销售部门降价损失

D. 因生产车间自身加工不当造成的超定额耗用成本

6. 可控成本的条件包括(　　)。

A. 可以预计　　B. 可以披露　　C. 可以计量　　D. 可以控制

7. 财务控制的方式包括(　　)。

A. 授权批准控制　　B. 销售量控制

C. 财产保全控制　　D. 业绩评价控制

8. 财务控制的控制环境包括(　　)。

A. 风险文化　　B. 员工胜任能力

C. 企业组织结构　　D. 企业风险管理观念

9. 财务控制的基本原则包括(　　)。

A. 简明性原则　　B. 灵活性原则　　C. 协调性原则　　D. 目的性原则

10. 下列各项中,属于财务控制要素的有(　　)。

A. 目标设定　　B. 风险评估　　C. 监控　　D. 风险应对

三、判断题

1. 责任预算是指以责任中心为主体,以责任中心的成本、收入、利润和投资等为对象编制的预算。(　　)

2. 内部稽核是指由业务执行者以外的人员对已执行的业务的正确性所进行的验证。(　　)

3. 全面预算控制的环节是:编制和审定预算,下达预算指标,授权预算执行,监督预算执行,分析预算差异、考核预算业绩。(　　)

4. 责任预算的编制程序中,集权组织下一般使用自上而下的程序编制;分权组织下一般使用自下而上的程序编制。(　　)

5. 为了划定各责任中心的成本责任,使不应承担损失的责任中心在经济上得到合理补偿,必须进行责任转账。(　　)

6. 责任成本的内部结转是指由承担损失的责任中心对实际发生或发现损失的其他责任中心进行损失赔偿的账务处理过程;对本部门因其自身原因造成的损失,不需要进行责任结转。(　　)

7. 只要财务人员工作认真负责,工作能力强,财务人员之间通力合作,就能完成标准成本的制定。(　　)

8. 正常的标准成本应大于理想的标准成本。(　　)

项目九
做好中小企业财务分析

▶ 学习目标

（一）知识目标

1. 理解财务报表的概念、意义；
2. 掌握财务报表分析的基本方法。

（二）能力目标

1. 能对财务报表进行简单分析；
2. 能完成财务分析实例。

▶ 学习任务

任务一　认识财务分析；

任务二　掌握财务分析的方法；

任务三　完成财务分析实例。

任务一　认识财务分析

▶ 任务导入

"瑞幸"财务造假事件

瑞幸咖啡公司于2017年成立,总部位于厦门,截至2019年底直营门店达到4 507家,超越了星巴克在中国的门店数量,是中国最大的连锁咖啡品牌。2019年5月17日,瑞幸咖啡公司登陆美国纳斯达克,融资6.95亿美元,成为世界范围内从公司成立到IPO最快的公司。

2020年2月1日,以做空闻名的研究机构浑水研究发布了一份针对瑞幸咖啡公司长达89页的做空报告,其中包括92名全职员工和1 418名兼职员工对1832家瑞幸咖啡门店的现场监控,收集小票25 000多张,录制视频达11 000小时,指出瑞幸咖啡公司从2019年第三季度开始捏造运营和财务数据,夸大了门店业绩,从而营造出盈利的假象。4月2日,瑞幸咖啡公司向美国证券交易委员会提交公告,承认财务舞弊,涉虚假交易额22亿元,受此影响,瑞幸咖啡当天开盘后6次熔断,股价暴跌75.57%,报6.4美元/股,市值一夜间缩水354亿元。4月3日,中国证监会表示高度关注瑞幸咖啡公司财务造假事件,对该公司财务造假行为表示强烈谴责。4月7日,美股开盘前夕,瑞幸咖啡停牌。

瑞幸咖啡公司的财务舞弊事件引发了广泛的关注,社会各界对上市公司的财务舞弊行为纷纷展开讨论。

请思考:瑞幸财务信息使用者和利益相关者,如何通过报表洞察瑞幸经济信息,从而进行财务决策?如何对瑞幸进行财务报表分析?

资料来源:郑丽萍,赵杨.上市公司财务舞弊的成因与治理研究——以瑞幸咖啡公司为例[J].管理现代化,2020,40(04):4-6.

▶ 任务分析

瑞幸财务信息使用者和利益相关者可以结合企业内部信息分析财务报表数据,发现问题找出对策,使企业持续稳定地发展。要搞清楚公司当前和长期的收益水平如何、目前的财务状况如何、公司资本结构怎样、收益风险与报酬如何、与其他竞争者相比公司处于何种地位等问题,需要了解财务报表分析基本常识。

▶ 知识准备

一、财务报表分析的概念

企业财务报表是以会计特有语言描述企业的基本财务状况、经营成果和现金流量状况的结构性表述。它是一套会计文件,由资产负债表、利润表、现金流量表、所有者权益变动表和附表组成。它是企业经理人及其他会计信息使用者理解企业经营管理过程以及结果的重要载体。

二、财务报表分析的意义

财务报表分析的核心意义在于可以为有关各方提供用来作出决策的信息。财务报表分析的意义可以从企业内部与企业外部两个不同的方面来理解。

从企业内部来说,财务报表分析所获得的各项结果可作为指示企业管理者进一步加强管理的信号,以确定其原因所在,并作为管理决策的依据。就此而言,财务报表分析的意义在于可以揭示发生问题所在,并进一步追查其原因。

从企业外部来说,财务报表分析旨在分析会计信息相互间的关系,以寻求有意义的相关性。就此而言,财务报表分析的意义在于可以提供企业外部信息使用者所需要的决策信息。

综合而言,通过财务报表分析可以体现两个方面的意义,即可以评价企业偿债能力和企业获利绩效。其中,评价企业偿债能力在于评定一个企业偿还到期债务能力的强弱;评估企业获利绩效在于经由股利分配及资本利得的多少,以评定一个企业获利能力的高低。因此,偿债能力分析、获利能力分析构成财务报表分析的核心内容。

你听我说:
财务分析的意义

微课视频:
财务报表分析概述

知识加油站

财务报表分析的起源

财务报表分析始于19世纪末20世纪初。当时的财务报表分析仅指资产负债表分析,为了防止对手获得资讯,企业一般不公布损益表。随着经济的快速发展和资本主义大规模生产的出现,企业的融资需求大幅度上升,在这种情况下,银行的地位和作用日益增强。金融机构为了了解借款企业的财务结构和经营业绩,要求企业提交财务报表作为贷款的依据。

1898年2月,美国纽约州银行协会的经理委员会提出议案,要求所有的借款人必须提交由他们签字的资产负债表,以衡量企业的信用和偿债能力。1900年,该协会发布了申请贷款的标准表格,其中包括资产负债表。此后,银行开始根据企业资产和负债的质量对比来判断企业对借款的偿还能力和还款保障程度,并且提出诸如流动比率、速动比率等一系列的比率分析指标来评价企业的信用,借以防范贷款的违约风险。当年,美国的汤姆斯出版了《铁路财务报表分析》,书中使用了诸如经营费用与毛利率、固定费用与净收益比率等现代财务分析方法来评价当时的铁路行业经营状况。此后,财务报表分析作为评价财务状况的基础在投资领域越来越盛行。1921年,美国的吉尔曼出版了著名的《财务报表分析》一书,指出不能高估比率分析的作用,因为财务比率和资产负债表之间的关系似乎难以明确,他同时主张应用趋势分析法。

三、财务报表分析的主体

财务报表分析的主体是财务报表的使用者,包括企业管理者、投资人、债权人、政府部门、供应商、企业员工和工会以及其他相关者等。

(一)企业管理者

企业管理者是指由被所有者聘用的、对企业资产和负债进行管理的个人组成的团体。管理者关心企业的财务状况、盈利能力和持续发展的能力。管理者可以结合企业内部信息分析财务报表数据,发现问题找出对策,使企业持续稳定地发展。他们分析财务报表的主要目的是评价企业财务执行状况和改善企业财务报表指标。

趣味动画:财务报表分析的内容及原则

（二）投资人

投资人是指企业的权益投资人，如股份公司的普通股股东。投资人投资的目的就是扩大自己的财富，他们所关心的主要包括收益能力以及风险等。作为投资人，进行财务报表分析就是要搞清楚公司当前和长期的收益水平如何、目前的财务状况如何、公司资本结构怎样、收益风险与报酬如何、与其他竞争者相比公司处于何种地位等问题。

（三）债权人

债权人是指借款给企业并得到企业还款承诺的人。债权人关心企业是否具有偿还债务的能力。债权人可以分为短期债权人和长期债权人。作为债权人，进行财务报表分析就是要搞清楚公司是因何原因需要筹集资金、公司还本付息所需资金的来源是什么、公司对于以前的短期和长期借款是否按期偿还、公司偿债能力如何、公司资金使用效率如何等问题。

（四）政府部门

政府部门是指对企业承担监督管理的部门，包括税务部门、国有企业管理部门、证券管理部门、会计监管部门和社会保障部门等。作为政府部门，通过财务分析就是要搞清楚企业税法执行情况如何、国有资本的保值增值率是多少、会计政策的选择和执行情况如何等问题。

（五）其他

其他主体有供应商、企业员工、工会、竞争对手、中介、咨询机构等。供应商关心自己的债权能否收回。企业员工和工会要了解企业的财务状况以维护自身利益。竞争对手希望获取关于企业财务信息及其他信息，借以判断企业间的相对效率。

▶ 任务实施

此次任务可以通过如下途径实现：

（1）阅读“‘瑞幸’财务造假事件”案例，思考财务信息使用者和利益相关者，如何通过报表洞察企业经济信息，从而进行财务决策？如何对瑞幸进行财务报表分析？

（2）通过资料查询，了解“瑞幸”的财务报表信息，查看专家、学者、媒体等对瑞幸咖啡财务造假事件的观点和细节披露。

（3）通过角色扮演，模拟瑞幸的企业管理者、投资人、债权人对瑞幸财务报表进行分析，小组讨论后派出代表进行分享。

▶ 任务小结

企业财务报表是以会计特有语言描述企业的基本财务状况、经营成果和现金流量状况的结构性表述。财务报表分析的核心意义在于可以为有关各方提供用来作出决策的信息，这种意义可以从企业内部与企业外部两个不同的方面来理解。财务报表分析的主体包括企业管理者、投资人、债权人、政府部门、供应商、企业员工和工会以及其他相关者等。

任务二　掌握财务分析的方法

▶ 任务导入

A 公司的财务怎么分析？

李翔于 2018 年年底创业经营 A 公司，到了年底，他想对财务部门上报的报表进行分析以了解企业经营状况。在对这些企业的财务状况进行分析的过程中，他发现出现了相当多的财务比率。他想重点分析公司的长期偿债能力、应收款项流动性和销售盈利能力。

请思考：以上提到的财务比率数值可以评估公司哪些能力，A 公司财务分析怎么开展？

案例来源：原创

▶ 任务分析

李翔已经运营 A 公司三年，他要了解公司的经营状况，可以采用合理的评价标准，通过一定的方法开展。首先他要学会财务报表分析有哪些评价标准？哪些基本方法？

▶ 知识准备

一、财务报表分析的评价标准

在实践中，财务报表分析的评价标准主要包括经验标准、历史标准、行业标准和预算(计划)标准。

（一）经验标准

所谓经验标准是指依据大量且长期的实践检验而形成的标准。例如，流动比率的经验标准是 2 : 1，速动比率的经验标准是 1 : 1。经验标准有助于财务报表分析者观察企业经营活动是否合乎常规。

（二）历史标准

历史标准是指本企业过去某个时期(例如上年或上年同期)的实践形成的标准。历史标准是本企业曾经达到的标准,因此,历史标准比较可靠,也比较现实。它有助于财务报表分析者揭示差异、分析产生差异的原因,为改进企业经营管理提供依据,同时也便于趋势分析,了解和掌握企业经营活动的变化趋势及规律性,并为前景分析提供一定的依据。

在实践中,历史标准可以是本企业历史最好水平的标准,也可以是企业正常经营条件下的标准,还可以是本企业连续多年平均水平的标准。不过,常用的历史标准是上年的标准。

（三）行业标准

事实上,任何一个行业都有以行业活动为基础并反映行业特征的一些标准。这些标准就是所谓的行业标准。在财务报表分析中,采用行业标准体现了“知己知彼”的战略思想,采用行业标准有助于财务报表分析者判断本企业在同行业中所处的竞争地位或优势,明确本企业今后的战略目标。

但是,运用行业标准也需慎重。因为两个企业虽然同处一个行业,却存在许多不可比性,如企业规模大小不一、企业所处的价值链的环节不同、企业所选用的会计政策也可能不同,特别是许多大型企业从事多元化经营,难以界定其所属的行业。

有鉴于此,作为行业标准的“变异”标准,目前流行的是“标杆标准”,即同行业具有可比性的先进企业的先进水平的标准。采用标杆标准有助于企业“与同行业先进水平比”,“比、学、赶、超”,从而形成世界领先企业。

（四）预算（计划）标准

在实行预算(计划)管理的企业,预算(计划)标准是责任指标。预算(计划)标准有助于财务报表分析者判断企业实际财务状况和经营成果与预算(计划)目标之间的差异,并分析差异的原因。由于预算(计划)标准是企业的内部标准,通常不公开披露。因此,预算(计划)标准只适合企业内部的财务分析。

二、财务报表分析的基本方法

财务报表分析的基本方法包括比较分析法、趋势分析法和比率分析法三种。其中,比较分析法是其他分析方法的基础,趋势分析法和比率分析法是比较分析法的派生。

（一）比较分析法

比较分析法是将彼此相互联系的指标进行对照，确定它们之间的差异，评价财务活动好坏的分析方法。常用的比较形式有以下几种：

1. 本期实际与本期预算(计划)比较

这种比较的目的就是检查和考核预算(计划)执行进度和结果，确定完成考核预算(计划)的好坏程度。企业各项预算(计划)完成情况如何，是企业工作质量状况的主要标志。运用比较分析法，把实际的各项指标与预算(计划)指标进行比较之后，就可以确定预算(计划)的完成情况，从而为进一步分析原因指明方向。

2. 本期实际与前期实际比较

这种比较的目的就是了解财务指标的动态和变动趋势，进一步发现潜力和问题所在。它包括与上期实际比、与上年同期实际比、与历史先进水平比、与特定历史时期比等，也称动态分析。

3. 本企业实际与行业内其他先进企业比较

这种比较分析的目的就是了解本企业与其他先进企业之间的差距，确定与“标杆标准”之间的差距，以进一步挖掘企业发展的潜力，包括与国内先进水平比、与国外同类水平比。

比较分析法的核心是确定指标之间的差额，并评价这一差额的好坏。在运用比较分析法时，特别要注意指标之间的可比性，否则就失去了比较的意义，包括指标内涵可比、指标时间可比、指标计价可比以及企业规模可比。以中小企业 A 设备公司为例，我们通过三年的利润表可以比较出每年利润情况。

微课视频：
财务分析的方法

表 9.2-1 A 设备公司利润表

会企 02 表

编制单位:A 设备股份有限公司 单位:元

项目	行数	2019 年度	2020 年度	2021 年度
一、营业收入	1	13 121 093.98	14 958 252.61	19 520 082.85
减:营业成本	2	10 467 132.72	12 129 185.75	15 733 598.91
税金及附加	3	16 595.20	11 900.96	8 722.08
销售费用	4	785 061.18	1 142 764.06	160 420.48
管理费用	5	913 807.07	216 196.16	1 819 534.66
财务费用(收益以"-")列填	6	(12 432.10)	(8 047.26)	133.82
二、营业利润(亏损总额以"-"号填列)	11	950 929.91	1 466 252.94	1 797 672.90
加:营业外收入	12	25 099.17	11 564.29	206 737.70
减:营业外支出	13	0.00	3 082.98	0.00
三、利润总额(亏损总额以"-")号填列	15	976 029.07	1 474 734.25	2 004 410.60
减:所得税费用	16	0.00	0.00	249 736 .51
四、净利润(净亏损以"-")号填列	17	976 029.08	1 474 734.25	1 754 674.09

企业负责人: 会计机构负责人:

(二)趋势分析法

趋势分析法是根据一个企业连续两期或连续数期的财务报表,将报表中相同指标进行对比分析,确定其增减变动方向、数额和幅度,以反映企业财务状况和经营成果的变动趋势。趋势分析法计算指标包括差异数、差异率和趋势比率。

1. 差异数

差异数是将不同时期相同指标直接相减后的差,它可以获得明确的增减概念,由此直观地判断某财务指标的变动规模。

差异数=报告期数-基期数,以 A 设备公司为例,2021 年与 2020 年净利润的差异数=1 754 674.09-1 474 734.25=279 939.84(元)

2. 差异率

差异率是差异数与基期数的比值,它可以获得相对变动的概念,由此判明财务指标的变动水平，亦称增减幅度。

3. 趋势比率

趋势比率是将不同时期的财务信息换算成同一基期的百分比，提供一项简明的趋势概念，它不但能单独地表现该项财务指标的变动情况，而且能够在一系列比率的横向联系中，显示出未来的发展趋势。

在进行趋势分析时，确定好基期是非常重要的。具体操作时一般有两种选择：一种是以某选定时期为基期，即固定基期，以后各期均以该期作为共同基期数，计算出的趋势比率称为定基发展速度，亦称定比；另一种是以上期为基期，即移动基数，各期分别以前一期作为基期数，基期不固定，且顺次移动，计算出的趋势比率称为环比发展速度，亦称环比。以 A 设备公司为例，2020 年度和 2021 年度净利润均同 2019 年对比，分别增长 51.10%和 79.78%，为定比。而 2020 年净利润比 2019 年增长 51.10%，2021 年比 2020 年增长 18.98%，为环比。

三大报表与财务比率关联图

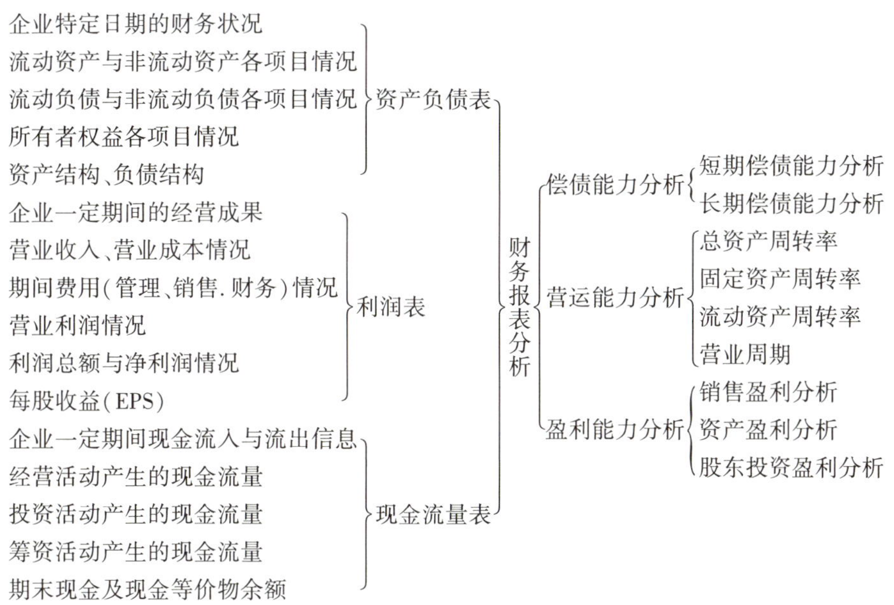

图 9.2-1　三大报表与财务比率关联图

（三）比率分析法

比率分析法是利用两个指标的某种关联关系，通过计算比率来考察、计量和评价企业财务状况、经营成果和现金流量的分析方法。比率可以用倍数或比例来表示。从一定意义上讲，比较分析法、趋势分析法和比率分析法常常结合使用，如将企业当期的比率与历史数据、预期比率、同行业其他企业同期的行业平均值相比较，就需要综合运用比较分析法、趋势分析法和比率分析法。财务报表分析常用比率指标体系见表 9.2-2。

表 9.2-2　财务报表分析常用比率指标体系

分析体系	分析内容	比率名称
流动性与周转率分析	短期偿债能力	流动比率、速动比率
	长期偿债能力	产权比率、资产负债率
	应收款项流动性	应收账款周转率、存货周转率
	固定资产周转	固定资产周转率、总资产周转率
资本结构与长期偿债能力分析	债务与权益结构	资产负债率、产权比率
	资金配置	长期负债与长期资金比率
	偿债资金源	利息保障倍数、资本成本与投资报酬比较
盈利能力分析	销售盈利能力	销售毛利率、销售净利润率
	投资报酬	投资报酬率、净资产收益率、总资产收益率、每股收益、市盈率
发展前景分析	发展潜力	销售增长率、总资产增长率、净利润增长率

▶ 任务实施

此次任务可以通过如下途径实现：

（1）通过阅读“A 公司的财务”怎么分析？案例，思考：案例中比率数值可以评估公司的什么能力？A 公司财务分析怎么开展？

（2）使用比较分析法，将 A 公司 2021 年度实际与 2021 年度预算（计划）比较、2021 年度实际与 2020 年实际比较、本公司实际与行业内其他先进企业比较。

（3）使用趋势分析法，分析 A 公司的差异数、差异率和趋势比率。

你听我说：
财务分析的方法

(4)使用比率分析法,通过资产负债率了解企业长期偿债能力,通过存货周转率了解应收款项流动性;通过毛利率了解企业的销售盈利能力。

▶ 任务小结

财务报表分析的评价标准包含经验标准、历史标准、行业标准和预算(计划)标准。财务报表分析包含比较分析法、趋势分析法和比率分析法。

任务三　完成财务分析实例

▶ 任务导入

A 公司小李如何做财务分析?

小李才入职 A 公司,财务经理让他对自己企业的能力进行评估,以评估自己在同行业中所处的位置,并判断下一步的战略目标和实施计划。

请思考:小李该如何利用财务指标分析 A 公司?

案例来源:原创

▶ 任务分析

为了全面提升企业财务管理水平和风险防控能力,以及判断自己的竞争能力,现代企业必须对财务能力进行评价。在实务中,我们可以利用财务指标来对 A 公司的四大能力进行评价。

▶ 知识准备

企业四大能力分析包括偿债能力分析、盈利能力分析、营运能力分析和发展能力分析。偿债能力分析的指标有流动比率、速动比率、现金比率和资本周转率。盈利能力分析的指标有销售净利率、销售毛利率、资产净利率、净资产收益率。营运能力分析的指标有总资产周转率、存货周转率和应收账款周转率。发展能力分析的指标有净利润增长率和总资产增长率。

一、企业四大能力分析

(一) 偿债能力分析

偿债能力是指企业如期偿付债务的能力,它包括短期偿债能力和长期偿债能力。由于短期债务是企业日常经营活动中弥补营运资金不足的一个重要来源,通过分析有助于判断企业短期资金的营运能力以及营运资金的周转状况。通过对长期偿债能力的分析，不仅可以判断企业的经营状况，还可以促使企业提高融通资金的能力，因为长期负债是企业资本化资金的重要组成部分，也是企业的重要融资途径。而从债权人的角度看，通过偿债能力分析，有助于了解其贷款的安全性，以确保其债务本息能够即时、足额地偿还。

偿债能力指标有如下：

1. 流动比率

流动比率，表示每1元流动负债有多少流动资产作为偿还的保证。它反映公司流动资产对流动负债的保障程度。其计算公式为：

流动比率=流动资产合计÷流动负债合计

一般情况下，该指标越大，表明公司短期偿债能力越强。通常，该指标在200%左右较好。在运用该指标分析公司短期偿债能力时，还应结合存货的规模大小、周转速度、变现能力和变现价值等指标进行综合分析。如果某一公司虽然流动比率很高，但其存货规模大，周转速度慢，有可能造成存货变现能力弱，变现价值低。那么，该公司的实际短期偿债能力就要比指标反映的弱。

2. 速动比率

速动比率表示每1元流动负债有多少速动资产作为偿还的保证，进一步反映流动负债的保障程度。其计算公式为：

速动比率=(流动资产合计-存货净额)÷流动负债合计

一般情况下，该指标越大，表明公司短期偿债能力越强，通常该指标在100%左右较好。

3. 现金比率

现金比率，表示每1元流动负债有多少现金及现金等价物作为偿还的保证，反映公司可用现金及变现方式清偿流动负债的能力。

实操视频：Excel做偿债能力分析

现金比率=(货币资金+交易性金融资产)÷流动负债合计

该指标能真实地反映公司实际的短期偿债能力,该指标值越大,反映公司的短期偿债能力越强。1998年沪深两市该指标平均值为56.47%。

4. 资本周转率

资本周转率,表示可变现的流动资产与长期负债的比例,反映公司清偿长期债务的能力。

资本周转率=(货币资金+短期投资+应收票据)÷长期负债合计

一般情况下,该指标值越大,表明公司近期的长期偿债能力越强,债权的安全性越好。由于长期负债的偿还期限长,所以,在运用该指标分析公司的长期偿债能力时,还应充分考虑公司未来的现金流入量,经营获利能力和盈利规模的大小。如果公司的资本周转率很高,但未来的发展前景不乐观,即未来可能的现金流入量少,经营获利能力弱,且盈利规模小,那么,公司实际的长期偿债能力将变弱。

（二）盈利能力分析

盈利能力分析主要通过将资产、负债、所有者权益与经营成果相结合来分析企业的各项报酬率指标,从而从不同角度判断企业的获利能力。

反映公司盈利能力的指标很多,通常使用的主要有销售净利率、销售毛利率、资产净利率、净资产收益率等。衡量盈利能力的常用指标如下:

1. 销售净利率

销售净利率是指净利与销售收入的百分比,其计算公式为:

销售净利率=(净利/销售收入)×100%

净利,或称"净利润",在我国会计制度中是指税后利润。

该指标反映每1元销售收入带来的净利润是多少,表示销售收入的收益水平。从销售净利率的指标关系看,净利与销售净利率成正比,而销售收入与销售净利率成反比。公司在增加销售收入的同时,必须相应获得更多的净利润,才能使销售净利率保持不变或有

实操视频:
Excel做盈利能力分析

所提高。通过分析销售净利率的升降变动,可以促使公司在扩大销售业务的同时,注意改进经营管理,提高盈利水平。

2. 销售毛利率

销售毛利率是毛利占销售收入的百分比,其中毛利是销售收入与销售成本的差。其计算公式为:

销售毛利率=(销售收入-销售成本)/销售收入×100%

销售毛利率表示每 1 元销售收入扣除销售成本后,有多少钱可以用于各项期间费用和形成盈利。销售毛利率是公司销售净利率的基础,没有足够大的毛利率便不能盈利。

3. 净资产收益率

净资产收益率是反映所有者对企业投资部分的盈利能力,又称所有者权益报酬率或净资产利润率。

净资产收益率=净利润/所有者权益平均余额×100%

所有者权益平均余额=(期初所有者权益余额+期末所有者权益余额)÷2

净资产收益率越高,说明企业所有者权益的盈利能力越强。影响该指标的因素,除了企业的盈利水平以外,还有企业所有者权益的大小。对所有者来说,该比率越大,投资者投入资本盈利能力越强。在我国,该指标既是上市公司对外必须披露的信息内容之一,也是决定上市公司能否配股进行再融资的重要依据。

（三）营运能力分析

营运能力分析主要是从企业所运用的资产进行全面分析。分析企业各项资产的使用效果、资金周转的快慢以及挖掘资金的潜力,提高资金的使用效果。分析营运能力的指标体系有:

1. 总资产周转率=总周转额(总收入)/平均总资产

在全部资产中,周转速度最快的应数流动资产,因此,全部资产周转速度受流动资产周转速度影响较大。从全部资产周转速度与流动资产周转速度的关系,可确定影响全部资产周转率的因素:

全部资产周转率=(销售收入/平均流动资产)×(平均流动资产/平均总资产)

=流动资产周转率×流动资产占总资产的比重

可见,全部资产周转率的快慢取决于两大因素:一是流动资产周转率,因为流动资产的周转速度往往高于其他类资产的周转速度,加速流动资产周转,就会使总资产周转速度加快,反之则会使总资产周转速度减慢;二是流动资产占总资产的比例,因为流动资产周转速度快于其他类资产周转速度,所以,企业流动资产所占比例越大,总资产周转速度越快,反之则越慢。

2. 存货周转率

是指企业在一定时期内存货占用资金可周转的次数,或存货每周转一次所需要的天数。因此,存货周转率指标有存货周转次数和存货周转天数两种形式:

存货周转次数=销售成本/平均存货

其中:平均存货=(期初存货+期末存货)÷2

存货周转天数=计算期天数/存货周转次数=计算期天数×平均存货/销售成本

应当注意,存货周转次数和周转天数的实质是相同的。但是其评价标准却不同,存货周转次数是个正指标,因此,周转次数越多越好。(但过高的周转率也可能说明存货管理方面存在其他的一些问题)。

影响存货周转率的因素很多,但它主要还受材料周转率、在产品周转率和产成品周转率的影响。这三个周转率的计算公式是:

材料周转率=当期材料消耗额/平均材料库存

在产品周转率=当期完工产品成本/平均在产品成本

产成品周转率=销售成本/平均产成品库存

这三个周转率的评价标准与存货评价标准相同,都是周转次数越多越好,周转天数越少越好。通过不同时期存货周转率的比较,可评价存货管理水平,查找出影响存货利用效果变动的原因、不断提高存货管理水平。

在企业生产均衡和产销平衡的情况下,存货周转率与三个阶段周转率之间的关系可用下式表示:

存货周转天数=材料周转天数×材料消耗额/总产值生产费+在产品周转天数+产成品周转天数

运用因素分析法可确定出各因素变动对存货周转率的影响。

3. 应收账款周转率

应收账款周转率=赊销收入净额/应收账款平均余额

其中:

赊销收入净额=销售收入-现销收入-销售退回、销售折让、销售折扣应收账款平均余额=(期初应收账款+期末应收账款)÷2,为未扣除坏账准备的应收账款余额。

应收账款周转率可以用来估计应收账款变现的速度和管理的效率。回收迅速既可以节约资金,也说明企业信用状况好,不易发生坏账损失;一般认为周转率越高越好。

反映应收账款周转速度的另一个指标是应收账款周转天数,或应收账款平均收款期。其计算公式为:

应收账款周转天数=计算期天数(360)/应收账款周转次数=应收账款平均余额×360/赊销收入净额

按应收账款周转天数进行分析,则周转天数越短越好。

影响该指标正确计算的因素有:

(1)季节性经营的企业使用这个指标时不能反映实际情况(淡季应收账款水平偏低);

(2)大量使用分期付款结算方式;

(3)大量使用现金结算的销售;

(4)年末大量销售或年末销售大幅度下降。

这些因素都会对该指标计算结果产生较大影响。财务报表的外部使用人可以将计算出的指标与该企业前期指标、与行业平均水平或其他类似企业的指标相比较,判断该指标的高低。但仅根据指标的高低分析不出上述各种原因。

以上四个方面的财务分析指标中,偿债能力是财务目标实现的稳健保证,营运能力与现金流量是财务目标实现的物质基础,盈利能力是三者共同作用的结果,同时也对三者的增强起着推动作用,四者相辅相成,共同构成企业财务分析的基本内容。

(四)发展能力分析

企业的发展能力,也称企业的成长性,它是企业通过自身的生产经营活动,不断扩大积累而形成的发展潜能。企业发展能力衡量的核心是企业价值增长率。企业能否健康发展取决于多种因素,包括外部经营环境、企业内在素质及资源条件等。

实操视频:
Excel做发展能力分析

衡量企业发展能力的指标有：

1. 净利润增长率

净利润增长率是指企业当期净利润比上期净利润的增长幅度，指标值越大代表企业盈利能力越强。

净利润是指利润总额减所得税后的余额，是当年实现的可供出资人（股东）分配的净收益，也称为税后利润。它是一个企业经营的最终成果，净利润多，企业的经营效益就好；净利润少，企业的经营效益就差，它是衡量一个企业经营效益的重要指标。

净利润的多寡取决于两个因素，一是利润总额，二是所得税。企业所得税等于当期应纳税所得额乘以企业所得税税率。我国现行的企业所得税税率为25%，对符合国家政策规定条件的企业，可享受企业所得税优惠，如高科技企业所得税税率为15%。

2. 总资产增长率

总资产增长率＝本年总资产增长额/年初资产总额×100%

其中：本年总资产增长额＝年末资产总额－年初资产总额

总资产增长率越高，表明企业一定时期内资产经营规模扩张的速度越快。但在分析时，需要关注资产规模扩张的质和量的关系以及企业的后续发展能力，避免盲目扩张。

二、企业四大能力分析实例

A公司2019年－2021年资产负债表见表9.3－1，结合上节表9.2－1利润表，我们来计算并分析该公司的四大能力，见表9.3－2。

表9.3－1　A设备公司资产负债表

资产	2019年	2020年	2021年	负债及所有者权益	2019年	2020年	2021年
货币资金	2 391 386.94	1 873 472.67	2 365 709.71	短期借款			1 600 000
应收账款	1 640 549.38	2 333 853.61	2 464 376.84	应付账款	1 312 586.88	7 557 358.9	5 622 826.27
其他应收款			8 914.56	其他应付款	−356 932.61	−20 272.54	3 859 203.2
存货	8 056 949.22	15 434 885.41	15 287 086.33	应付职工薪酬	988 124.32	822 015.74	700 056.03
其中：原材料	1 085 254.85	4 600 186.43	5 611 122.56	应交税费	135 641.25	147 186.57	207 510.38
库存商品	5 248 486.66	4 411 205.38	2 131 147.26				
在产品	1 723 207.71	4 831 623.01	6 867 975.26	流动负债合计	2 079 419.84	8 506 288.67	11 989 595.88
发出商品		1 137 240	494 090.72	递延收益		378 034.82	535 578.98

（续表）

资产	2019 年	2020 年	2021 年	负债及所有者权益	2019 年	2020 年	2021 年
委托加工物资		454 630. 59	182 750. 53	长期负债	853 960. 51	1 471 625. 22	1 075 104. 48
流动资产合计	12 088 885. 54	19 642 211. 69	20 126 087. 45				
固定资产：	13 845 886. 16	15 701 614. 7	21 645 205. 37	负债合计	2 933 380. 35	10 355 948. 71	13 600 279. 34
固定资产原值	14 088 740. 05	16 232 231. 72	22 505 597. 43				
减：累计折旧	242 853. 89	530 617. 02	860 392. 06	实收资本	24 234 039. 5	25 600 000	28 160 000
无形资产	163 039. 29	163 495. 2	130 234. 46	未分配利润	583 584. 21	842 679. 34	1 083 411. 012
无形资产原值	191 909. 18	223 350. 94	223 350. 94	所有者权益合计	24 817 623. 7	26 442 679. 34	29 243 411. 01
减：累计摊销	28 869. 89	59 855. 74	93 116. 48				
长期待摊费用	1 653 193. 06	1 291 306. 46	942 163. 072				
资产总计	27 751 004. 05	36 798 628. 05	42 843 690. 35	负债及所有者权益合计	27 751 004. 1	36 798 628. 05	42 843 690. 35
单位负责人：			财务负责人：			制表人：	

表 9.3-2　A 设备四大能力计算表

指标体系		2019 年	2020 年	2021 年
偿债能力指标	资产负债率	10. 57%	28. 14%	31. 74%
	流动比率	5. 81	2. 31	1. 68
	现金比率	1. 15	0. 22	0. 2
获利能力指标	营业毛利率	20. 23%	18. 91%	19. 40%
	净利率	7. 44%	9. 86%	8. 99%
营运能力指标	应收账款周转率		7. 53	8. 14
	存货周转率		1. 03	1. 02
	总资产周转率		0. 46	0. 49
发展能力指标	毛利增长率		6. 60%	33. 84%
	净利增长率		51. 10%	18. 98%
	总资产增长率		32. 60%	16. 43%

趣味动画：帮助
王先生进行财务分析

从以上计算结果可以分析得出:在偿债能力方面,A 设备公司的资产负债率低,长期偿债能力较强;流动比率大于或接近 2,短期偿债能力也较好,但逐年下降;而现金比率在 2020 年和 2021 年较低,企业要注意现金周转。在获利能力方面,企业的营业毛利率在 20%左右,净利率在 9%左右;在营运能力方面,企业总资产周转率不高,应收账款周转率较高,而存货周转率较低,企业应从采购、生产、库存、销售方面全方面提高效率;从发展能力来看,企业的毛利增长和净利增长均不俗,符合成长性企业的特征。

三、杜邦分析体系

杜邦分析体系是一种分解财务比率的方式,其基本思路是运用各关键财务比率指标值间的本质有机结合,对公司经营情况及经济收益开展综合性结构化分析和优化。该管理体系以净资产收益率为关键点,以资产净利率和权益乘数为目标,重中之重表明公司盈利工作能力及权益乘数对净资产收益率的危害,及其各有关指标值间的互相影响功效关联。该管理体系逐层分解至公司最基础规模经济的应用、成本费与花费的组成和公司风险性,表明指标值变化的缘故和发展趋势,考虑经营人根据财务报表分析开展绩效评估必需,在运营总体目标产生变动时要立即查清缘故并多方面调整,为企业运营管理决策和决策指引方向。

杜邦分析体系财务指标关系如下所示:

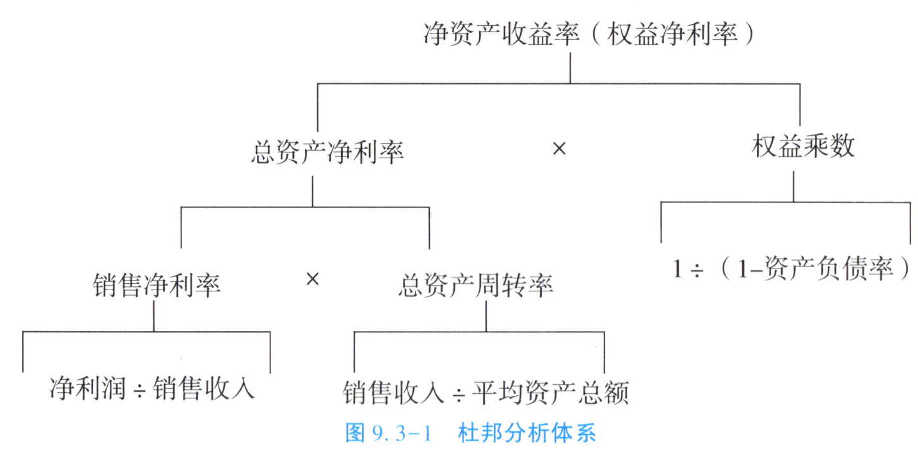

图 9.3-1　杜邦分析体系

净资产收益率=总资产净利率×权益乘数

　　　　　　=销售净利率×总资产周转率×权益乘数

其中:销售净利率=净利润÷销售收入

总资产周转率=销售收入÷平均资产总额

权益乘数=资产总额÷所有者权益总额=1÷(1-资产负债率)

知识加油站

从企业绩效评价的角度来看,杜邦分析体系只包括财务方面的信息,不能全面反映企业的实力,有很大的局限性,在实际运用中需要加以注意,必须结合企业的其他信息加以分析。主要表现在:1. 对短期财务结果过分重视,有可能助长公司管理层的短期行为,忽略企业长期的价值创造。2. 财务指标反映的是企业过去的经营业绩,衡量工业时代的企业能够满足要求。但在目前的信息时代,顾客、供应商、雇员、技术创新等因素对企业经营业绩的影响越来越大,而杜邦分析体系在这些方面是无能为力的。3. 在目前的市场环境中,企业的无形知识资产对提高企业长期竞争力至关重要,杜邦分析体系却不能解决无形资产的估值问题。

▶ 任务实施

此次任务可以通过如下途径实现:

(1)通过阅读 A 公司小李的处境,思考小李该如何利用财务指标分析 A 公司?

(2)通过文献检索,了解企业四大能力分析包括偿债能力分析、盈利能力分析、营运能力分析和发展能力分析的含义和衡量指标。

(3)通过计算资产负债率、流动比率、现金比率分析 A 公司的偿债能力指标。

(4)通过计算营业毛利率、净利率分析 A 公司盈利能力指标。

(5)通过计算应收账款周转率、存货周转率、总资产周转率分析 A 公司营运能力指标。

(6)通过计算毛利增长率、净利润增长率、总资产增长率分析 A 公司的发展能力指标。

(7)使用杜邦分析体系分析 A 公司运营管理决策合理性。

▶ 任务小结

企业四大能力分析包括偿债能力分析、盈利能力分析、营运能力分析和发展能力分析。偿债能力是指企业如期偿付债务的能力,它包括短期偿债能力和长期偿债能力。盈利能力分析主要通过将资产、负债、所有者权益与经营成果相结合来分析企业的各项报酬率指标,从而从不同角度判断企业的获利能力。营运能力分析主要是从企业所运用的资产进行全面分析。分析企业各项资产的使用效果、资金周转的快慢以及挖掘资金的潜力,提高资金的使用效果。企业的发展能力,也称企业的成长性,它是企业通过自身的生产经营活动,不断扩大积累而形成的发展潜能。

技能提升训练

训练目标

通过实际案例训练,掌握企业四大能力分析方法和杜邦分析体系,完成财务分析的具体实例。

实施流程

流程 1

选择一家中小规模制造业上市公司,获取五年期间资产负债表、利润表和现金流量表。

流程 2

用杜邦分析体系对企业全局把脉,并分析该公司的四大能力:

(1)登录报表平台,如巨潮资讯网或大智慧;

(2)搜取 2017—2021 年五年期间资产负债表、利润表和现金流量表;

(3)计算杜邦分析体系指标、企业四大能力指标;

(4)取同行业前十企业,计算均值。

流程 3

分析并提交分析报告。

思考与练习

一、单选题

1. 资产负债表的附表是(　　)。

A. 利润分配表　　B. 分部报表

C. 财务报表附注　　D. 应交增值税明细表

2. 方大公司 2001 年年末资产总额为 1 650 000 元,负债总额为 1 023 000 元,计算产权比率为(　　)。

A. 0.62　　B. 0.61　　C. 0.38　　D. 0.72

3. 企业的应收账款周转天数为 90 天,存货周转天数为 180 天,则简化计算营业周期为(　　)天。

A. 90　　B. 180　　C. 270　　D. 360

4. 企业(　　)时,可以增加流动资产的实际变现能力。

A. 取得应收票据贴现款　　B. 为其他单位提供债务担保

C. 拥有较多的长期资产　　D. 有可动用的银行贷款指标

5. 从严格意义上说,计算应收账款周转率时应使用的收入指标是(　　)。

A. 主营业务收入　　B. 赊销净额　　C. 销售收入　　D. 营业利润

6. 销售毛利率+(　　)= 1。

A. 变动成本率　　B. 销售成本率　　C. 成本费用率　　D. 销售利润率

7. 已知企业上年营业利润为 2 000 万元,实现销售甲产品 40 万件,本年实现销售该产品 46 万件,实现营业利润 2 340 万元,则可以计算出经营杠杆系数为(　　)。

A. 1.17　　B. 1.15　　C. 1.13　　D. 1.18

8. 投资报酬分析的最主要分析主体是(　　)。

A. 短期债权人　　B. 长期债权人

C. 上级主管部门　　D. 企业所有者

9. 假设某公司普通股 2 000 年的平均市场价格为 17.8 元,其中年初价格为 16.5 元,年末价格为 18.2 元,当年宣布的每股股利为 0.25 元。则该公司的股票获利率是(　　)%。

A. 25　　B. 0.08　　C. 10.46　　D. 14.04

10. 企业为股东创造财富的主要手段是增加(　　)。

A. 自由现金流量　　B. 净利润　　C. 净现金流量　　D. 营业收入

二、多选题

1. 国有资本金绩效评价的对象是(　　)。

A. 国家控股企业　　B. 有限责任公司

C. 所有公司制企业　　D. 国有独资企业

E. 股份有限公司

2. 保守速动资产一般是指以下几项流动资产?(　　)

A. 短期证券投资净额　　B. 待摊费用

C. 预付账款　　D. 应收账款净额

E. 货币资金

3. 企业持有货币资金的目的主要是(　　)。

A. 投机的需要　　B. 经营的需要

C. 投资的需要　　D. 获利的需要

E. 预防的需要

4. 与息税前利润相关的因素包括(　　)。

A. 投资收益　　B. 利息费用　　C. 营业费用　　D. 净利润

E. 所得税

5. 属于非财务计量指标的是(　　)。

A. 市场增加值　　B. 服务　　C. 创新　　D. 雇员培训

E. 经济收益

6. 计算存货周转率可以以(　　)为基础的存货周转率。

A. 主营业务收入　　B. 主营业务成本

C. 其他业务收入　　D. 营业费用

E. 其他业务成本

7. 股票获利率的高低取决于(　　)。

A. 股利政策　　B. 现金股利的发放

C. 股票股利　　D. 股票市场价格的状况

E. 期末股价

8. 下面事项中，能导致普通股股数发生变动的是(　　)。

A. 企业合并　　B. 库藏股票的购买

C. 可转换债券转为普通股　　D. 股票分割

E. 增发新股　　F. 子公司可转换为母公司普通股的证券

9. 下列经济事项中，不能产生现金流量的有(　　)。

A. 出售固定资产　　B. 企业从银行提取现金

C. 投资人投入现金　　D. 将库存现金送存银行

E. 企业用现金购买将于 3 个月内到期的国库券

10. (　　)是计算固定支出偿付倍数时应考虑的因素。

A. 所得税率　　B. 优先股股息　　C. 息税前利润　　D. 利息费用

E. 融资租赁费中的利息费用

三、计算分析题

1. 根据下列数据计算存货周转率及周转天数：流动负债 40 万元，流动比率 2 : 2，速动比率 1 : 2，销售成本 80 万元，毛利率 20%，年初存货 30 万元。

2. 某企业全部资产总额为 6 000 万元，流动资产占全部资产的 40%，其中存货占流动资产的一半。流动负债占流动资产的 30%。请分别计算发生以下交易后的营运资本、流动比率、速动比率。

(1)购买材料，用银行存款支付 4 万元，其余 6 万元为赊购；

(2)购置机器设备价值 60 万元，以银行存款支付 40 万元，其余欠款以产成品清偿；

(3)部分应收账款确认为坏账，金额 28 万元。同时借入短期借款 80 万元。

参考文献

1. 王海燕. 企业筹资方式及其特点[J]. 北方经贸,2002(10):61-62.
2. 张正环,李清. 试析我国企业现行七种筹资方式[J]. 牡丹江教育学院学报,2008(03):153-154.
3. 刘俊骅. 我国企业现行筹资方式的比较与选择[J]. 中国林业经济,2009(04):59-62.
4. 任玉香,杨淑芝. 企业的筹资方式与融资效率[J]. 工业技术经济,2002(03):132-133.
5. 周爱云. 论金融危机下企业筹资方式的选择[J]. 中国总会计师,2009(03):50-51.
6. 朱文娟. 财务预算理论与实务研究[J]. 商业时代,2011(26):79-80.
7. 汪波. 纳税调整与递延所得税——关于在会计教学中如何让学生更易理解二者关系的思考[J]. 西昌学院学报(自然科学版),2015,29(01):60-63.
8. 伊宏伟. 浅谈特装展位设计与企业价值的提升[J]. 艺术科技,2013,26(05):208.
9. 陈仁波. 证券法对普通股筹资规范的分析与筹资管理[J]. 经济师,2012(09):64-65.
10. 黎明. 浅谈如何做好企业筹资管理工作[J]. 财经界,2010(21):12-13.
11. 王震坡,薛雪,李洋,闫梅. 电池租赁模式下电动出租车能源补给成本研究[J]. 邢台职业技术学院学报,2016,33(01):62-67.
12. 张楠. 关于债券概念和特点的解析[J]. 河南科技,2013(11):229.
13. 方宇,谢易颖. 对我国上市公司资本结构优化的几点认识[J]. 现代商业,2013(05):162-163.
14. 王莉. 对企业资本结构每股收益无差别点分析法及应用的探讨[J]. 现代商业,2015(06):253-254.
15. 李霖英. 零售企业价值最大化中的资本成本与贴现率的分析[J]. 科技信息(科学教研),2008(06):166-168.
16. 杨珊珊,马秋英. 企业筹资渠道和筹资方式[J]. 农场经济管理,2003(05):44-46.
17. 曾维维. EXCEL 在筹资管理中的应用[J]. 现代经济信息,2014(07):200.
18. 杨广莉. 探讨中小企业如何加强现金流管理[J]. 时代金融,2014(17):247-248.
19. 刘伟. 财务管理课程杠杆原理教学方法探析[J]. 黑龙江教育(高教研究与评估),2014(08):8-9.

20. 齐洁. 最佳资本结构决策下每股收益无差别点法与比较资金成本法的应用解析[J]. 商业会计,2015(01):60-62.
21. 李赞. 财务风险的成因及其防范[J]. 哈尔滨职业技术学院学报,2007(04):25-26.
22. 吴冉. EBIT-EPS 决策动态巧析[J]. 商业会计,2018(11):62-63.
23. 卢军. 公司杠杆效用的原理剖析[J]. 湖北财经高等专科学校学报,2006(02):41-43.
24. 李志萍. 刍议企业财务管理目标与资本结构优化[J]. 理论界,2007(07):251-252.
25. 王海英. 现金流量及其估算[J]. 会计师,2009(09):69-70.
26. 张朗. 留存收益资本成本计算公式存在的问题及完善对策探讨[J]. 时代金融,2017(18):191+197.
27. 姜琴. 资本结构优化决策分析[J]. 科学咨询(科技管理),2010(08):11-12.
28. 赵莹. EXCEL 在资本结构决策中的应用[J]. 中国管理信息化,2017,20(11):30-33.
29. 胡彬彬. 关于企业项目投资的决策分析[J]. 中国商贸,2015(03):176-178.
30. 严德功. 简议资本结构对企业的影响[J]. 河南水利与南水北调,2010(07):193-194.
31. 韦程懿. 以弱胜强的博弈——浅谈企业管理中的杠杆原理[J]. 时代金融,2012(15):195-196.
32. 丁双元. 企业筹资决策中的资金成本研究[J]. 武汉船舶职业技术学院学报,2016,15(03):38-40.
33. 葛杰. 杠杆效应的分析与计算[J]. 会计师,2009(08):14-15.
34. 高俊峰. 论现代企业最优资本结构的构建[J]. 济源职业技术学院学报,2008(03):19-21,45.
35. 雷振华,龚静. 对财务管理目标与资本结构决策方法的思考[J]. 经济师,2003(12):186-187.
36. 张春颖,贾丽莹. 关于投资决策中现金流量问题探讨[J]. 企业经济,2012,31(10):79-81.
37. 周振成. 项目投资决策评价指标利弊的实证分析[J]. 现代商业,2014(36):205-206.
38. 王莹莹. 关于长期投资决策指标的探讨[D]. 上海:上海交通大学,2011.
39. 迟美华. 企业经营投资决策中的计算机应用[J]. 中国管理信息化,2014,17(16):32-34.

40. 王敏. 浅谈实质重于形式原则在新收入准则中的运用[J]. 企业研究,2014(08):56-57.
41. 段琼. 谈 Excel 财务函数在财务管理中的几点应用[J]. 辽宁高职学报,2005(04):134-136.
42. 方思芬. 浅谈投资决策财务分析[J]. 企业导报,2013(09):39-40.
43. 金洁. 苏南县域城市民间养老机构财务评估模式研究[J]. 中国乡镇企业会计,2017(03):27-29.
44. 陈希爱. 浅议“财务管理”启发式教学[J]. 科教文汇(下旬刊),2010(03):59-60.
45. 尹丽坤. 关于资金习性预测法的探讨[J]. 商场现代化,2011(14):68.
46. 王丽. 证券市场发展历程[J]. 合作经济与科技,2020(24):66-67.
47. 李梦云. 中小企业筹资风险及其防范[J]. 合作经济与科技,2013(12):54-56.
48. 郝玉强. 企业股利政策探讨[J]. 合作经济与科技,2016(06):82-83.
49. 冯瑶瑶. 谈公司价值与最优资本结构[J]. 经济研究导刊,2015(16):17-18,39.
50. 孟祥霞,谢海娟. 重构筹资决策模型[J]. 财会研究,2004(10):45-46.
51. 黄菊芳. 凤竹纺织资本结构探析[J]. 商场现代化,2014(22):266-268.
52. 朱杏珍. 浅谈净现值法的现状及对策[J]. 中国科技信息,2005(07):95-103.
53. 张军,田松森. 中小企业应合理运用净现值法[J]. 中国农业会计,2015(08):22-23.
54. 朱闻臣. 对项目投资分析财务评价指标的理解[J]. 会计师,2008(10):33-34.
55. 温志强. 社会转型期中国公共危机管理预防准备机制研究[D]. 天津师范大学,2009.
56. 余俊. 危机传播中媒体的放大器效应及其应对策略[D]. 中南大学,2009.
57. 全妍. DQ 公司经营现金净流量连续为负的诊断研究[D]. 华南理工大学,2017.
58. 刘秉文. 国有企业融资问题研究[D]. 厦门大学,2002.
59. 费伦苏. 运用弹性预算原理提高企业理财系统柔性研究[D]. 武汉理工大学,2003.
60. 刘俊. 基于财务报表预测的 Interbrand 模型的品牌价值评估[D]. 杭州电子科技大学,2018.
61. 李海燕. 建立我国类别股制度的构思[D]. 吉林大学,2014.
62. 唐逸. WWW 股份有限公司股票发行定价决策分析[D]. 西南财经大学,2000.
63. 杨仁智. 中国证券交易所公司化改革的法律探讨[D]. 四川师范大学,2019.
64. 刘忠涛. 我国上市公司 IPO 的定价及股价走势的统计分析[D]. 东北财经大学,2005.

65. 陈存国. 证券交易所法律地位研究[D]. 华侨大学,2006.

66. 蒋超华. 湖南九天科技股份有限公司融资策略研究[D]. 湖南大学,2011.

67. 王洁. 中小企业财务杠杆效应研究[D]. 华中师范大学,2014.

68. 王薇. 房地产企业融资方式研究[D]. 北京交通大学,2017.

69. 林鹏飞. 万科集团融资政策研究[D]. 吉林大学,2017.

70. 许磊. 夏热冬冷地区地源热泵技术的应用研究[D]. 南京理工大学,2013.

71. 李东晖. 投资决策评价研究——中天仕名公司技改项目决策评价[D]. 天津大学,2004.

72. 刘烨梓. 企业财务管理中管理会计与财务会计融合方式探究[J]. 投资与创业,2023,34(02):49-51.

73. 廖雪华. 向执行力要增量[J]. 刊授党校,2009,306(12):25.

74. 毕爽. 探析企业降低成本[J]. 现代商业,2011(20):97-98.

75. 郑丽萍,赵杨. 上市公司财务舞弊的成因与治理研究——以瑞幸咖啡公司为例[J]. 管理现代化,2020,40(04):4-6.

76. 张睿涵. 零库存管理模式探究——以戴尔公司为例[J]. 中外企业家,2020,683(21):78.

77. 田方正,李铭宇,李永军. 上市公司股利分配政策研究——以格力电器为例[J]. 河北企业,2022,391(02):142-144